LES FAITS SONT TÊTUS

Éditions des Arènes
27, rue Jacob, 75006 Paris
Tél. : 01 42 17 47 80
arenes@arenes.fr

Les faits sont têtus
se prolonge sur le site www.arenes.fr

Olivier Berruyer

LES FAITS SONT TÊTUS

les arènes

À Élisabeth et M&M

AVANT-PROPOS

À la différence du monde anglo-saxon, la profession d'actuaire est peu connue du grand public en France. Elle consiste principalement en l'évaluation et la gestion des risques dans les entreprises financières, essentiellement les compagnies d'assurances et les banques, mais aussi les sociétés de conseil ou la haute administration.

Par exemple, ce sont les actuaires qui calculent la cotisation d'une mutuelle santé, construisent des tables de mortalité, rédigent avec les juristes les contrats, évaluent les engagements d'un assureur pour l'établissement des comptes, et leurs calculs sont à la base du fameux « taux actuariel » que tout emprunteur a déjà rencontré.

Fondé sur une profonde maîtrise des statistiques, l'enseignement scolaire de l'actuariat se situe au confluent de quatre matières : mathématiques, droit, comptabilité et économie.

Quelques années de pratique font apparaître le véritable cœur du métier : garantir le respect des engagements pris envers les clients, en évitant la faillite de l'assureur. Raison pour laquelle la profession s'est très tôt dotée de règles éthiques et déontologiques très strictes, pour protéger les assurés, et a toujours cherché à s'organiser et à dialoguer avec les pouvoirs publics.

Ainsi, être actuaire, c'est d'abord défendre le long terme, promouvoir la sécurité et la prudence, et privilégier la pérennité des structures. C'est donc, parfois, avoir aussi le courage de dire non – et d'en assumer les conséquences...

*

C'est donc animé de cette vision que j'ai rédigé cet ouvrage sur la crise économique actuelle, qui a pour but principal d'établir des faits, les plus objectifs possible, à partir de l'analyse de centaines de séries statistiques, présentées sous forme de graphiques.

Soulignons au passage l'état déplorable de l'information statistique publique française, dont les outils informatisés accumulent un retard considérable par rapport à d'autres pays, tant sur la forme que sur le fond. C'est d'autant plus regrettable que notre pays avait une longue tradition de la statistique depuis le XIXe siècle. Pour s'en convaincre, le lecteur n'aura, par exemple, qu'à tenter de trouver sur Internet des données françaises sur le chômage ou la dette publique dans les années 1960 ou surfer sur le site Internet de l'INSEE – inutile en effet d'aller chercher bien loin pour constater le retard accumulé par notre pays. Pourtant, il ne peut y avoir de politique pertinente sans statistiques précises pour comprendre la situation et la remettre dans une perspective historique.

Les faits présentés dans cet ouvrage seront accompagnés d'une analyse argumentée des sources de la crise actuelle, qui permettra de développer des hypothèses, de proposer des interprétations, d'illustrer des futurs possibles et de suggérer de nombreuses pistes de réforme – car bien sûr, il y a toujours plusieurs solutions alternatives pour n'importe quel modèle. Cette analyse sera évidemment subjective et donc parfaitement contestable – personne ne détenant la vérité en la matière. À tout le moins, le lecteur disposera ainsi d'un matériel riche pour se faire sa propre opinion.

Ce livre ne cherche pas à révolutionner le sujet, mais simplement à apporter sa pierre à l'édifice, en proposant cette analyse synthétique visant à enrichir le débat public. Le choix retenu est de s'adresser au plus grand nombre et donc de présenter les faits le plus simplement possible, en n'approfondissant pas tous les thèmes. Le lecteur intéressé pourra se référer utilement à la bibliographie sélective à la fin de l'ouvrage.

J'ai également souhaité présenter, parfois un peu longuement, des éléments de pensée d'auteurs d'horizons différents, dont certains vous surprendront probablement, en particulier tous ceux qui ont largement alerté sur les risques de crise, et que personne n'a écoutés. Parce que, d'une part, comme l'a dit André Gide : « Tout a été dit mais, comme personne n'écoute, il faut toujours répéter » et que, d'autre part, il est important de montrer que cette crise révèle de nouvelles lignes de fractures idéologiques. Comme me l'a confié avec pertinence Michel Rocard : « Gauche ou droite n'a plus grand sens maintenant, le vrai clivage c'est régulateur ou non régulateur[1]. »

1. Michel Rocard, entretien avec l'auteur, 2012.

*

La vision de ce livre se démarque fortement de la « pensée économique *mainstream* » dominante, globalement laisser-fairiste, qui accumule les erreurs d'anticipation mais n'est, étrangement, jamais discréditée – comment ne pas se souvenir par exemple du fameux « La crise est grotesquement psychologique » d'Alain Minc, en octobre 2008...

Cela étant, à la décharge des économistes, rappelons que cette matière, qui n'est en rien une science dure mais seulement, au mieux, une science sociale, n'a nullement pour objet d'anticiper l'avenir – ce qu'elle est bien incapable de faire, car il sera la résultante de millions d'inconnues imprévisibles. L'avenir est, certes, guidé par quelques éléments économiques, mais il l'est principalement par des causes politiques, sociologiques, psychologiques, historiques, à mille lieues du champ d'études de l'économie.

*

Nous partageons en synthèse entièrement la vision de John Kenneth Galbraith ou de Noam Chomsky :

> John Kenneth Galbraith : « Je suis depuis longtemps d'avis [...] qu'il n'existe aucun processus ni problème économique qui ne puisse être formulé en langage clair, et mis ainsi à la portée du lecteur cultivé et intéressé[1]. »

1. John Kenneth Galbraith, *Voyage dans le temps économique*, 1994.

Noam Chomsky : « Les prétentions à l'expertise sont très étonnantes. Ainsi, les économistes vous disent "Nous savons comment diriger l'économie" ; les experts ès sciences politiques vous disent "Nous savons comment diriger le monde, et vous ne devez pas vous en mêler car vous n'avez ni les connaissances ni la formation spécifiques."
Quand vous y regardez de plus près, les prétentions s'effritent assez rapidement. Il ne s'agit pas de physique quantique où on trouve certes des prétentions infondées, mais parfois aussi des fondements à ces prétentions. Mais ce qui se rapporte à la vie humaine est, de façon caractéristique, très largement à la portée d'une personne se sentant concernée et prête à se donner la peine[1]. »

C'est d'ailleurs une des visions que nous souhaitons partager dans cet ouvrage. Globalement, les choses sont simples – seuls les détails sont complexes, mais ils ne sont d'aucune utilité pour comprendre la crise. Elle résulte très logiquement de causes très simples. Elles se résument en une phrase : nous avons transformé notre système économique en un système qui privilégie principalement le court terme au détriment du long terme, l'intérêt individuel au détriment de l'intérêt collectif, la liberté absolue au détriment de l'égalité et de la fraternité. Et ceci s'accompagne de l'aveuglement idéologique des dirigeants. C'est la trame d'analyse que nous développerons tout au long de cet ouvrage.

*

1. Noam Chomsky, conférence du 25 juin 2007, www.noam-chomsky.fr.

Débat Hollande/Sarkozy d'entre deux tours de la présidentielle, 2 mai 2012 :

> « Il faut de la croissance aussi bien en Europe qu'en France » [François Hollande]. « Dans les cinq années qui viennent, je veux proposer aux Français un nouveau modèle français de croissance » [Nicolas Sarkozy].

Communiqué final du G20 du 19 juin 2012 :

> « Une croissance forte, à long terme, et équilibrée reste la première priorité du G20 [...]. Nous reconnaissons le besoin de poursuivre des politiques favorisant la croissance. »

La période s'étant ouverte en 1975 aura ainsi vu nos dirigeants mener avec une obstination aussi féroce qu'inefficace un long combat pour tenter de retrouver les niveaux de croissance des Trente Glorieuses, de 1945 à 1975.

La grande crise que nous traversons depuis maintenant six années vient ainsi couronner l'échec des stratégies économiques menées depuis trente ans.

Or, depuis 2007, il ne se passe pas un trimestre sans que la situation financière ne se dégrade par rapport au trimestre précédent. Il est ainsi sidérant de constater que plus le navire financier prend l'eau de toute part, plus une forme de déni absolu de la réalité se renforce, au fil de chaque G20 ou sommet européen inefficace.

Dans beaucoup de médias, les analyses de la crise restent relativement superficielles, et aucun des dogmes posés depuis trente ans n'est sérieusement contesté, ou au moins longuement débattu par un échange de réels arguments. C'est le contraire de n'importe quelle démarche scientifique un tant soit peu sérieuse. On reste souvent dans la plus pure idéologie, qui rappelle la période du communisme déclinant, avec ses « bilans globalement positifs », ses « si cela ne marche pas, c'est qu'il n'y a pas assez de communisme » et, bien entendu, ses « vous souffrez, mais c'est pour pouvoir atteindre, un jour, bientôt, le nirvana des lendemains qui chantent ». Malheureusement, les faits sont têtus...

Le schéma global est caricatural : mauvais diagnostic, mauvais remèdes, amplification de la maladie. Car, en fait, nous ne traversons pas seulement une crise, nous vivons une réelle mutation du modèle économique, comme nous en avons connu plusieurs – et nous n'en sommes encore qu'à l'agonie de la forme ancienne.

*

Chose navrante, nous avons finalement choisi d'emprunter exactement la même voie laisser-fairiste que celle choisie à la fin du XIXe siècle, et qui a abouti à la crise des années 1930. Mais à l'époque, nos ancêtres avaient au moins l'excuse d'emprunter cette sinistre voie pour la première fois. Notre génération a, au contraire, méthodiquement détruit tous les garde-fous mis en place par nos ancêtres pour sortir de cette crise passée : démembrement des banques, limitation drastique de la spéculation, entraves raisonnables à la liberté de circulation des capitaux, limitation du poids du secteur financier, système monétaire international limitant la distribution débridée de crédits, syndicalisme puissant, volonté d'équilibrer les balances commerciales, modèles sociaux généreux limitant la dureté du capitalisme pur, hausse régulière des rémunérations, compression radicale des inégalités, etc.

A contrario apparaissent alors en contre-champ les pistes de solutions pour sortir de la crise ; mais on se garde bien d'en débattre, et plus encore, de les suivre. Elles ont pourtant parfaitement marché il y a quatre-vingts ans et accompagné les Trente Glorieuses. Ces solutions ne consistent d'ailleurs pas à tomber dans l'excès inverse, mais simplement à trouver un équilibre raisonnable entre ces voies légitimes.

La facture du modèle retenu au début des années 1980, et que je propose d'appeler « financiarisme », est en train de nous être présentée. Et nous ne pourrons pas l'honorer. Ne nous leurrons donc pas, les choses sont bien plus graves que le discours de fond ronronnant tente de le faire croire, et beaucoup de citoyens, armés de leur bon sens, s'en rendent bien compte, intuitivement.

Nous sommes en effet à un tournant de la crise. Depuis son commencement, des monceaux de fonds publics (donc d'argent du contribuable), d'un montant totalement inconcevable, ont été déversés pour renflouer les banques, le système financier, certaines entreprises, et désormais des États, tels que la Grèce ou l'Espagne. Cet argent est évidemment toujours bien accueilli ; mais ce qui est fantastique, et qui explique que personne ne se révolte, c'est que cet argent, qui a déjà été dépensé, n'a rien coûté à personne, puisque le contribuable ne l'a pas encore payé. Magie de la dette, les États ont simplement promis aux prêteurs, la main sur le cœur, que, bien entendu, un jour, ils lèveraient l'impôt correspondant.

À ce jour, beaucoup y ont gagné : les subventionnés qui touchent beaucoup d'argent comme les prêteurs obligataires qui voient leur épargne rémunérée par les États. Et personne n'y a (encore) perdu, vu qu'on n'a toujours rien demandé aux contribuables. Ce petit jeu ne durant évidemment qu'un temps, la comptabilité va reprendre ses droits pour rééquilibrer la situation – le même argent ne pouvant être durablement dépensé deux fois...

Le moment de vérité, où il faudra commencer à régler la colossale ardoise dans la douleur (ou l'annuler...), et dont nous ignorons totalement le jour exact, se rapproche cependant à grands pas, soyons-en sûr.

À ce moment-là, qui sera véritablement un tournant historique, comme il ne s'en produit que deux ou trois par siècle, la réaction populaire, et donc celle des élus, va évidemment susciter quelques explications de texte fort intéressantes, et des décisions qui le seront encore plus.

Puissent-elles être gérées le plus intelligemment possible.

Olivier Berruyer

> Maurice Allais : « Depuis les années 1970, un credo s'est peu à peu imposé : la mondialisation est inévitable et souhaitable; elle seule peut nous apporter la prospérité et l'emploi.
>
> Bien que très largement majoritaire, cette doctrine n'a cependant cessé d'être contredite par le développement d'un chômage persistant qu'aucune politique n'a pu réduire, faute d'un diagnostic correct.
>
> N'en doutons pas, comme toutes les théories fausses du passé, cette doctrine finira par être balayée par les faits, *car les faits sont têtus*[1]. »

1. Maurice Allais, *Nouveaux combats pour l'Europe,* 2002.

1

LE REFUS OBSTINÉ DU DEUIL DE LA CROISSANCE

Chapitre 1

FIN DE CROISSANCE

Le cœur de cet ouvrage est résumé par ce graphique, représentant la croissance annuelle par habitant de la France, calculée en moyenne pour chaque décennie :

Évolution annuelle en volume du PIB français par habitant 1960-2011 et taux annuel moyen par décennie [Source : INSEE]

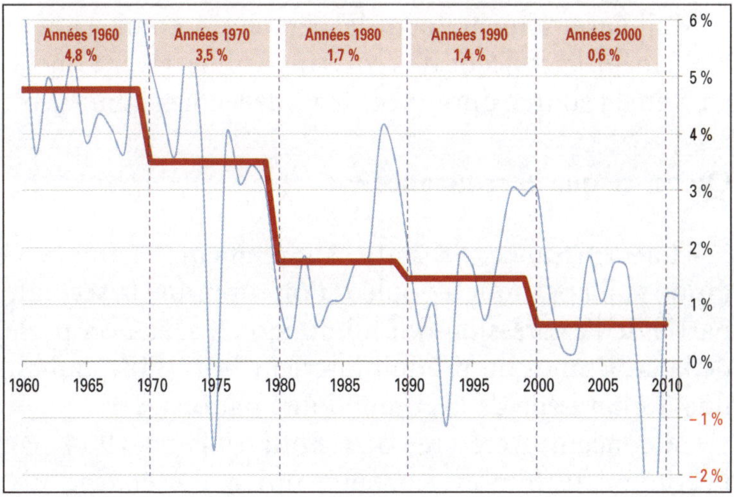

La tendance est nette : il y a de moins en moins de croissance et, depuis cinquante ans, elle baisse continûment d'un point chaque décennie en moyenne.

On comprend bien que ce phénomène ait pu ne pas être perçu par les gouvernants des années 1970 et 1980. Mais qu'en 2012 on s'obstine encore à prendre comme hypothèse centrale que les prochaines années verront « le retour d'une croissance forte », disparue il y a quarante ans, ne peut que laisser pantois : oui, les faits sont têtus...

Nous analyserons ainsi dans cette première partie ce phénomène, ses causes et ses conséquences.

*

Pas un discours politique, pas un traité international, pas une interview sans l'invocation de « la déesse Croissance », nouveau veau d'or, qui va user de ses pouvoirs magiques pour améliorer notre sort, comme elle l'a déjà fait durant les Trente Glorieuses.

Malheureusement, peu de personnes comprennent réellement le concept de croissance ni ne savent quelle en a été la source durant ces trois décennies fabuleuses.

Qu'est-ce que la croissance ?

« La croissance » signifie simplement « l'augmentation ». La pratique a voulu qu'on supprime la seconde partie de l'expression qui lui donne un sens : on parle de la croissance du produit intérieur brut (PIB), qui est une notion issue de la comptabilité nationale.

Ce concept a été créé aux États-Unis en 1934 par l'économiste Simon Kuznets, qui a été chargé d'y mettre en place une comptabilité nationale pour suivre les effets de la crise de 1929. Le PIB, premier indicateur synthétique de la production d'une économie, a été adopté en France en 1945.

Il mesure un flux de production, à savoir la valeur de l'ensemble des biens et des services produits dans un pays au cours d'une année. Le PIB peut se calculer de trois manières différentes, qui donnent mathématiquement le même résultat :

1. Par la production : c'est, en gros, la somme des valeurs ajoutées de tous les agents économiques (égales à la valeur de leur production moins les achats réalisés).
2. Par les dépenses : c'est la somme de la consommation, de l'investissement, des variations de stock et du solde commercial (= exportations – importations).
3. Par les revenus : c'est la somme des revenus des agents économiques (rémunérations des salariés + excédent brut d'exploitation des entreprises + impôts sur la production + soldes des revenus avec l'extérieur).

En résumé, c'est tout à la fois la somme de la production, la somme des revenus et la somme des dépenses – rien ne se perdant dans l'économie.

En pratique, on utilise surtout la première méthode, car c'est la plus simple : il suffit d'additionner toutes les déclarations des entreprises.

Les trois approches du calcul du PIB français en 2011
(= 1996 Md€) [Source : INSEE]

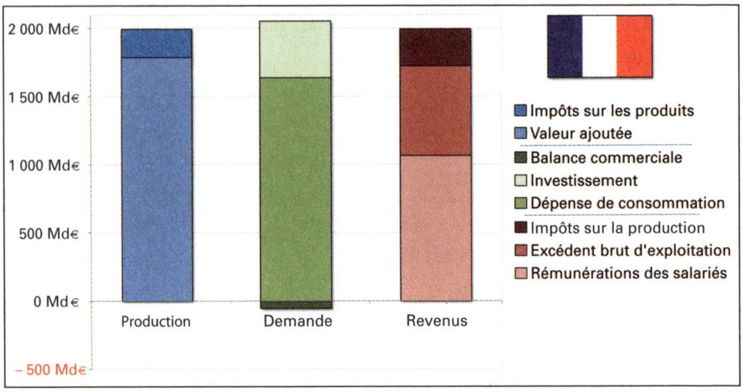

Les faiblesses de l'indicateur

Si cet indicateur a un réel intérêt, on comprend vite que c'est anormal d'en avoir fait l'indicateur absolu de la mesure de la richesse produite, voire du bien-être économique et sociétal.

En effet, en schématisant, le PIB est en quelque sorte l'équivalent du simple chiffre d'affaires d'une entreprise. Imagine-t-on de ne disposer que de ce seul indicateur pour la gérer ? On voit rapidement les problèmes :

• On a seulement une vision très partielle d'un compte de résultat. On ne déduit jamais rien du PIB, donc on ne calcule jamais une sorte de « résultat intérieur » du pays. Bref, le pays produit le plus possible, mais il ne vérifie jamais que cela ne soit pas à perte ! Il faudrait par exemple déduire le coût des ressources non renouvelables utilisées (pétrole...) ou de la pollution générée (rejets de CO_2...).

• On n'a aucune vision patrimoniale, il n'y a pas de « bilan » réel. Prenons un exemple : avant le tremblement de terre au Japon, la croissance y était faible. Juste après, la production a légèrement baissé du fait du manque d'énergie, mais elle a augmenté fortement ensuite, puisqu'il fallait reconstruire. Donc, on mesure « positivement » la reconstruction, mais le PIB n'a jamais été affecté négativement du montant total des destructions...

L'indicateur souffre d'autres défauts intrinsèques. On ne comptabilise pas une grande partie de l'activité non marchande (travaux ménagers, bénévolat, économie souterraine). Ainsi, imaginons deux couples où les femmes faisaient le ménage pour leur foyer mais où elles décident soudain de le faire désormais pour l'autre couple moyennant rémunération ; on augmenterait alors fictivement le PIB des deux nouveaux salaires, alors que l'activité globale n'a en fait pas changé... Comme le disait Alfred Sauvy : « Épousez votre femme de ménage, et vous ferez baisser le PIB... »

Par ailleurs, les évaluations pour le secteur public sont discutables (vu que la production n'est pas vendue). Enfin, l'indicateur n'est pas qualitatif : si un pays va mal, il utilisera plus d'antidépresseurs, plus d'armes, plus de soins médicaux, plus de cercueils, mais tout cela comptera positivement dans le PIB.

Soulignons un dernier point. On s'intéresse donc à l'évolution du volume de la production réalisée. Mais si on veut suivre son évolution dans le temps, ou pire, la comparer à celle d'autres pays, il convient de corriger un biais important : l'évolution de la population. Ainsi, la croissance démographique américaine est plus forte que la nôtre. Mais si les États-Unis produisent plus, c'est parce qu'ils sont bien plus nombreux tous les ans (environ trois millions !). Cet effet explique environ un point de croissance d'écart entre nos deux pays, ce qui est trop rarement pris en compte. Il convient donc de s'intéresser principalement à l'évolution dans le temps de la croissance par habitant.

Précisons enfin que pour comparer les PIB entre pays, on a fréquemment recours à une mesure en parité de pouvoir d'achat (PPA), corrigeant les variations de valeurs monétaires entre pays en se fondant sur un panier d'achats moyen.

Classement des pays en termes de PIB (courant et PPA) et de PIB par habitant

Rang	Pays	PIB (Md$)	Pays	PIB (Md$ PPA)	Pays	PIB / hab. ($ PPA)	Rang
	Union européenne	16 100	Union européenne	15 200	Luxembourg	78 000	1
					Qatar	78 000	2
1	États-Unis	14 600	États-Unis	14 600	Norvège	52 000	3
2	Chine	5 700	Chine	10 100	États-Unis	46 000	6
3	Japon	5 400	Japon	4 300	Allemagne	34 400	20
4	Allemagne	3 300	Inde	4 000	France	33 400	22
5	France	2 600	Allemagne	2 900	Japon	32 600	23
6	Angleterre	2 300	Russie	2 200	Russie	14 900	51
7	Italie	2 000	Brésil	2 200	Brésil	10 500	76
8	Brésil	2 000	Angleterre	2 200	Chine	6 780	97
9	Canada	1 600	France	2 100	Inde	3 020	127
10	Russie	1 500	Italie	1 800	Burundi	180	179

Mais revenons-en à la croissance. Quand on parle de croissance, on ne parle pas de la simple croissance du PIB, mais de sa croissance en volume, c'est-à-dire de sa croissance en valeur minorée de l'inflation – puisque la valeur produite peut augmenter soit du fait qu'on produit plus (ce qu'on cherche en fait à mesurer), soit parce que les produits sont simplement plus chers. Or la mesure de l'inflation par les instituts de statistiques utilise des méthodes parfois discutables, qui tendent souvent à minorer la valeur de l'inflation réelle, ce qui a donc pour effet de majorer fictivement la croissance...

La croissance des Trente Glorieuses

Intéressons-nous de plus près à cette fabuleuse croissance des Trente Glorieuses (que Louis Chauvel nomme plus justement les *Trente Fabuleuses*). Pour ce faire, comparons-la à celle des périodes précédentes, depuis deux mille ans :

Croissance annuelle moyenne du PIB par habitant en France, an 1 à 2008

(en volume, pour différentes périodes) [Sources : Angus Maddison puis INSEE]

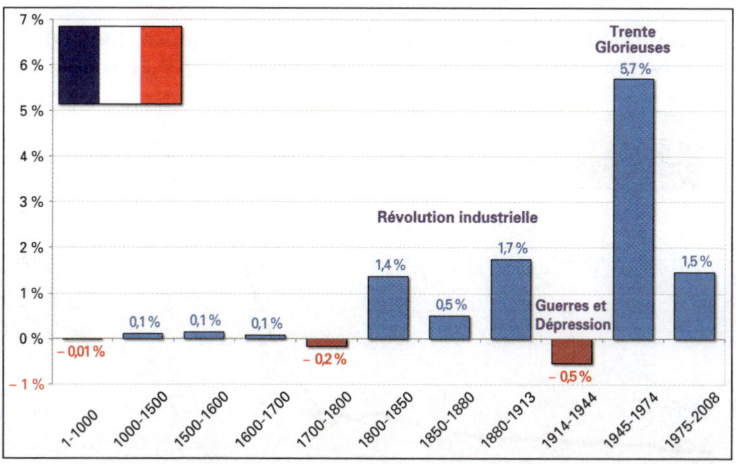

On observe que la révolution industrielle a fait décoller la croissance anémique des siècles passés, qui oscillait entre 0 % et 0,1 %, à une époque où l'économie était presque en totalité agricole. Survenant après les *Trente Désastreuses* (1914-1944) frappées par les deux guerres mondiales et la Grande Dépression de 1929, les *Trente Glorieuses* apparaissent bien comme une anomalie historique, avec une croissance près de quatre fois supérieure aux périodes antérieures ou postérieures.

Rappelons au passage que la période 1975-2008, parfois surnommée *Trente Piteuses*, a pourtant connu la troisième plus forte croissance de l'Histoire, avec une phase d'intensification des échanges internationaux. Et cependant, elle restera marquée par l'apparition du chômage de masse, la hausse des inégalités et un endettement croissant. Bref, nous avons vécu la plus fabuleuse période d'enrichissement de notre histoire.

Évolution historique du PIB par habitant de la France, 1800-2011

(en € constants 2012, puis estimation) [Sources : Maddison, INSEE puis O. Berruyer]

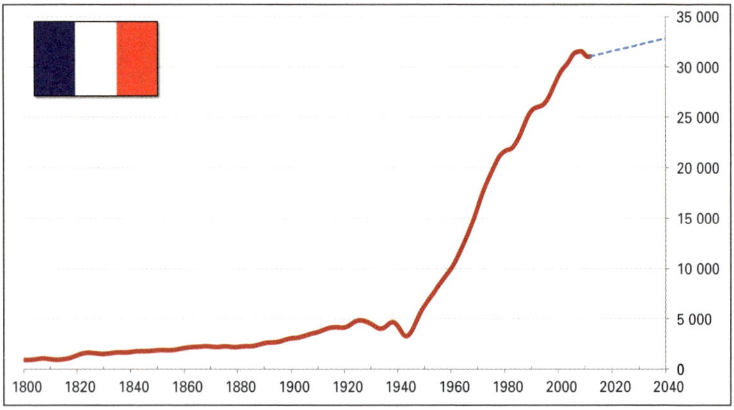

Nous reviendrons plus tard sur ces éléments. Nous allons analyser désormais les sources de la croissance des Trente Glorieuses.

Nous avons vu que la croissance correspond à la valeur de la production du pays. Nous pouvons donc développer l'égalité suivante :

$$\text{production} = \frac{\text{production}}{\text{heures travaillées}} \times \text{heures travaillées}$$

$$\text{production} = \text{productivité horaire apparente} \times \text{heures travaillées}$$

$$\text{production} = \text{productivité horaire apparente} \times \text{durée du travail} \times \text{nombre d'emplois}$$

On voit ainsi que le PIB est, en fait, égal au produit de la productivité horaire, de la durée du travail et du nombre d'emplois. La croissance est donc la résultante de la croissance de ces trois éléments. Observons leur contribution individuelle à la croissance totale.

Évolution annuelle moyenne des facteurs de croissance en France 1950-2007 [Source : INSEE]

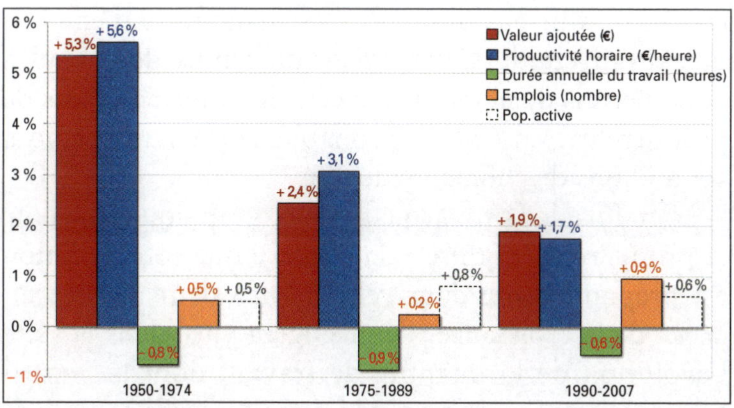

On constate que la croissance de la valeur ajoutée (partie largement prépondérante du PIB) est bien la résultante de la croissance des trois autres éléments.

À propos de l'emploi, on observe que c'est la dernière période qui a vu le nombre d'emplois augmenter le plus fortement. Comme sur les trois périodes, le taux de croissance de la population active a été respectivement de + 0,5 %, + 0,8 % et + 0,6 %, on calcule facilement qu'ont alterné une phase de stabilité du chômage (plein emploi des Trente Glorieuses), puis une forte hausse (croissance des emplois plus faible que celle des actifs) et enfin une baisse du chômage dans la dernière période (croissance des emplois plus forte que celle des actifs).

Concernant le temps de travail, on note l'évolution sur plusieurs siècles de la baisse de la durée de travail. Détail piquant, c'est la période des 35 heures qui a vu la plus faible diminution du temps de travail. Ce mouvement a été salutaire car, à niveau de croissance donnée et à productivité fixée par l'appareil productif, la quantité d'heures travaillées est fixée. Si le temps de travail n'avait pas diminué, c'est le nombre d'emplois qui aurait chuté. Cette baisse du temps de travail a donc permis de gérer en douceur les énormes gains de productivité, en évitant probablement environ cinq à six millions de chômeurs de plus.

Toutefois, le fait marquant de ce graphique concerne la productivité horaire : on observe que son évolution est prépondérante dans celle de la valeur ajoutée et, donc, de la croissance. On négligera ainsi dans la suite l'évolution de la quantité de travail, dont la contribution à la croissance est toujours inférieure à 20 % de celle de la productivité. Ainsi, on peut considérer que la quasi-totalité de la croissance des Trente Glorieuses a été due à de fabuleux gains de productivité.

Analysons les gains de chaque branche :

Évolution annuelle moyenne de la productivité horaire des branches en France, 1950-2007 [Source : INSEE]

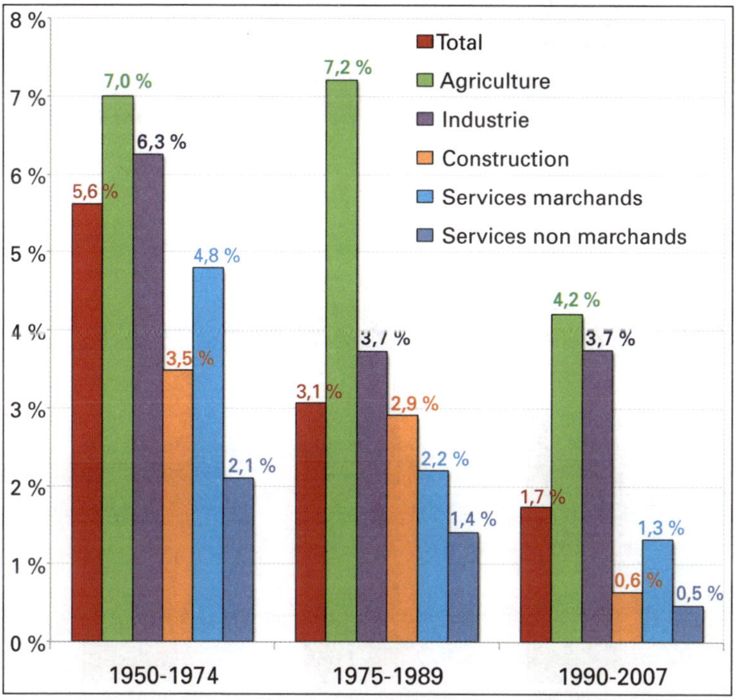

On observe durant les Trente Glorieuses des gains de productivité très importants dans trois branches :

• l'agriculture ;

• l'industrie ;

• les services marchands, surtout pour le commerce, le transport et les activités scientifiques et techniques (conseil, juridique, comptabilité, ingénierie, recherche…).

Les secteurs n'ayant pas tous le même poids dans l'économie, on peut enfin déterminer la contribution de chacun à l'évolution totale de la productivité :

Contribution de chaque branche à l'évolution annuelle moyenne de la productivité horaire en France, 1950-2007 [Source : INSEE]

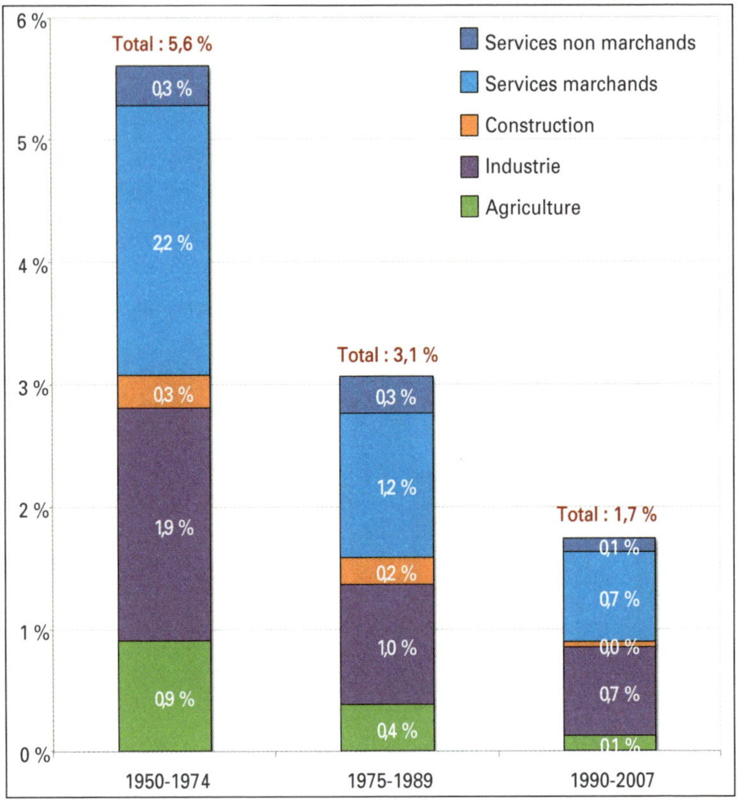

On constate que la croissance des Trente Glorieuses a été due en majorité à d'énormes gains de productivité dans l'agriculture (7 % par an, soit un doublement tous les dix ans…), l'industrie (plus de 6 %) et quelques activités de service (commerce et transport par exemple, avec près de 6 %).

Analysons alors l'évolution dans le temps de ces formidables gains de productivité :

Évolution de la productivité horaire des branches en France, base 100 en 1950, 1950-2011 [Source : INSEE]

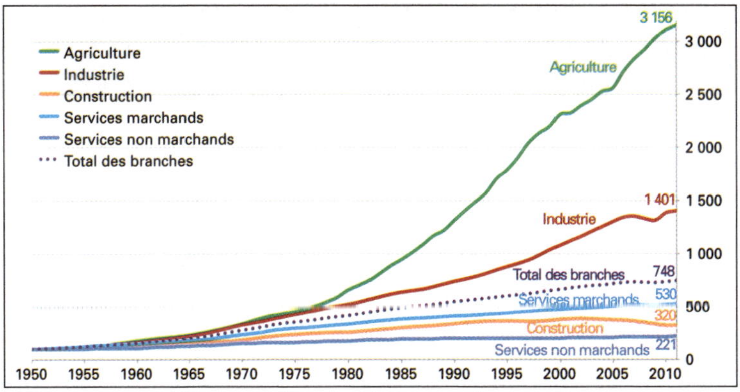

Ainsi, en soixante ans, la productivité agricole a augmenté de plus 30 fois, ce qui signifie qu'un agriculteur qui récoltait une tonne de blé (ou élevait dix cochons) en 1950 récolte désormais trente tonnes (ou élève trois cents cochons). De même, la productivité industrielle a été multipliée par 14, et celle des services marchands par 5. *A contrario*, les services non marchands ont vu leur productivité « seulement » doubler. Au global, la productivité de l'économie a été multipliée par 7 sur la période, ce qui est évidemment énorme.

Ces gains de productivité inouïs s'expliquent principalement par la mécanisation de l'agriculture puis de l'industrie, ainsi que par le développement du transport routier et de la grande distribution. Les périodes ultérieures ont par ailleurs bénéficié de l'informatisation. D'autres facteurs ont aussi joué, comme l'éducation des salariés et leur priorité donnée au travail, les investissements des entreprises et la planification publique.

La fin de la « croissance fabuleuse »

On observe également sur les graphiques précédents les deux facteurs de la forte diminution de la croissance après les Trente Glorieuses dans notre pays :

1. Les gains de productivité des branches ont notablement baissé.

2. La part dans l'économie des secteurs les plus productifs (agriculture et industrie) a fini par décliner fortement.

Part des branches dans la valeur ajoutée de la France, 1950-2011

(en %) [Source : INSEE]

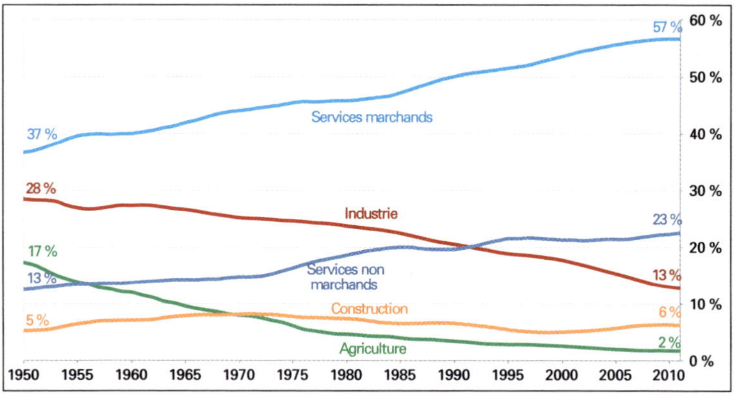

Le premier point s'explique par le fait que l'énorme gain de la mécanisation ne s'effectue malheureusement qu'une fois. La productivité de l'agriculteur augmente de manière phénoménale quand il remplace son cheval par un tracteur et achète des engrais et des pesticides, mais une fois que cela est fait, les futurs gains de productivité seront évidemment bien limités en comparaison.

Le second point est purement mathématique. Quand, dans une économie, il existe un secteur avec de très forts gains de productivité (ici, l'agriculture et l'industrie) et un autre avec des gains moindres (les services), la part du premier tend à se réduire mécaniquement. En effet, dans un premier temps, le secteur productiviste augmente sa production à effectifs constants, mais il finit par saturer les besoins de la population. Dans un second temps, il va stabiliser sa production et libérer de la main-d'œuvre, qui va naturellement se diriger vers le secteur moins productif, augmentant du coup le volume produit, et donc sa part dans l'économie. En France, les secteurs agricoles et industriels ont donc libéré de la main-d'œuvre qui est allée travailler dans les services – c'est la tertiairisation de l'économie, conséquence des énormes gains de productivité réalisés.

C'est pourquoi la part de la valeur ajoutée du pays produite par l'agriculture et l'industrie est passée en soixante ans de 45 % à 15 %.

Ce qui ne veut pas dire que leur production a diminué, au contraire. Mais le volume des services produits a simplement bien plus augmenté.

L'ère de la stabilité ?

À la lumière de l'analyse précédente, l'hypothèse défendue ici est qu'en réalité l'Occident a retrouvé pour longtemps une ère de croissance relativement faible, moins de 1 % par an, voire nulle.

Différents arguments peuvent soutenir cette hypothèse.

1. La transition économique

Le premier est l'argument de la « transition économique ». Il se réfère au phénomène de transition démographique, passage d'une société « primitive » caractérisée par une natalité et une mortalité élevées à une société « développée » où les deux sont faibles ; la mortalité commence par baisser, ce qui induit une forte croissance de la population, avant que cela ne soit le tour de la natalité, la population se stabilisant alors.

L'analogie avec la transition démographique consiste à considérer que nous vivrions le passage d'une économie « arriérée » marquée par une productivité et un niveau de développement faibles à une économie « développée » où ils seraient élevés.

Représentation schématique de la « transition économique »

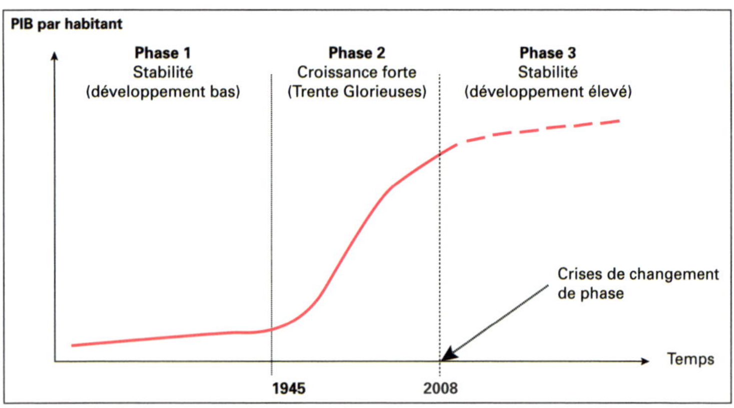

Ce scénario signifie en fait simplement qu'il est évidemment beaucoup plus difficile de développer une économie déjà développée (par exemple, quand tout le monde possède une voiture, il y a moins de croissance des ventes d'automobiles qu'en phase d'équipement).

En effet, notre économie repose à plus de 50 % sur les dépenses liées au logement, au transport, à l'alimentation et à l'habillement. Nos arrière-grands-parents ne réalisaient presque pas d'échanges marchands pour ces domaines – ils cultivaient leur terre, bâtissaient leurs maisons, etc. Or, nous sommes arrivés à un stade où ces besoins sont désormais quasiment totalement satisfaits par des échanges marchands. Dès lors, on comprend qu'il y ait eu une forte hausse du PIB quand ces éléments se sont « marchandisés ». En revanche, leurs montants ne peuvent désormais plus guère augmenter.

Plus généralement, on comprend intuitivement que, dans nos sociétés occidentales, la grande majorité de nos besoins élémentaires sont désormais en moyenne satisfaits (cela étant dit sans oublier les nombreuses situations personnelles difficiles dans le pays, mais c'est principalement un problème de répartition de la richesse). Et que la plupart de nos besoins accessoires le sont également – même le superflu commence à atteindre ses limites. Après la télé écran plat, après la télé écran plat 3D, il va être difficile d'inventer la télé écran plat 4D… Difficile également de monter encore plus en gamme le téléphone-appareil-photo-télé-ordinateur-GPS-organiseur-baladeur-MP3.

On arrive à un tel point de gavage que l'État, pourtant fortement endetté, a dû se résoudre à créer (à crédit) des « primes à la casse » pour les voitures – quoi de plus intelligent, en effet, que de payer le consommateur pour qu'il jette des objets qui marchent encore ?

On peut toutefois rappeler qu'un niveau de croissance aussi faible signerait en fait simplement un retour à un niveau historique multiséculaire d'une croissance d'environ 0,5 % par an.

Il est possible de percevoir ce phénomène par le biais d'une présentation originale. Elle est inspirée de l'estimation de la production ultime d'un champ pétrolifère (qui a une évidente limite physique), en croisant la production cumulée et le taux de croissance de la production. Ici, on va croiser le niveau de PIB par habitant (évidemment en euros constants) et le taux de croissance chaque année :

Linéarisation d'Hubbert du PIB français par habitant, 1950-2011
(en euros constants 2011) [Source : INSEE]

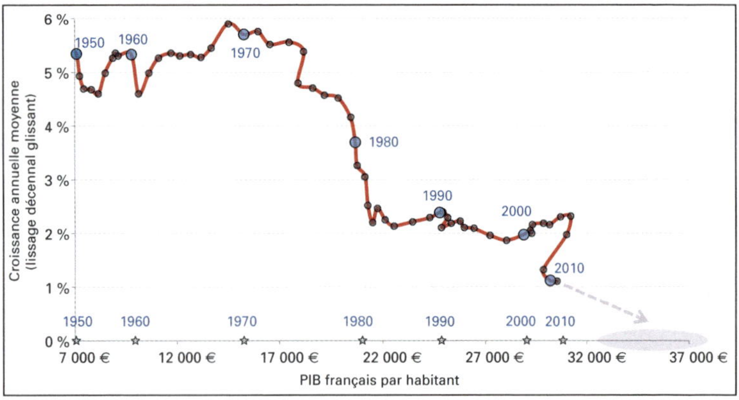

Lecture : en 1970, le PIB par habitant était de 15 290 € et son taux de croissance était de 5,7 % en moyenne décennale.

On note la chute brutale de la courbe à la fin des Trente Glorieuses. On note également, en reportant les décennies sur l'axe des abscisses, qu'il faut de plus en plus de temps pour « progresser » vers une hausse du PIB par habitant, un peu comme si l'économie « souffrait » de plus en plus pour croître, et qu'elle y arrivait de moins en moins. Il semble qu'il va falloir beaucoup de temps pour arriver vers les 35 000 euros par habitant, comme si cette somme représentait une limite physique difficilement atteignable.

2. La tertiairisation de l'économie

Au-delà de cet aspect quantitatif, il convient également de noter une difficulté qualitative. Nous avons constaté que, en soixante ans, la part des services de l'économie est passée de 50 % à 80 % de la valeur ajoutée : on parle de tertiairisation de l'économie.

Or, comme nous l'avons vu, les gros gains de productivité qui ont soutenu les Trente Glorieuses l'ont été surtout dans l'agriculture et l'industrie, dont la part est désormais réduite. On note aussi que, même dans ces secteurs, les gains de productivité se réduisent pour les raisons précédemment soulignées (les gros gains de productivité de la mécanisation et l'informatisation sont derrière nous).

Le problème d'une économie de services est que les gains de productivité y sont souvent très faibles, d'autant qu'ils s'accompagnent fréquemment d'une dégradation du service rendu. Il va sans doute falloir attendre longtemps avant de disposer de robots coiffeurs, enseignants, musiciens, policiers, chercheurs, infirmiers, etc., permettant d'obtenir de forts gains de productivité.

3. Le problème des ressources énergétiques

Le grand philosophe anglais Bernard Russel a écrit en 1932 : « Il existe deux types de travail : le premier consiste à déplacer une certaine quantité de matière se trouvant à la surface de la terre ou dans le sol ; le second, à dire à quelqu'un d'autre de le faire[1]. »

L'ingénieur Jean-Marc Jancovici, grand spécialiste des problèmes énergétiques et de pollution, a souligné fort à propos que pour améliorer la productivité de ce « déplacement », nous avons fait travailler à notre place les énergies fossiles (charbon, pétrole, gaz) en mécanisant l'économie. Il a montré que chaque Français, grâce à ces sources d'énergie, dispose chaque année de la même énergie que fourniraient cent cinquante esclaves robustes.

« Esclaves énergétiques » à la disposition de chaque Français en 2012 (total : environ 150) [Source : estimation O. Berruyer, d'après J.-M. Jancovici]

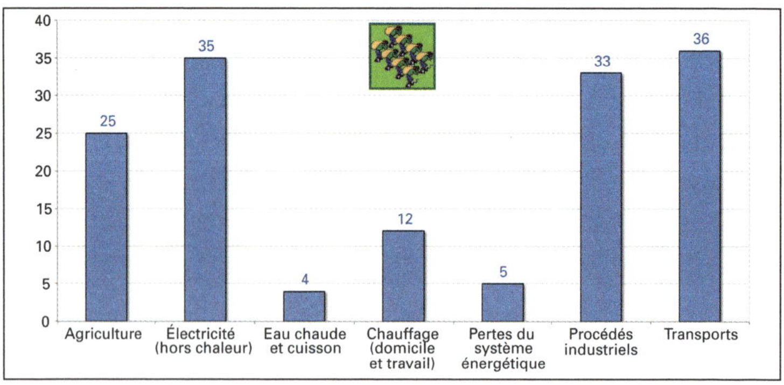

En effet, un litre de pétrole contient la même énergie que deux esclaves travaillant toute une journée – ce qui

1. Bernard Russel, *Éloge de l'oisiveté,* 2002.

met « l'esclave énergétique » à moins de 20 euros par mois. Nous consommons par ailleurs environ 4,5 litres de pétrole par jour – plus que ce que nous buvons d'eau.

Dans ces conditions, il est évident que nous avons les moyens de vivre bien mieux que nos ancêtres. Observons ainsi la consommation mondiale d'énergie par habitant :

Énergie primaire mondiale par habitant, 1800-2011

(en tonne équivalent pétrole par personne) [Sources : Etemad & Luciani puis EIA]

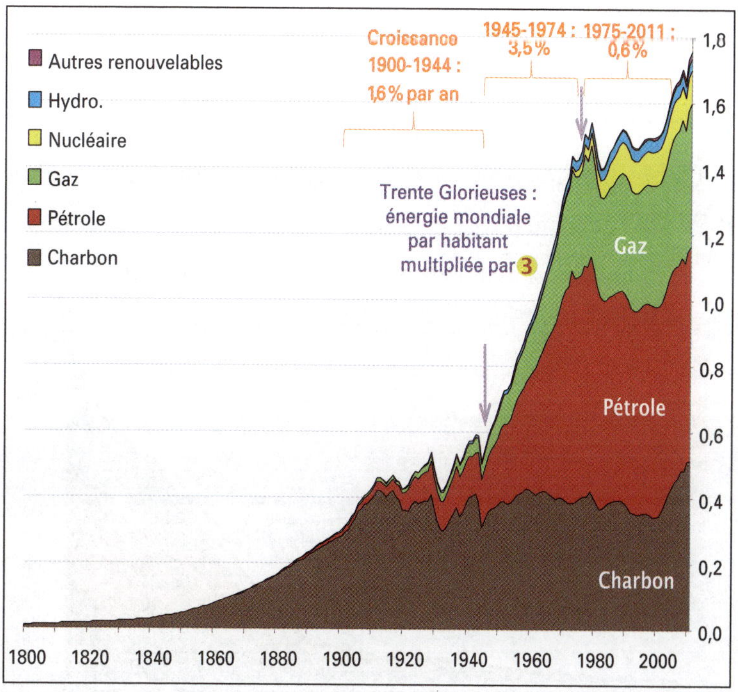

On remarque que la consommation mondiale d'énergie par habitant a triplé pendant les Trente Glorieuses.

Analysons l'évolution des sources d'énergie :

Sources d'énergie primaire mondiale par habitant, 1800-2011

(en tonne équivalent pétrole par personne) [Sources : Etemad & Luciani puis EIA]

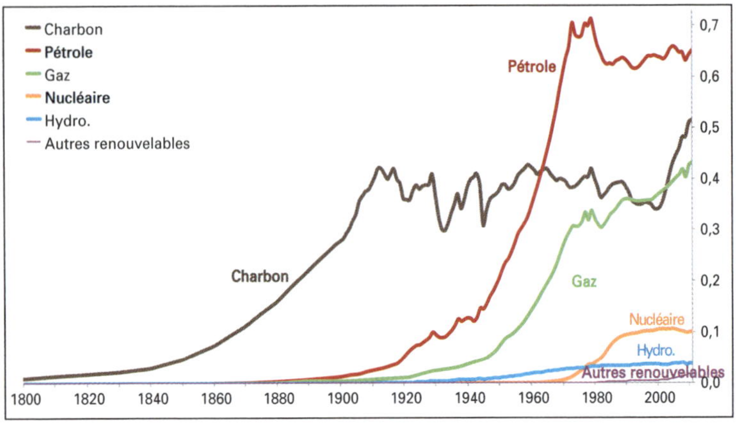

Cela donne pour la production mondiale totale d'énergie :

Production mondiale d'énergie primaire, 1850-2011

(en millions de tonnes équivalent pétrole) [Sources : Etemad & Luciani puis EIA]

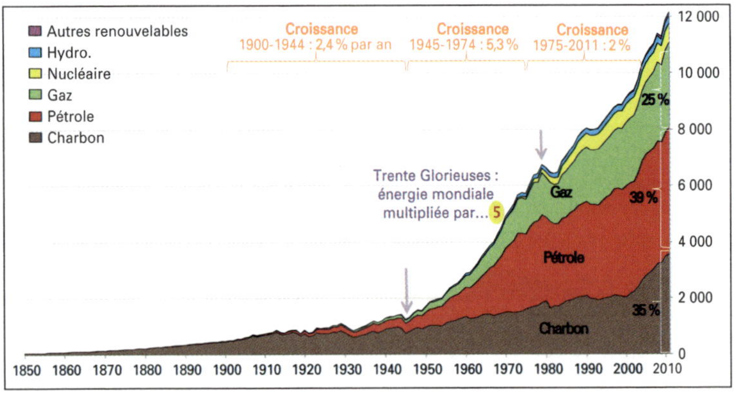

Ainsi, la consommation mondiale totale d'énergie a quintuplé pendant les Trente Glorieuses.

Sources de la production mondiale d'énergie primaire, 1850-2011

(en millions de tonnes équivalent pétrole) [Sources : Etemad & Luciani puis EIA]

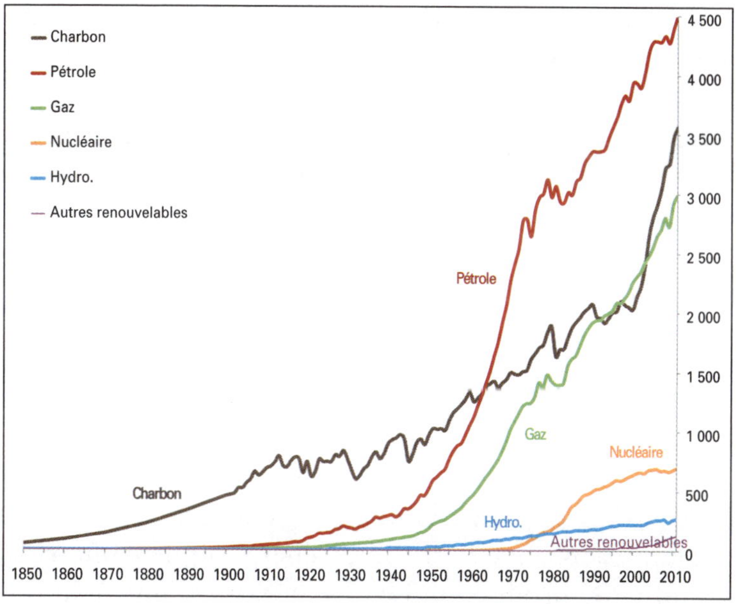

On peut constater que :

• Le pétrole a représenté plus de la moitié de l'énergie nouvelle utilisée durant les Trente Glorieuses. Sa production globale a augmenté plus lentement après le premier choc pétrolier qui a mis fin à des décennies de croissance annuelle à 7 % (doublement tous les dix ans !), ce qui fait que le pic de la quantité de pétrole par habitant a été atteint en 1979. Sa production globale augmente encore – mais pour combien de temps ?

• Le gaz a représenté le quart de l'énergie nouvelle utilisée durant les Trente Glorieuses. Sa production globale augmente un peu plus lentement après le premier choc pétrolier.

• Le charbon, source d'énergie depuis la révolution industrielle du XIXe siècle, a connu une croissance de son extraction plus limitée que celle du pétrole et du gaz, au rythme de la croissance de la population. Sa production par habitant a ainsi été relativement stable au cours du XXe siècle. En revanche, sa production est repartie nettement à la hausse depuis les années 2000 (+ 75 %), et le charbon représente la moitié de l'énergie nouvelle utilisée depuis lors. Il compense ainsi les limites des deux autres sources fossiles, la Chine étant pratiquement la seule responsable de cette hausse de l'énergie la plus polluante en CO_2.

• Le nucléaire a pris son envol dans les années 1970, mais stagne depuis les années 1990.

• L'apport total des énergies renouvelables reste négligeable, et pour très longtemps encore.

Définissons ici l'efficacité énergétique comme la quantité de production réalisée à partir d'une quantité d'énergie. Observons son évolution depuis 1950 :

Efficacité énergétique mondiale, 1950-2011

(en dollars constants 2011 par litre équivalent pétrole)

[Sources : Etemad & Luciani puis EIA]

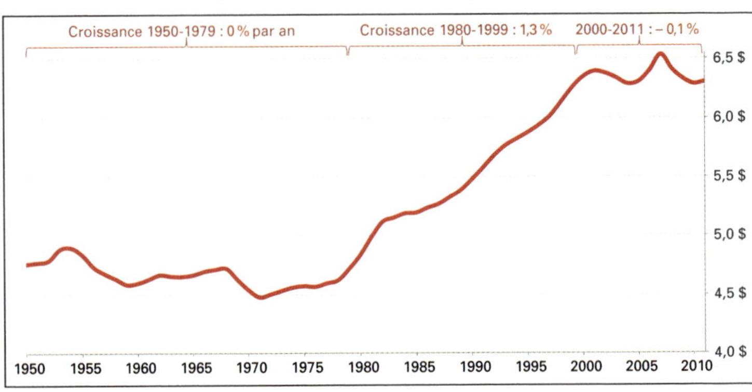

Trois périodes très claires apparaissent :

• 1950-1979 : l'énergie étant illimitée et peu chère, aucun effort n'est réalisé en terme d'efficacité énergétique.

• 1980-1999 : les deux chocs pétroliers poussent le monde à réaliser des gains d'efficacité énergétique.

• Depuis 2000 : le décollage économique des économies émergentes, moins efficaces, signe un retour à la stagnation.

Les Trente Glorieuses ont donc nécessité une multiplication par 5 de la production mondiale d'énergie, issue à 95 % des énergies fossiles, par nature non renouvelables. On observe d'ailleurs qu'ensuite la production d'énergie a « à peine » doublé durant les trente années suivantes – et il est probable que nous ferons moins bien à l'avenir.

4. Le problème des matières premières

L'énergie n'est pas la seule ressource qui va poser problème dans les années à venir. De nombreuses matières premières sont en voie d'épuisement :

Dates d'épuisement des ressources prouvées au rythme actuel de consommation [Source : compilation par terresacree.org]

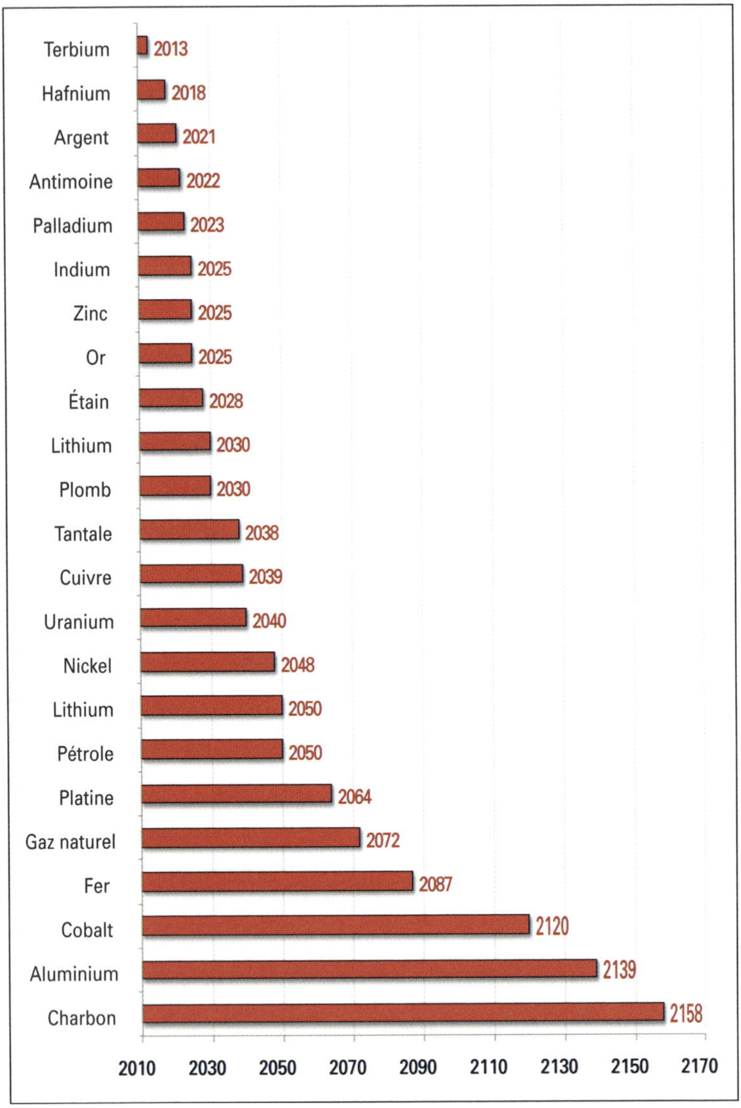

Ces dates correspondent aux ressources actuelles prouvées. Bien entendu, de nouveaux gisements seront probablement découverts et repousseront de quelques années ces dates, mais il ne faut guère s'attendre à des miracles : notre planète commence à être largement prospectée, et les principaux filons ont été découverts.

Une conséquence de cet épuisement est évidemment l'augmentation des prix. Elle apparaît déjà clairement :

Évolution des prix réels de différentes matières premières, 1990-2011 (évolution depuis 1990, corrigée de l'inflation)

[Source : Banque mondiale]

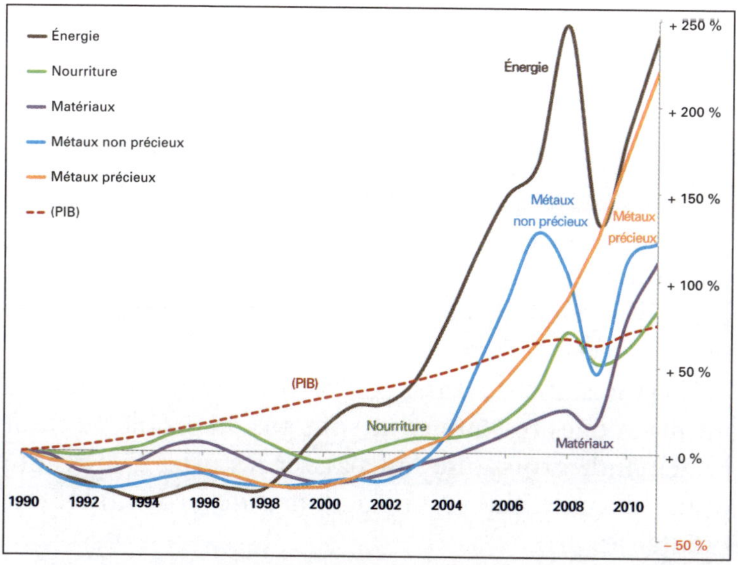

Ainsi, au cours des dix dernières années, correction faite de l'inflation, les prix :

- de l'énergie ont triplé ;
- des métaux et des matériaux ont plus que doublé ;
- de la nourriture ont presque doublé, et sont à l'origine de nombreuses émeutes et de quelques révolutions…

On peut détailler certaines hausses :

Évolution des prix réels de différentes matières premières, 1990-2011 (évolution depuis 1990, corrigée de l'inflation)

[Source : Banque mondiale]

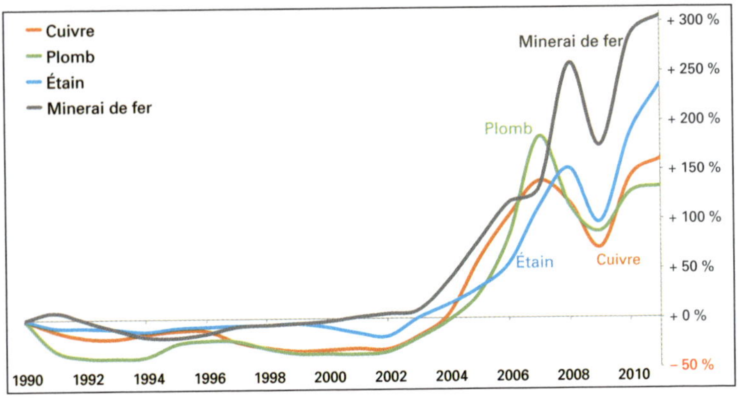

On constate que la plupart des métaux et des matériaux ont été concernés par cette hausse historique, inconnue depuis l'après-guerre, époque qui a au contraire longtemps été marquée par une baisse de ces prix.

C'est le signe du passage de l'illusion d'un « monde infini », où les ressources ne sont pas un problème et où la demande croissante fait baisser les prix, à la réalité d'un « monde fini », où la demande croissante fait monter les prix.

Enfin, et plus largement, c'est l'ensemble de la Terre qui s'épuise. Le concept « d'empreinte écologique » vise à traduire l'impact des activités humaines sur les écosystèmes et la planète. Celle-ci mesure les surfaces de terres et d'eau nécessaires pour produire les ressources qu'une population consomme et pour absorber ses déchets.

En 2012, l'empreinte écologique représente ainsi 156 % de la biocapacité, ce qui signifie que nous aurons consommé 156 % des capacités annuelles à notre disposition. Il nous manque donc désormais une demi-planète tous les ans. En 1961, nous ne consommions que 58 % des capacités.

Le « jour du dépassement des ressources planétaires » est le jour où l'empreinte cumulée annuelle atteint 100 %, tous les jours suivants consommant « du stock ».

Jour du dépassement des ressources planétaires

[Source : Global Footprint Network]

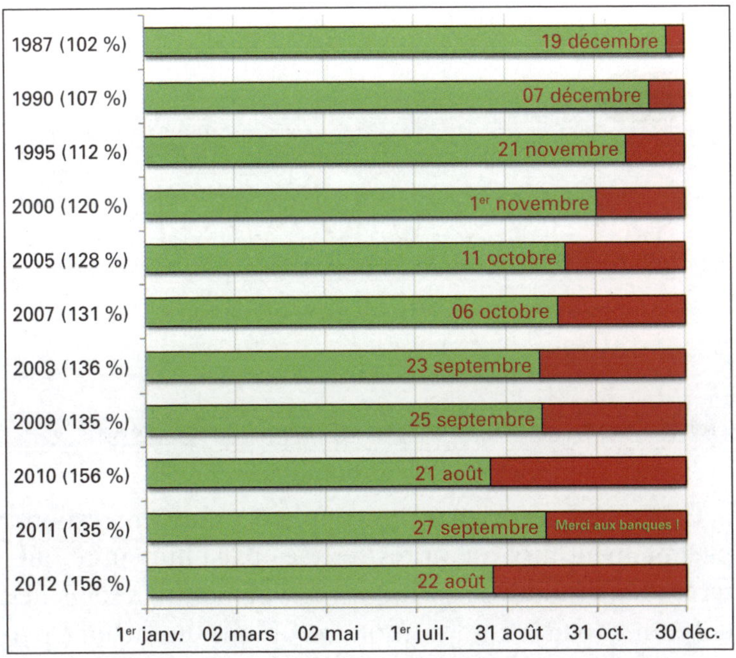

Ce sont désormais quatre mois dans l'année qui ne sont pas « financés » et pompent nos stocks planétaires.

5. Le problème des rejets

Nous avons montré précédemment que plus de 90 % de notre énergie primaire étaient fournis par les trois combustibles fossiles : pétrole, charbon et gaz.

Ainsi, notre consommation d'énergie conduit finalement à extraire du carbone du sol pour le rejeter dans l'atmosphère. Depuis le début de la révolution industrielle, la concentration en CO_2 de l'atmosphère a augmenté de près de 40 %, atteignant des niveaux inconnus depuis plusieurs millions d'années :

Concentration en CO_2 de l'atmosphère depuis 800 000 ans (en ppm)
[Sources : forages glaciaires EPICA Dome C, Vostok, Law Dome et Mauna Loa]

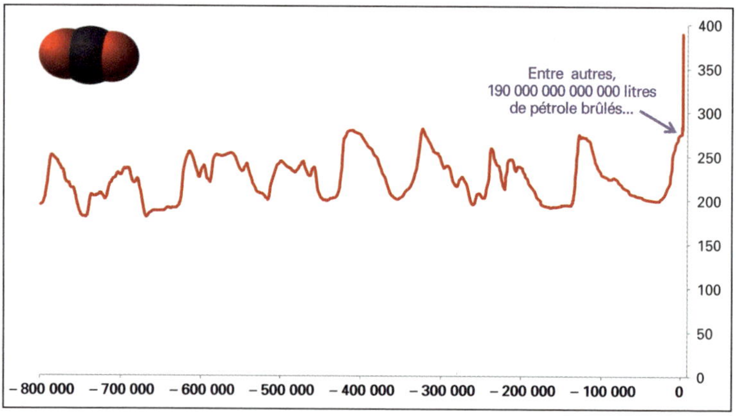

Outre que cette quantité supplémentaire correspond parfaitement aux quantités rejetées par l'humanité, différentes méthodes scientifiques ont démontré depuis des décennies (par la composition isotopique du carbone par exemple, ou par le fait que ce sont les couches basses de l'atmosphère qui se réchauffent le plus) que nous étions directement responsables d'une telle augmentation.

Or le gaz carbonique est un gaz à effet de serre, c'est-à-dire qu'il augmente la température de la planète. Le principal gaz à effet de serre est la vapeur d'eau (pour notre plus grand bien), sans laquelle la température de la planète serait inférieure de 33 °C. Le CO_2 est le deuxième gaz à effet de serre, dont le stock millénaire est responsable d'une élévation de la température de la planète d'au moins 7 °C.

Concentration en CO_2 de l'atmosphère et tendance de la température de la planète, 1880-2010 (concentration en ppm ; température moyenne en °C) [Source : calculs O. Berruyer, d'après données NASA]

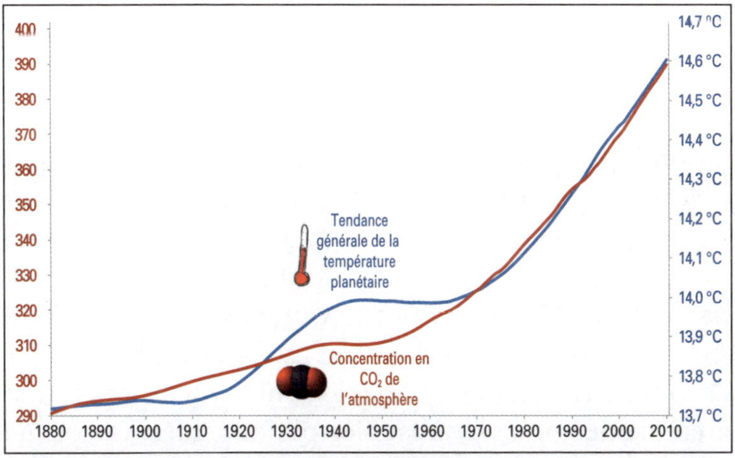

On constate donc que les choses sont simples :

1. Le CO_2 est un gaz à effet de serre.
2. Le stock est responsable d'une hausse d'au moins 7 °C de la température globale.
3. On mesure que la concentration en CO_2 a augmenté de 35 % en cent trente ans.
4. On mesure une hausse de 2 °C de la température globale depuis cent trente ans.

La conclusion est évidente... Des centaines d'études de climatologues ont ainsi abouti au même résultat : l'homme est responsable par ses rejets de carbone d'une augmentation de la température de la planète.

Bien entendu, des hausses beaucoup plus fortes sont déjà survenues il y a des centaines de milliers d'années, mais il n'y avait pas à l'époque près de dix milliards d'êtres humains à la mobilité limitée par des frontières. Derrière ce problème climatique se cachent donc de gros problèmes humains, politiques, diplomatiques et de paix.

Il y a aujourd'hui un consensus de la communauté mondiale des climatologues (97 %)[1] à ce sujet. Et pourtant, une vaste opération de « propagande » s'est développée, visant à semer le doute dans la population, laissant croire que les scientifiques ne sont pas d'accord, que nous ne sommes sûrs de rien, qu'il faut encore plus d'études et, surtout, qu'il ne faut rien faire.

Cette opération est majestueusement démontée par Naomi Oreskes et Erik Conway dans leur livre *Les Marchands de doute*[2] (indispensable). On y découvre, effaré, que non seulement la même opération a été menée pour le tabac, les pluies acides, la couche d'ozone, le tabagisme passif, mais surtout qu'elle l'a souvent été par les mêmes scientifiques bien que les sujets n'aient rien en commun. C'étaient simplement des néoconservateurs allergiques à toute intervention de l'État.

Le président américain Lyndon Johnson déclarait pourtant dès 1965 : « Notre génération a modifié la

1. Doran *et al.*, 2009.
2. Naomi Oreskes et Erik Conway, *Les Marchands de doute,* 2012.

composition de l'atmosphère à l'échelle globale en augmentant régulièrement la quantité de gaz carbonique résultant de l'utilisation des combustibles fossiles[1]. » Malheureusement, la concentration en CO_2 augmente toujours de 0,5 % chaque année…

6. *Les mathématiques*

L'économiste Kenneth Boulding a intelligemment dit : « Lorsque quelque chose croît, il devient plus grand », et on pourrait ajouter « et cela s'arrête bien un jour… ».

Nous avons en général une mauvaise représentation mentale de la croissance. On a tendance à la voir ainsi, comme simple succession de chiffres annuels, qui semble pouvoir se poursuivre infiniment :

Évolution annuelle en volume du PIB par habitant de la France, 1990-2011 [Source : INSEE]

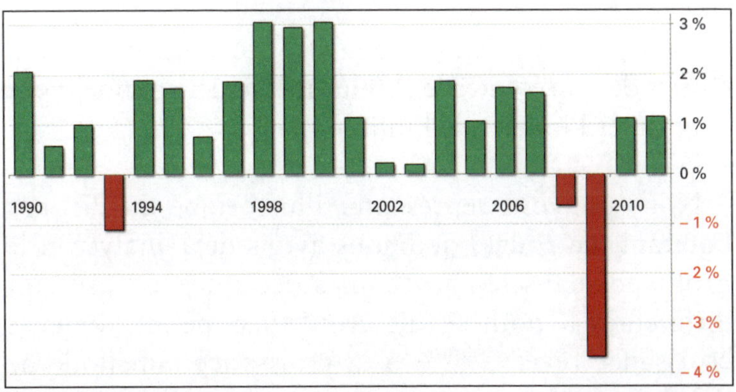

Il faudrait plutôt s'intéresser non pas à la seule valeur de la croissance annuelle du PIB, mais bien à celle de son niveau.

1. Lyndon Johnson, message spécial au Congrès, 1965.

En effet, il se trouve que la fonction mathématique qui se définit comme celle disposant d'un niveau de croissance constant est la fonction exponentielle.

Or, comme l'a également souligné Kenneth Boulding : « Toute personne croyant qu'une croissance exponentielle peut continuer à jamais (infini) dans un monde fini est soit un fou, soit un économiste. »

Petit résultat mathématique bien utile : pour une fonction exponentielle, on obtient une approximation du temps de doublement en divisant 70 par le taux de croissance (supposé constant). Ainsi, une croissance de 7 % en volume signifie un doublement des volumes produits toutes les dix années. Et même une « faible » croissance de 2 % aboutit au même résultat toutes les trente-cinq années. On comprend que cela ne puisse pas durer pour des raisons physiques, passé un certain stade.

Pour percevoir le mouvement historique, il convient en fait de représenter le PIB lui-même, en volume, pour supprimer l'impact de l'inflation.

Nous pouvons représenter l'historique du PIB par habitant (en rouge) que nous avons déjà analysé et le prolonger dans les prochaines décennies en utilisant différentes hypothèses de croissance, de la fabuleuse croissance rêvée à 5 % à la croissance famélique de 0,2 % (en évitant ici toute hypothèse « hérétique » de légère décroissance) :

PIB par habitant de la France et projections, 1800-2011-2100
(en € constants 2012, puis estimation à croissance constante)
[Sources : Maddison et INSEE]

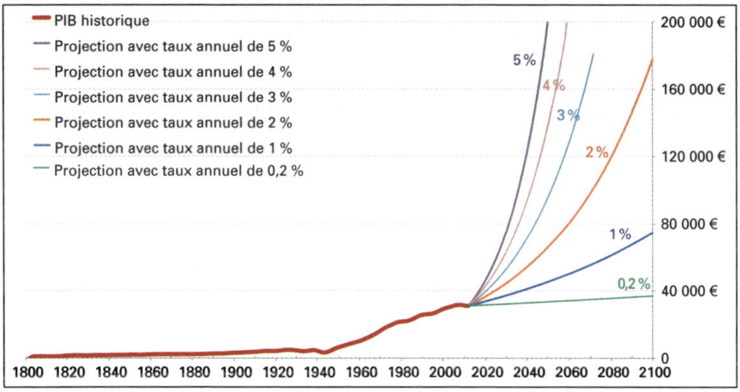

Quelle hypothèse semble de prime abord la plus réaliste ? Et quel sera l'impact à court terme de l'explosion des bulles de dettes insoutenables ou des prix délirants de l'immobilier, et à moyen terme de la raréfaction des ressources énergétiques fossiles ?

On comprend alors qu'une forme « d'atterrissage » de la croissance est inévitable.

Fin de croissance, bienvenue à l'âge adulte

Pour passer du petit enfant à l'adulte lisant ces lignes, il a fallu alimenter une importante croissance – celle de votre corps. Elle s'est pourtant naturellement arrêtée, sans que personne s'en offusque. Et il n'y a pas eu décroissance – juste stabilisation à un niveau optimal !

Notons que si la croissance de notre taille se poursuivait au taux de 5 % (taux existant à sept ans), nous atteindrions 110 mètres à cent ans – ce qui serait, convenons-en, assez peu pratique…

La fin de la croissance quantitative à vingt ans ouvre la voie à la poursuite de la croissance, mais sous une autre forme : la croissance intellectuelle, la croissance amoureuse, la croissance sociale, etc.

La fin de la croissance du PIB n'est en rien un drame, il faut simplement la gérer habilement. Il convient donc d'adapter notre « économie de croissance » à ce changement de phase. Conçue pour une croissance soutenue, elle a permis notre fulgurant développement en quelques décennies à peine. Mais maintenant que nous sommes développés, il nous faut la reconvertir en « économie de stabilité », tout comme une « économie de guerre » doit être reconvertie en « économie de paix » – il n'est en effet plus rationnel de continuer à produire des milliers de chars en 1946...

Ainsi, la croissance ne peut physiquement pas être durable, et l'expression « développement durable » est un mensonge. Ce n'est pas un problème « politique » ou de « volonté », et les mots de Claude Allègre (« Vouloir s'opposer à la croissance [...], c'est engager la France dans le déclin[1] ») illustrent bien cet aveuglement affligeant – comme si c'était un problème de volonté ou de choix politique, alors qu'il s'agira d'un fait dicté par la nature. Cela rappelle furieusement cette pensée de Woody Allen : « En ce qui concerne ma relation avec la mort, elle reste toujours la même : je suis contre. » Les seules choses qui « s'opposent à la croissance » sont les lois de la nature et de la physique.

Mais cette vision est bien éloignée de la « pensée économique » actuelle, scorie d'une vision du monde restée figée dans les années 1970. Il est frappant de voir

1. Claude Allègre, *Ma vérité sur la planète,* 2007.

qu'elle n'évolue même pas à la lumière de la simple réalité.

Évolution du PIB du Japon, 1955-2011 (en Td¥ courants) [Source : ESRI]

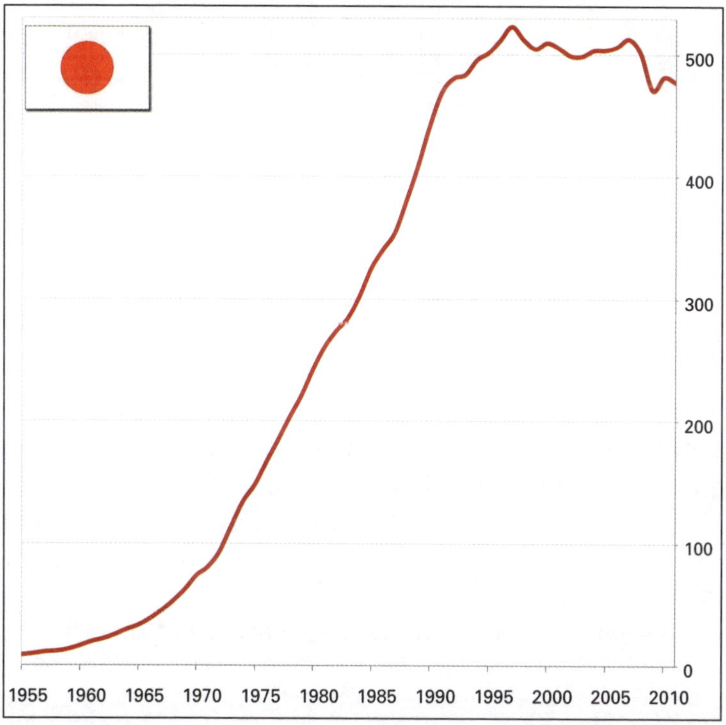

Ainsi, le pays « star » des années 1980, à qui tout souriait, véritable « miracle économique » et qui devait devenir notre modèle – le Japon – montre la voie de la croissance zéro de son PIB…

Gérer ce problème va évidemment se révéler périlleux au niveau de chaque économie. Mais il faudra surtout gérer le problème des différences de niveau de vie selon les pays.

Répartition par zone du PIB mondial réel et de la population, an 1 à 2010 (en %, pour différentes périodes ; population en l'an 1 et en 2010)
[Source : Angus Maddison]

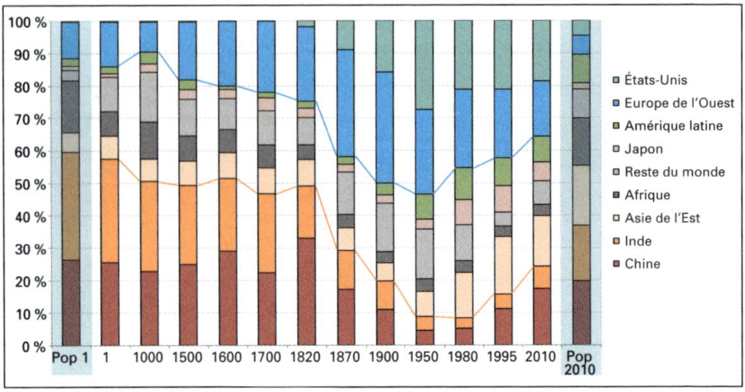

En effet, on observe que la révolution industrielle a mis un siècle à véritablement démarrer en Asie, et que ce retard a induit une vaste déformation de la répartition du PIB mondial au bénéfice de l'Occident – situation anormale qui est en train de se corriger.

Évolution historique du PIB réel par habitant, 1500-2010
(en dollars internationaux Geary-Khamis constants 1990 soit environ 1 €, PPA)
[Source : Maddison]

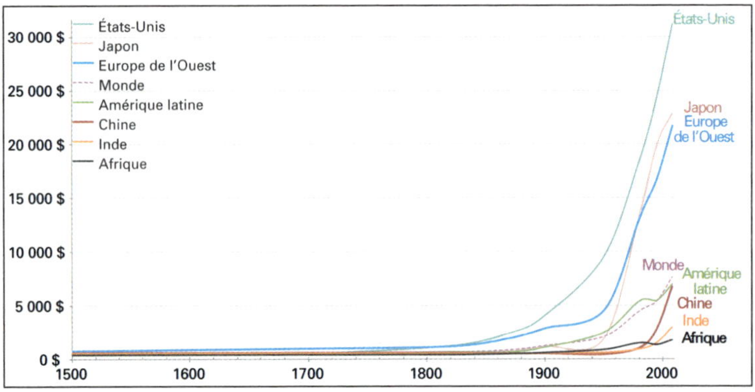

Malheureusement, ce qui n'aurait dû être qu'un simple rééquilibrage harmonieux (par la croissance du reste du monde) ne va pas pouvoir s'accomplir, en raison de la problématique des ressources limitées.

Prenons l'exemple de la possession de voitures :

Nombre de véhicules pour 1 000 habitants en 2008

(N.B. : habitant = y compris les enfants) [Source : US Department of Energy]

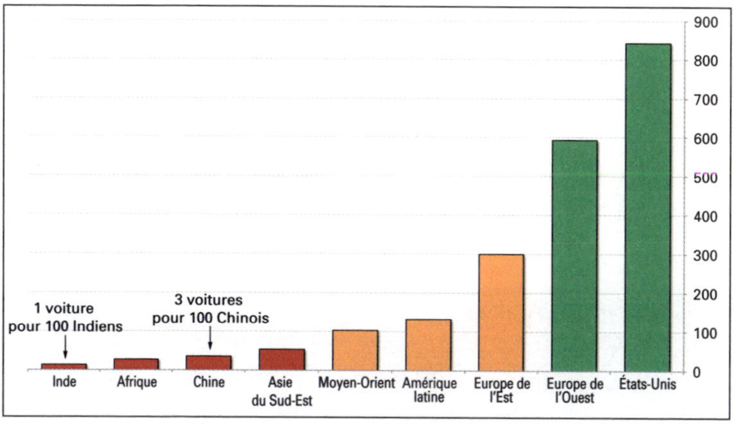

Qui ne souhaiterait pas donner une voiture à chaque Chinois et à chaque Indien, dont tant vivent dans la misère ? Mais comment pourrons-nous faire, que ce soit au niveau de la construction ou de l'énergie nécessaire ?

Et donc, comment leur expliquer que nous allons continuer à posséder ce qu'ils n'auront jamais ? Pourrons-nous continuer à leur dire, comme le président George Bush père en 1992, que « le mode de vie de l'Occident n'est pas négociable » ?

Gérer ce problème est le principal enjeu des prochaines décennies…

Jared Diamond : « Je ne peux pas m'empêcher de me demander ce qu'a dit l'habitant [de l'île de Pâques] qui a abattu le dernier arbre de l'île. Est-ce qu'il disait : "Et mon travail alors ? On se préoccupe plus des arbres que du travail des bûcherons !" Ou peut-être : "Et la propriété privée ? Virez-moi de mes terres ce gouvernement des chefs." Ou peut-être qu'il disait : "Votre modèle de prédiction d'un désastre écologique n'a pas été testé, il est nécessaire d'entreprendre des recherches avant d'agir." Ou peut-être encore : "Ne vous en faites pas, la technologie va résoudre le problème."[1] »

1. Jared Diamond, *Effondrement,* 2006.

EN SYNTHÈSE

• Nos politiques économiques reposent sur une course éperdue à la croissance du PIB. Pourtant, celui-ci est un mauvais indicateur qui mesure mal ce qui est bon et ce qui est néfaste pour la société. En confondant le flux et le stock (qui représente la vraie richesse), le PIB nous pousse dans la mauvaise direction.

• Les politiques suivies visent à retrouver des taux de croissance dignes des Trente Glorieuses. Pourtant, ceux-ci ont été réalisés grâce à de fabuleux gains de productivité dans l'agriculture, l'industrie et le commerce, dus à la mécanisation et aux progrès dans les transports et la distribution.

• Tout concourt désormais à une croissance faible :
– les gens sont relativement bien équipés en moyenne (mais il faut mieux répartir);
– les gros gains de productivité de la mécanisation et de l'informatisation sont derrière nous;
– les services ont des gains de productivité réduits;
– nous ne disposerons pas de l'énergie ni des ressources nécessaires à une croissance forte;
– une croissance forte augmenterait nos rejets et la pollution, détruisant notre écosystème;
– une croissance constamment élevée est mathématiquement impossible sur une planète finie.

Maintenir notre prospérité malgré une croissance faible et un monde inégalitaire sera l'enjeu de ce siècle.

Chapitre 2 LE CHÔMAGE, CONSÉQUENCE DE LA CROISSANCE FAIBLE

L'équation fondamentale de la production

Nous avons vu au chapitre précédent l'égalité suivante :

production = productivité × heures travaillées
= productivité × durée du travail × nombre d'emplois

Ainsi, il y a un lien net entre les gains de productivité et l'emploi. Imaginons qu'un constructeur automobile produise 100 voitures avec 100 ouvriers. Un gain de productivité de 5 % en une année signifie qu'il va être capable de produire 105 voitures avec ses 100 ouvriers. S'il y a 5 % de croissance de la demande, c'est ce qu'il produira. Mais bien évidemment, si la demande n'augmente que de 2 %, il ne produira que 102 voitures, ce qui ne nécessite plus que 97 ouvriers. Rapidement, si le temps de travail n'est pas abaissé, les gains de productivité induiront trois chômeurs...

Comme la production est, à court terme, soit vendue soit stockée, on peut synthétiser schématiquement la problématique économique de la façon suivante :

demande + stock = production
= productivité × durée du travail × nombre d'emplois

Il s'agit d'une équation fondamentale, sur laquelle des générations d'économistes se sont écharpées. Car bien évidemment, il est très difficile de savoir qui commande à qui dans l'équation, d'autant que la demande est liée aux salaires perçus (et donc aux heures travaillées).

Par exemple, une vision orthodoxe et conservatrice pourrait dire qu'il n'y a qu'à travailler plus (en étant payé plus) pour que la demande croisse – la reine Croissance serait là.

En revanche, si on considère qu'il existe une réelle contrainte au niveau des ressources, et donc que la croissance sera très faible, si le temps de travail augmente, le chômage augmentera également – et *vice versa*.

Le besoin de diminution du temps de travail

Dans les années 1980 et 1990, nous avons noté que la croissance de la production avait ralenti et qu'elle a augmenté moins vite que les gains de productivité. En conséquence, les heures travaillées ont diminué fortement. Une partie a été réalisée par la baisse du temps de travail, mais une autre l'a été par la baisse relative du nombre d'emplois. On trouve donc ici la raison de la croissance très élevée du chômage dans cette période.

C'est tout le drame du productivisme actuel : il y a des gains de productivité, mais une croissance faible. La quantité de travail est donc réduite, soit par la baisse du temps de travail, soit par la baisse des emplois. Sans intervention publique, la décision appartenant aux entreprises, il est malheureusement logique qu'elles choisissent les licenciements, puisque cela n'a aucun coût pour elles à court terme. En revanche, le chômage augmentant nationalement, le coût de son indemnisation augmente aussi et, finalement, les entreprises paient plus de cotisations. Les deux solutions sont économiquement équivalentes : soit le système productif paie 100 personnes travaillant 35 heures, soit il en paie 90 travaillant 39 heures et indemnise 10 chômeurs pour qu'ils ne travaillent pas.

Il est donc important que les pouvoirs publics puissent déterminer la durée du temps de travail – même s'il convient aussi de le faire intelligemment en fonction des contraintes des entreprises –, la gestion de l'équation économique se compliquant évidemment si les entreprises sont en concurrence mondialisée avec des pays à temps de travail et croissance plus élevés…

Voici d'ailleurs l'évolution de la durée du travail en France par branche depuis près de deux siècles :

Durée hebdomadaire du travail dans les branches en France, 1830-2011 (en moyenne sur 52 semaines, hors effet congés payés)
[Source : INSEE]

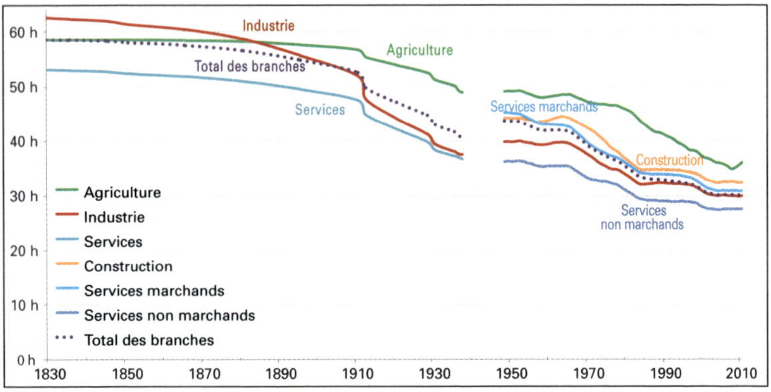

On observe qu'elle a été réduite d'environ 50 % durant cette période; le mouvement est plus marqué depuis un siècle, la période des Trente Glorieuses ayant concentré le maximum de la baisse.

Ce mouvement a d'ailleurs concerné la plupart des pays :

Nombre hebdomadaire d'heures travaillées, 1950-2011
(en moyenne sur 52 semaines, hors effet congés payés) [Source : INSEE]

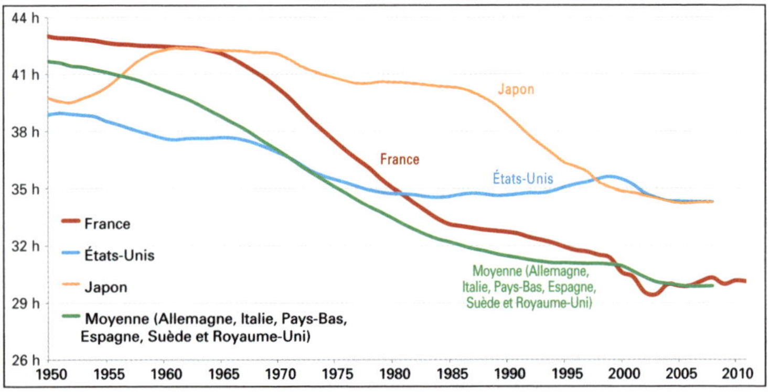

On note que la France était le pays occidental où l'on travaillait le plus, et c'est l'un où l'on travaille désormais le moins. La durée du temps de travail se situe néanmoins dans la moyenne des pays voisins. Seuls les États-Unis ont enregistré une très faible baisse – mais, durant plusieurs décennies, c'était le pays qui travaillait le moins.

Rappelons également que si la France est un des (nombreux) pays où on travaille le moins, c'est aussi parce qu'elle dispose d'une des plus fortes productivités au monde. Travailler plus avec une très forte productivité risquerait d'entraîner une surproduction si elle ne pouvait être écoulée, et donc une destruction de l'emploi.

Productivité horaire de différents pays en 2010

(en euros de PIB par heure travaillée) [Source : EuroStat]

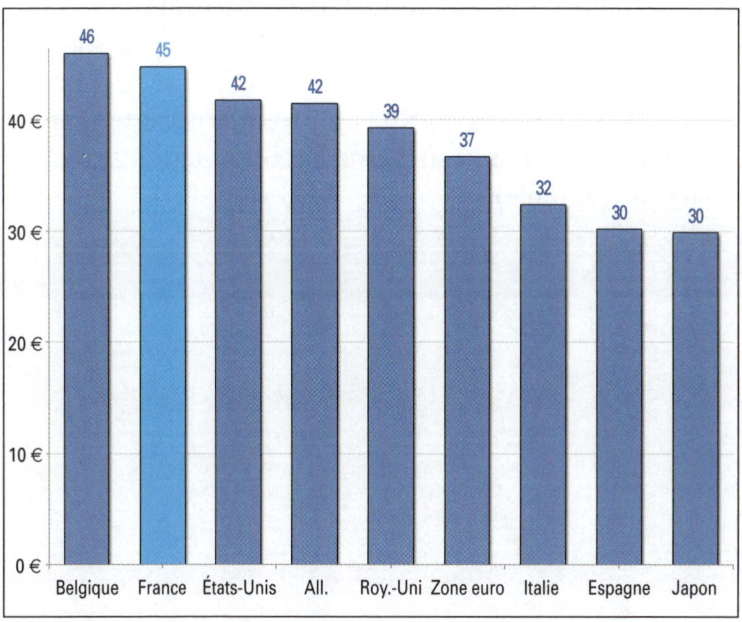

Production et emploi

S'il est finalement très difficile (voire impossible) de prédire avec certitude l'évolution de l'équation fondamentale, on peut en tout cas l'utiliser pour comprendre les évolutions passées :

Évolution d'indicateurs de l'économie française entre 1950 et 2011

(par habitant actif) [Source : INSEE]

	Valeur Ajoutée	Productivité	Quantité de travail	Emploi	Durée de travail
Agriculture	+ 130 %	+ 3 100 %	-93 %	-90 %	-27 %
Industrie	+ 370 %	+ 1 300 %	-67 %	-56 %	-24 %
Construction	+ 170 %	+ 220 %	-16 %	+ 14 %	-27 %
Services marchands	+ 530 %	+ 430 %	+ 18 %	+ 73 %	-31 %
Services non marchands	+ 180 %	+ 120 %	+ 28 %	+ 68 %	-24 %
Total des branches	**+ 360 %**	**+ 650 %**	**-39 %**	**-12 %**	**-31 %**

On retrouve les formidables gains de productivité de l'agriculture et de l'industrie en soixante ans (multipliée par 31 et par 13 !). On observe que ce sont les seules branches où l'emploi a diminué, la réduction du temps de travail n'ayant pas pu freiner cette tendance, contrairement à la branche de la construction (productivité plus limitée).

L'évolution de l'emploi a été la suivante :

Évolution du nombre d'emplois par habitant actif des branches en France de 1950 à 2011 [Source : INSEE]

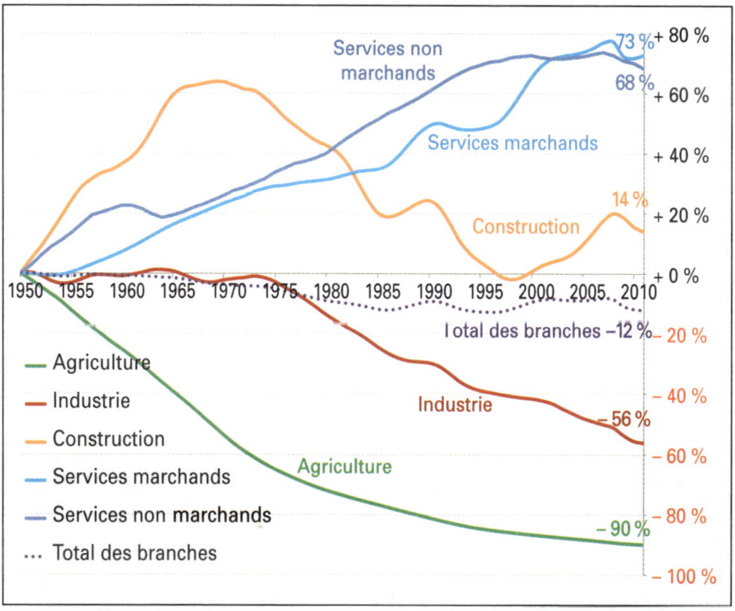

On observe aussi que la forte baisse de 30 % du temps de travail n'a pas été suffisante pour compenser les gains de productivité, et que le nombre d'emplois par habitant a donc diminué de 12 %.

Soulignons également que, si on parle souvent de « désindustrialisation » en raison de la baisse de la part de l'emploi industriel, il faut bien garder à l'esprit que les volumes produits, eux, n'ont cessé d'augmenter (sauf durant la Grande Récession en 2009, et nous sommes toujours bien loin du niveau atteint antérieurement), la production par habitant ayant quadruplé en soixante ans :

Évolution en volume de la valeur ajoutée par habitant actif des branches en France, base 100 en 1950, 1950-2011 [Source : INSEE]

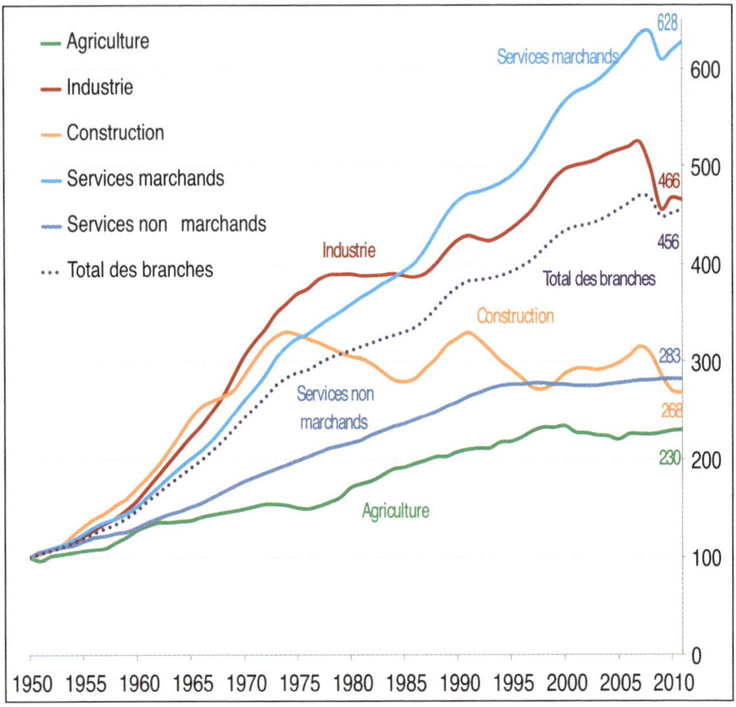

En termes de volumes produits, ce sont logiquement les services marchands qui remportent la palme, avec un sextuplement dans la période.

Le drame historique du chômage en France

Si on étudie la décomposition de la population active par branche, on retrouve les mouvements précédemment décrits, mais on note surtout la croissance du chancre du chômage, qui concerne donc plus d'un salarié sur dix :

Composition par branche de la population active en France, 1950-2011 (cumul en % du total) [Source : INSEE]

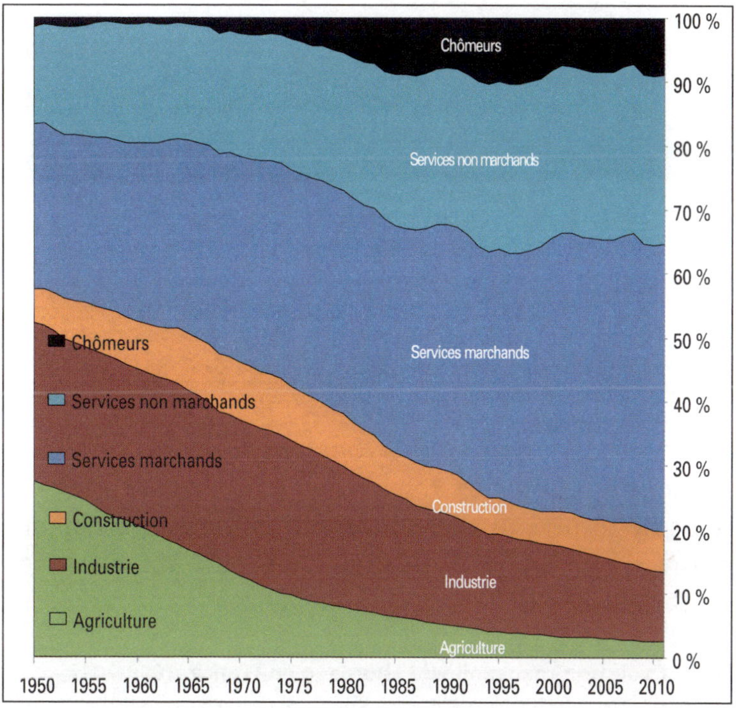

On note au passage que la proportion des emplois dans l'agriculture, l'industrie et la construction est passée en soixante ans de 50 % à seulement 20 %.

Analysons l'évolution du chômage en France depuis 1990, en nous intéressant à la définition usuelle du chômage (chômeurs ne travaillant pas, étant à la recherche d'un emploi) mais aussi à l'ensemble des demandeurs d'emploi inscrits à Pôle emploi (chômeurs ayant brièvement travaillé, précaires, dispensés, etc.).

Niveau du chômage en France, 1990-2012

[Source : Pôle emploi]

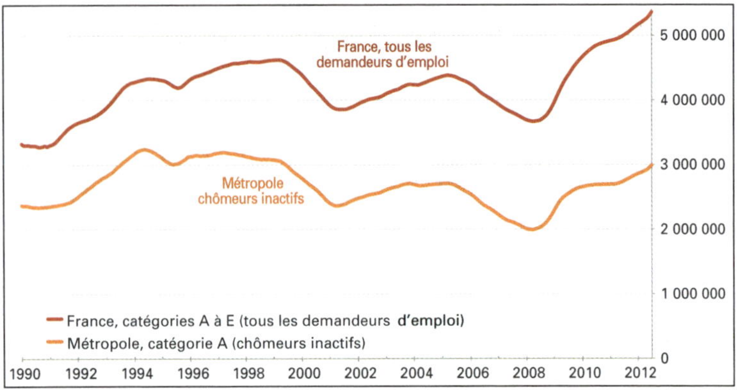

On observe que nous avons renoué avec les « trois millions de chômeurs », mais que nous avons largement dépassé le niveau record de cinq millions de demandeurs d'emploi. L'évolution mensuelle du chômage reste défavorable :

Évolution mensuelle du chômage en France, 1999-2012

(catégorie A, lissage glissant 3 mois) [Source : Pôle emploi]

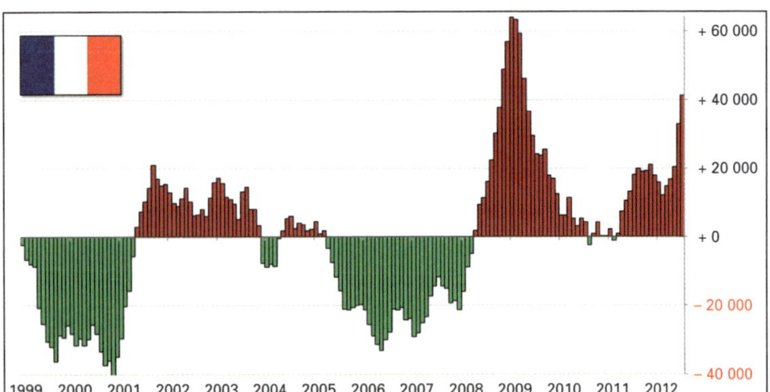

Taux de chômage en France, 1975-2012 [Source : INSEE]

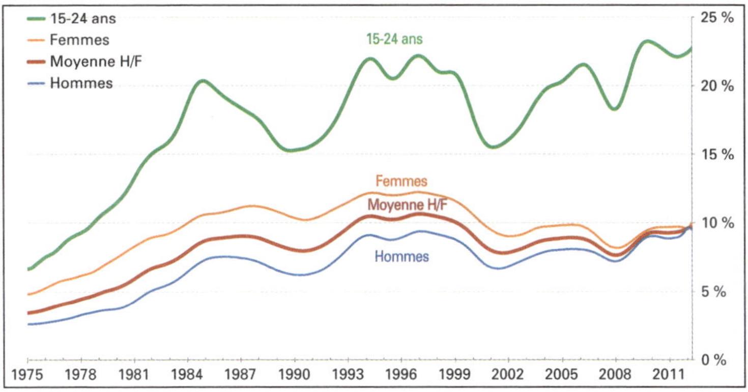

On constate également que le niveau de chômage des jeunes reste très élevé, et que celui des hommes vient pour la première fois de rejoindre celui des femmes.

La France souffre par ailleurs d'un mal profond, avec près de deux millions de salariés au chômage depuis plus d'un an :

Décomposition par ancienneté du chômage en France, 1996-2012
(catégories A, B et C) [Source : INSEE]

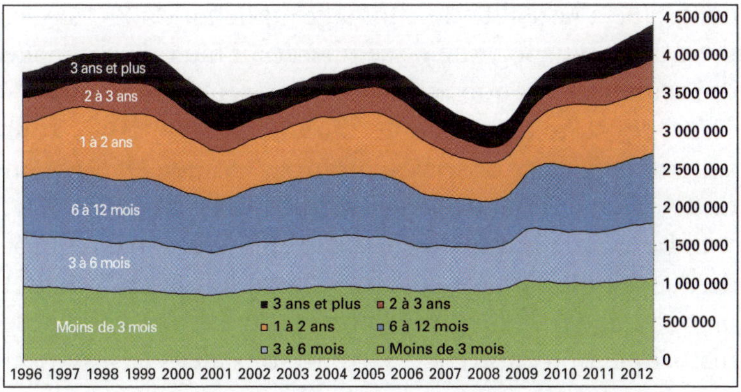

Analysons enfin l'historique du chômage en France :

Taux de chômage en France, 1890-2011

(moyenne annuelle, hors période de guerre) (Sources : Villa puis INSEE)

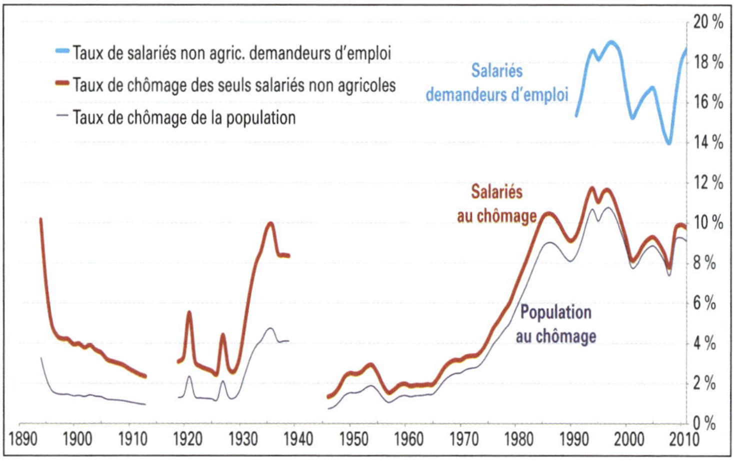

En violet figure l'évolution du taux de chômage « habituel ». Toutefois, par le passé, la proportion de salariés était bien moindre : 45 % vers 1900 contre 90 % actuellement, en raison du pourcentage élevé d'agriculteurs. Pour se rapprocher d'une définition plus conforme à la réalité du chômage au début du XXe siècle, il est donc plus logique de se référer au taux de chômage des seuls salariés non agricoles (représenté en rouge).

On constate ainsi que les taux actuels de 10 % sont supérieurs à ceux observés durant la Grande Dépression de 1929 ou la Longue Dépression de la fin du XIXe siècle.

Si on tient compte non pas des chômeurs mais plutôt de l'ensemble des demandeurs d'emploi, le taux actuel de chômage réel est plutôt proche de 20 % – ce qui est historique pour notre pays. Analysons alors la situation d'autres pays.

Le chômage en Europe

On compte actuellement vingt-cinq millions de chômeurs dans l'Union européenne, soit neuf millions de plus qu'avant la crise. On assiste à une profonde divergence entre les pays. La situation est dramatique pour les jeunes : plus de 50 % des jeunes Grecs et Espagnols sont au chômage.

Taux de chômage en Europe, 1983-2012 [Source : EuroStat]

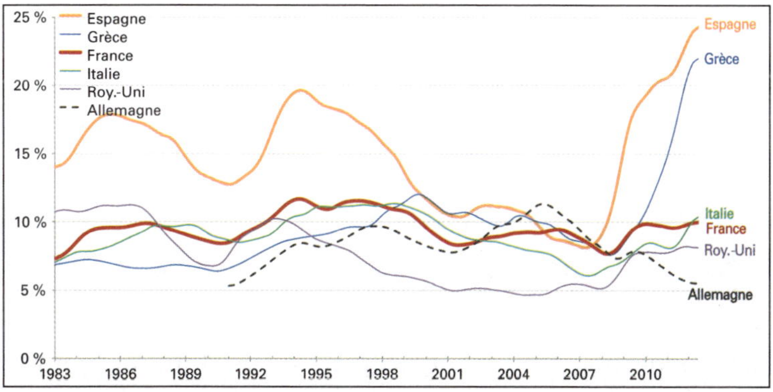

Taux de chômage des jeunes en Europe, 2005-2012

(moins de 25 ans) [Source : EuroStat]

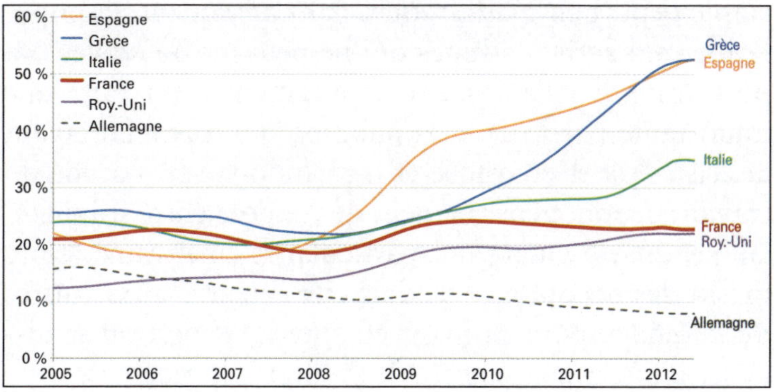

Le chômage américain

On commente frénétiquement tous les mois les chiffres du taux de chômage américain, qui baisse depuis un an :

Évolution du taux de chômage aux États-Unis, 1948-2012

[Source : BLS]

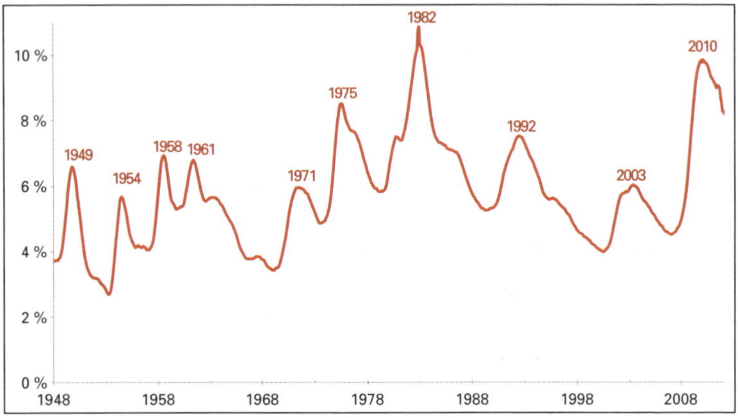

Cependant, une analyse plus approfondie montre que, naturellement, la population américaine continue de croître assez fortement, mais que la population active (adultes qui peuvent et veulent donc travailler) est restée stable depuis cinq ans et que, par conséquent, la population non active (adultes qui ne peuvent ou ne veulent plus travailler) a fortement augmenté. En fait, une importante partie de la population qui travaillait avant la crise s'est découragée et a abandonné le marché du travail ; ce sont généralement des seniors entre soixante-cinq et quatre-vingts ans, particularité américaine. Cette masse des découragés devrait être intégrée aux chiffres du chômage pour pouvoir en suivre l'évolution et disposer d'une image sincère des évolutions récentes.

Indice du chômage américain, 2007-2012 [Sources : BLS et O. Berruyer]

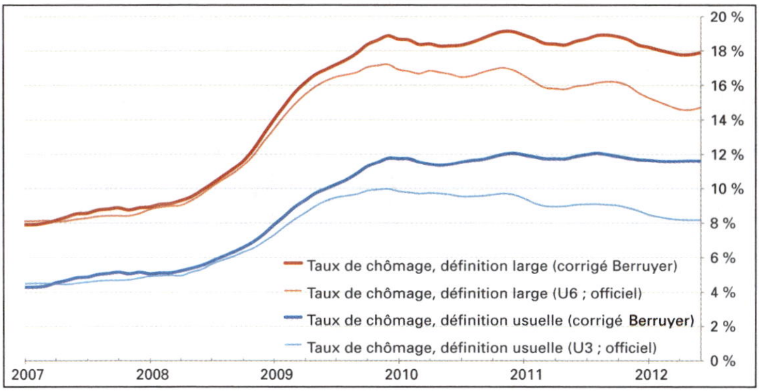

Le ratio d'emplois civils, qui est le rapport entre le nombre d'employés et la population totale, confirme cela.

Variation du ratio d'emploi civil dans les récessions aux États-Unis
[Source : BLS]

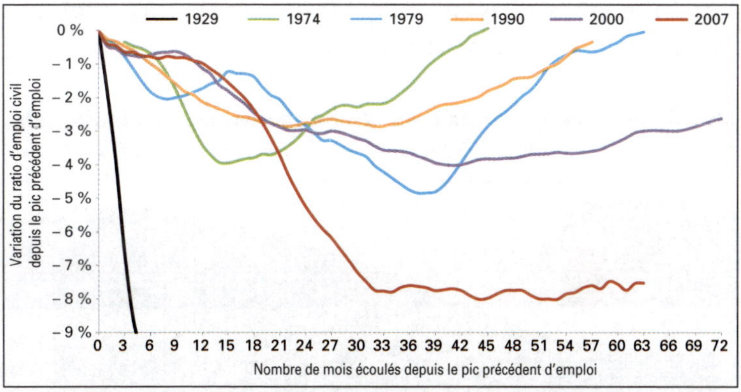

Aucune amélioration sérieuse n'est survenue dans la situation de l'emploi américain ces deux dernières années. Le taux de chômage est en fait plutôt de 12 %, et de 18 % avec une définition large. Ce sont des taux inconnus depuis soixante-dix ans.

Taux de chômage aux États-Unis, 1800-2012
[Sources : O. Berruyer, d'après S. Lebergott et BLS]

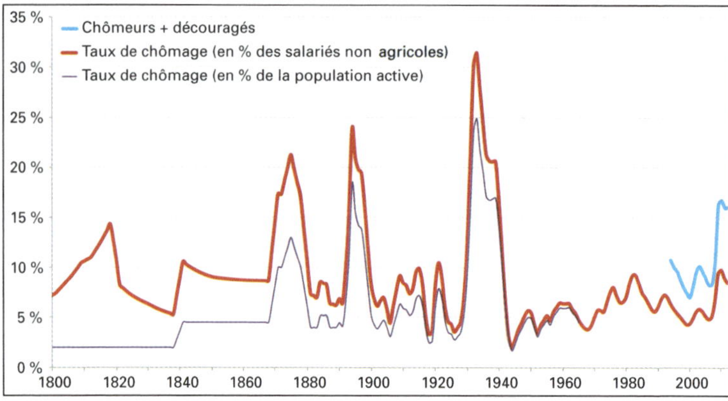

Ainsi, quarante-sept millions d'Américains, soit un sur six, nécessiteux, ont besoin pour se nourrir de bons d'aide alimentaire fournis par le gouvernement. Cet indicateur montre une stagnation depuis quelques mois, mais aucune amélioration.

Population bénéficiant de bons d'aide alimentaire aux États-Unis, 2007-2012 (en millions) [Source : USDA]

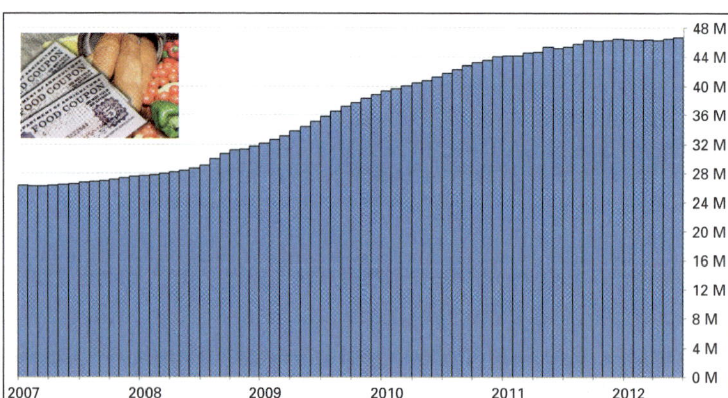

EN SYNTHÈSE

demande + stock = production
= productivité × durée du travail × nombre d'emplois

- Les liens entre ces facteurs sont toutefois extrêmement complexes et donnent lieu à différentes théories économiques.
- Les gains de productivité des Trente Glorieuses ont été tels qu'ils ont nécessité dans plusieurs branches une forte réduction de la quantité de travail. Elle a pu en partie être réalisée par une baisse historique du temps de travail de 30 %.
- Malheureusement, cela n'a pas été suffisant, et le nombre d'emplois par habitant a fini par se réduire de 12 %.
- Le chômage a atteint des niveaux historiquement très élevés depuis trente ans en Europe. Les États-Unis sont désormais touchés par le même phénomène.
- Tout indique que nous entrons dans une nouvelle phase de dégradation de l'emploi, la situation étant dramatique en Espagne et en Grèce.
- La réduction du temps de travail est un axe majeur pour gérer dans la prospérité un système à croissance très faible. Se pose toutefois la problématique de la concurrence désormais mondialisée pour réaliser une telle réduction.
- De même, il conviendrait de limiter les gains de productivité s'il s'avérait que la croissance restait faible. Le « productivisme » touche à sa fin.

2
ERREURS STRATÉGIQUES

Ainsi, loin de réaliser le deuil de niveaux stratosphériques de croissance, véritable anomalie historique, afin de s'adapter à un retour à plus de « normalité », nos sociétés occidentales sont restées depuis quarante ans purement et simplement bloquées à la première étape d'un deuil : la phase de choc et de déni.

Les discours ont été volontaristes : « Je veux 3 % de croissance économique. [...] La croissance, je ne l'attendrai pas, j'irai la chercher avec les dents » [Nicolas Sarkozy, 2007]. « Il faut de la croissance. Je ne sais pas comment l'on crée des emplois sans croissance » [Pierre Moscovici, 2010]. Les résultats ont été et resteront nuls.

Le pire est que ces « résistibles adieux à la croissance élevée » durent toujours : pratiquement aucun économiste ne travaille sérieusement sur le thème « comment bâtir une économie prospère à croissance nulle ». De tels sujets de recherches quasi hérétiques entraîneraient en effet un discrédit de la part de la communauté professorale économique dominante.

Des solutions relativement simples existent pourtant, en particulier par une limitation des gains de productivité et leur neutralisation par une baisse raisonnable du temps de travail.

La stratégie retenue, « faisons revenir la croissance », était vouée à l'échec, et les tactiques employées ont donc été calamiteuses. Elles présentent toutes un trait commun : elles ne visent qu'à obtenir des résultats à court terme, sans souci des conséquences pour l'avenir.

Nous allons les analyser dans cette deuxième partie.

Chapitre 1
ANNÉES 1980 UN MODÈLE MORTIFÈRE : LE « LAISSER-FAIRISME INTÉGRAL »

Une nouvelle voie

Au vu de la profondeur des crises économiques de 1973, tous les pays occidentaux ont appliqué la solution keynésienne classique et ont lancé plusieurs plans de relance entre 1974 et 1978. En France, le plan Chirac de 1975 a représenté une dépense de relance conjoncturelle de 3,5 % du PIB. Si ces plans ont tous atténué la récession, ils n'ont que peu « relancé » l'activité économique.

Rappelons que la vision de Keynes était relativement simple : en cas d'affaiblissement conjoncturel de l'activité (le PIB augmente moins vite – c'est un cycle d'environ sept à dix ans), voire de récession (le PIB baisse – c'est très rare), l'État doit dépenser plus pour soutenir l'activité, le temps qu'elle redémarre naturellement. Une image serait que, quand le moteur de la voiture « Économie » manque d'essence, l'État vient pousser la voiture jusqu'à ce que le plein soit refait.

Soulignons, pour répondre à des critiques malhonnêtes, que si Keynes pensait qu'il fallait que l'État intervienne, voire s'endette, quand ça allait mal, le temps de passer le mauvais cap, il n'a jamais imaginé qu'il devait continuer quand les choses seraient revenues à la normale – et il aurait probablement été hébété de voir comment ont été gérées les finances publiques depuis quarante ans, au nom de politiques irresponsables honteusement baptisées « keynésiennes ». D'ailleurs, Keynes lui-même déclara le lendemain d'un dîner avec un groupe d'économistes américains keynésiens à Washington en 1944 : « J'étais le seul non keynésien présent. »

Mais comme nous l'avons vu précédemment, cette époque marque la fin des Trente Glorieuses et de leur fabuleuse croissance. En fait, ce n'est pas que la voiture soit en panne d'essence et qu'il faille attendre de pouvoir refaire le plein, c'est que le moteur est cassé et qu'il est impossible de le réparer. C'est pourquoi les plans de relance n'ont rien pu relancer. Bien entendu, il était quasi impossible aux politiques d'il y a quarante ans de s'en rendre compte (pourquoi les nôtres ne le comprennent toujours pas est en revanche une tout autre question…).

Arrive alors en 1979 le deuxième choc pétrolier – et cette « deuxième couche » va induire de profonds bouleversements politiques.

Le refus idéologique du terme de la période de croissance élevée et l'échec des plans de relance ont logiquement eu pour conséquence la recherche de nouvelles voies de croissance à la fin des années 1970.

Or, ce moment de l'histoire correspond à la prise de conscience généralisée de l'échec du communisme, qui ne peut donc plus être un « recours ». La voie qui va finalement être choisie est donc celle de l'« ultralibéralisme », comme le reconnaissait d'ailleurs Milton Friedman en 1982 :

> « Le changement dans l'opinion est le résultat de l'expérience et non de la théorie ou de la philosophie. La Russie ou la Chine, grands espoirs des intellectuels, avaient clairement échoué. Le Royaume-Uni, dont le socialisme fabien exerçait une influence dominante sur les intellectuels américains, était dans de grands troubles[1]. »

Cette nouvelle voie commence à être arpentée le 4 mai 1979 avec l'élection de Margaret Thatcher. Comme l'a souligné Jean-Louis Thiériot[2], le thatchérisme se définit par trois caractéristiques fondamentales : le conservatisme politique, le libéralisme économique et le traditionalisme social. En août 1980, Nigel Lawson, le ministre britannique de l'Économie, a clairement défini le nouveau modèle économique :

> « La politique économique du nouveau conservatisme repose sur deux principes : le monétarisme et le libre marché en opposition à l'intervention de l'État et à la planification centralisée. »

1. Milton Friedman, *Capitalisme et liberté,* préface à l'édition de 1982.
2. Jean-Louis Thiériot, *Margaret Thatcher, de l'épicerie à la Chambre des Lords,* 2007.

La liberté sert de paravent permanent à la dérégulation ; mais qu'est-ce que la civilisation, sinon la mise en œuvre de règles ? Sans règles, c'est le simple retour à Cro-Magnon et à sa massue...

Le 4 novembre 1980 – tout juste un an et demi après le basculement du Royaume-Uni –, l'élection de Ronald Reagan aux États-Unis signe le basculement du monde anglo-saxon dans un nouveau modèle, entraînant bientôt avec lui le reste de l'Occident. Dans son discours d'investiture du 20 janvier 1981, il pose le nouveau credo du régime : « Dans cette période de crise, le gouvernement n'est pas la solution à nos problèmes ; le gouvernement est le problème. »

La dérégulation mondiale

Cet ultralibéralisme a supprimé les règles de prudence les plus importantes mises en place dans les années 1930 et 1940, qui avaient assuré la sécurité et la prospérité pendant les Trente Glorieuses. Mais désormais, comme dans le Far West, « toute bonne régulation est une régulation morte », signant le retour vers une forme de capitalisme sauvage.

Le tout s'effectue bien évidemment dans la bonne humeur, au vu des profits futurs attendus, mais bien peu se soucient alors des risques – les avis divergents étant passés sous silence, comme ceux des régulatrices américaines Brooksley Born, Sheila Bair et Susan Bies.

Le 3 juin 2003, à l'issue d'une conférence de presse lançant un nouveau chantier de dérégulation bancaire aux États-Unis, posent ici trois représentants des banquiers et deux représentants des régulateurs (dont James Gilleran, le directeur du bureau de Protection de l'épargne, l'OTS, qui tient ici la tronçonneuse...), qui sont, selon le rapport annuel du régulateur bancaire américain, « déterminés à diminuer les formalités administratives et à réduire le fardeau réglementaire ». © FDIC/OTS

La peste de la dérégulation s'est alors répandue à travers le monde, et comme l'a écrit Jean de la Fontaine, « Ils ne mouraient pas tous, mais tous étaient frappés[1]. »

Le FMI a créé l'index de libéralisation financière, qui est la combinaison de sept paramètres : contrôle du crédit, contrôle des taux d'intérêt, droits de douane, réglementation bancaire, privatisations, contrôle des capitaux, contrôle des opérations de Bourse. Le fonds calcule son évolution depuis les années 1970, et les résultats sont éloquents :

1. Jean de la Fontaine, *Les Animaux malades de la peste.*

Index de libéralisation financière, 1973-2005

(indice* entre 0 [aucune libéralisation] et 100 [entièrement libéralisé]) [Source : FMI]

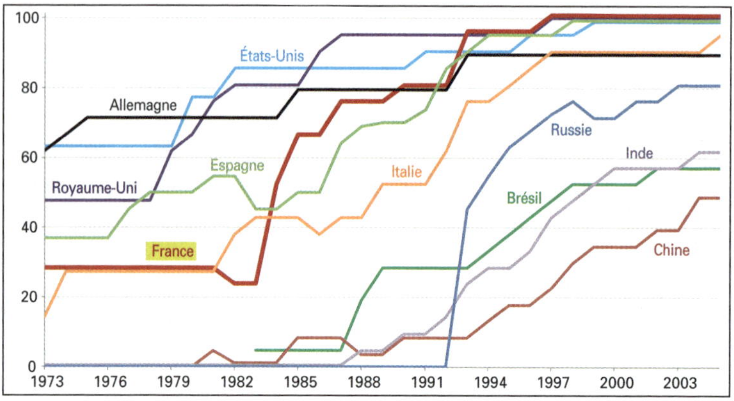

* Indice combinant sept paramètres : contrôle du crédit, contrôle des taux d'intérêt, droits de douane, réglementation bancaire, privatisations, contrôle des capitaux, contrôle des opérations de Bourse.

On constate le large mouvement de dérégulation financière, initié par les Anglo-Saxons et qui contamine le monde occidental en cinq ans et le reste du monde en dix ans.

L'Allemagne était le pays le plus libéralisé dans les années 1970, mais il est resté un des seuls à ne pas atteindre les 100 % de libéralisation ; ce pays a longtemps défendu son propre modèle de capitalisme rhénan, dont Michel Albert a bien montré qu'il était plus efficace que le capitalisme anglo-saxon[1], ce qui n'a pas empêché ce dernier de triompher – du moins dans un premier temps, avant sa chute inexorable.

Rappelons qu'une condition principale de l'entrée des pays émergents dans la mondialisation était la libéralisation de leur économie, ce qui s'observe bien.

1. Michel Albert, *Capitalisme contre capitalisme*, 1991.

On note enfin que la France a été la première à suivre le Royaume-Uni et les États-Unis après le tournant de la rigueur de 1983, et de façon massive :

Évolution de l'index de libéralisation financière de la France, 1983-2005 (passé de 24 % à 100 % ; évolution durant chaque législature)
[Source : FMI]

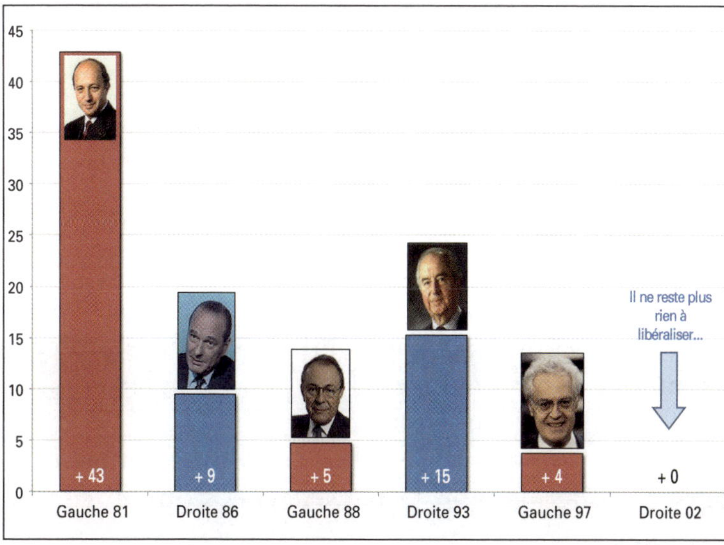

Il peut sembler étonnant que les deux tiers de la libéralisation du pays aient été réalisés par le Parti socialiste, et seulement le tiers par le RPR.

C'est d'une part un hasard du calendrier, la libéralisation aurait sans doute été la même si la droite avait gagné en 1981. Mais plus intéressant, l'électorat socialiste est bien plus ouvert à la mondialisation que l'électorat conservateur. En 2012 encore, l'IFOP a réalisé lors du premier tour de la présidentielle un éloquent sondage sur la position des électeurs par rapport à la mondialisation :

1er tour de la présidentielle 2012 – Vision de la mondialisation
(question : par rapport à la mondialisation, la France doit : ?) [Source : Ifop]

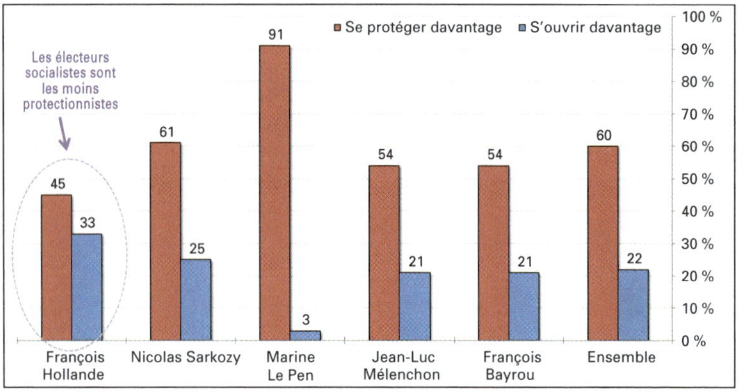

Ainsi, l'électorat de François Hollande était :

• Le moins protectionniste et le seul à ne pas majoritairement considérer que la France devait se protéger davantage (45 % contre 61 % pour les électeurs de Nicolas Sarkozy par exemple).

• Celui soutenant le plus le libre-échange, un tiers considérant que le pays devait s'ouvrir encore davantage...

Il est indéniable que notre économie était trop encadrée dans les années 1970 (index de libéralisation : 24 %), et qu'il fallait donc assouplir la réglementation. Mais assouplir ne signifiait nullement supprimer. L'exemple allemand montre qu'il était raisonnable d'au moins doubler le niveau de libéralisation du pays, mais que le quadrupler en atteignant le niveau maximal s'est révélé totalement irresponsable.

Cela est d'autant plus étonnant que, malgré tous les discours appelant à la « modernisation », au « progrès » face aux vieilles lunes de la régulation, tout l'arsenal ancien visant à renforcer la sécurité avait parfaitement rempli son rôle, les Trente Glorieuses ayant correspondu à la période historique la plus longue sans crise bancaire :

Proportion de pays subissant une crise bancaire, 1900-2008
(pondérée par leur poids dans le PIB mondial) [Source : Reinhart & Rogoff]

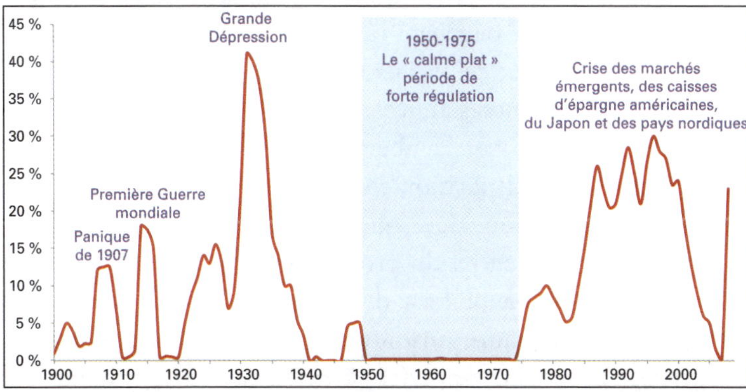

Ainsi, tout comme pour la sécurité routière, supprimer « le fardeau » des limitations de vitesse permet d'arriver plus vite, mais augmente énormément les décès…

Le libéralisme vu par Maurice Allais

En réalité, la voie choisie a été relativement peu libérale. Il est en fait plus pertinent de la définir par le terme de « laisser-fairisme ». Celui-ci se drape insidieusement dans les oripeaux de la liberté pour mieux se répandre.

Ce terme a été popularisé par le libéral Maurice Allais (1911-2010), seul prix Nobel français d'économie. Il a longuement dénoncé la confusion du libéralisme et du laisser-fairisme, dans un silence médiatique assourdissant, d'autant qu'il avait annoncé l'imminence de cette crise depuis de nombreuses années. Nous reprenons dans cette partie ses propos affûtés.

En 1941, il définissait sa vision du libéralisme, dont il ne déviera pas durant près de soixante-dix ans :

> « Toute liberté économique implique un cadre minimum sans lequel elle dégénère rapidement en anarchie. Je crois que personne ne peut plus maintenant, à partir de l'expérience des dernières années, plaider la cause du libéralisme intégral. Réclamer la liberté totale, c'est préparer l'avènement de la disparition complète de la liberté. [...]
> Si donc l'on considère que la liberté économique est le fondement essentiel du progrès, si l'on veut la conserver comme principe de base de l'organisation économique, il faut créer le cadre juridique dans lequel cette liberté ne puisse avoir que des effets bienfaisants et non mener au désordre comme on l'a trop souvent vu dans ces dernières années[1]. »

De même, en 2002, il écrivait :

> « Le libéralisme ne saurait se réduire au laisser-faire économique ; c'est avant tout une doctrine politique, et le libéralisme économique n'est qu'un moyen permettant à cette politique de s'appliquer [...].
> La confusion actuelle du libéralisme et du laisser-fairisme constitue un des plus grands dangers de notre temps. Une société libérale et humaniste ne saurait s'identifier à une société laxiste, laisser-fairiste, pervertie, manipulée, ou aveugle. La confusion du socialisme et du collectivisme est tout aussi funeste.

1. Maurice Allais, lettre du 10 octobre 1941 à Raymond Cheradame.

En réalité, l'économie mondialiste qu'on nous présente comme une panacée ne connaît qu'un critère, "l'argent". Elle n'a qu'un seul culte, "l'argent". Dépourvue de toute considération éthique, elle ne peut que se détruire elle-même. Les perversions du socialisme ont entraîné l'effondrement des sociétés de l'Est. Mais les perversions laisser-fairistes d'un prétendu libéralisme mènent à l'effondrement des sociétés occidentales[1]. »

En 1999, il précise que :

« L'économie de marché n'est qu'un instrument et elle ne saurait être dissociée de son contexte politique. Il ne saurait y avoir d'économie de marché efficace si elle ne prend pas place dans un cadre institutionnel approprié[2]. »

À ce propos, il dénonçait déjà en 1977 une fausse croyance qu'il nommait « mythologie » :

« La mythologie, c'est qu'une économie de marché peut résulter du jeu spontané des forces économiques et du laisser-faire ; la réalité, c'est que l'économie de marché est inséparable du cadre institutionnel [...] dans lequel elle fonctionne, et une société libérale n'est pas et ne saurait être une société anarchique[3]. »

Le mythe de la « main invisible »

Un des mythes fondateurs du laisser-fairisme est celui de la « main invisible » du marché, formalisé par Adam Smith en 1776 :

1. Maurice Allais, *Nouveaux combats pour l'Europe*, 2002.
2. Maurice Allais, *Combats pour l'Europe*, 1994.
3. Maurice Allais, *L'Impôt sur le capital et la réforme monétaire*, 1977.

> « Chaque individu [...] est conduit par une main invisible à remplir une fin qui n'entre nullement dans ses intentions ; et ce n'est pas toujours ce qu'il y a de plus mal pour la société, que cette fin n'entre pour rien dans ses intentions. Tout en ne cherchant que son intérêt personnel, il travaille souvent d'une manière bien plus efficace pour l'intérêt de la société, que s'il avait réellement pour but d'y travailler[1]. »

Bref, Adam Smith voulait dire que le boulanger ne cuit pas son pain par bonté d'âme pour ses clients, mais en vue d'un profit personnel – et ce faisant, il permet à ses clients de se nourrir. Il n'a rien développé de plus.

Cette métaphore de la main invisible, opposée à la « main trop visible » des princes et des gouvernants, est souvent interprétée comme base du libéralisme signifiant que la société est tout à fait capable de se conduire toute seule au bien commun. Le laisser-fairisme est allé encore plus loin, en l'interprétant tout simplement comme la sacralisation de l'égoïsme pur (vice privé devenant une « vertu économique » et faisant le bien public) et la dénonciation de toute intervention publique qui détruirait ainsi l'équilibre naturel optimal de la société.

Soulignons qu'Adam Smith serait probablement scandalisé par cette interprétation de ses propos. En effet, l'empathie et la vertu occupent une place centrale dans sa pensée, soutenue par des valeurs religieuses très fortes. Il déplorait par exemple en 1759 : « Même les vices et les folies [des riches] sont à la mode, et la plus grande partie des hommes s'enorgueillit de les imiter et

1. Adam Smith, *De la richesse des nations*, 1776.

de leur ressembler dans les qualités mêmes qui les déshonorent et les avilissent[1]. »

Rappelons également qu'à cette époque des Lumières, aucune révolution n'a encore eu lieu dans le monde, et que les peuples sont privés de liberté depuis des millénaires. Il semble donc logique que des penseurs aient idéalisé la liberté tant l'époque en était privée.

Ce qui est particulièrement étonnant, c'est que deux siècles plus tard, on continue à se référer à cette vision déformée et figée, qui ne repose sur rien – véritable Évangile de la cupidité et de l'égoïsme.

Maurice Allais soulignait au contraire dès 1943 :

> « Les premiers libéraux ont commis une erreur fondamentale en soutenant que le régime de laisser-faire constituait un état économique optimum[2]. »

Il rappelait en 1999 son argumentation massue :

> « Une proposition enseignée et admise sans discussion dans toutes les universités américaines et à leur suite dans toutes les universités du monde entier : "*Le fonctionnement libre et spontané du marché conduit à une allocation optimale des ressources.* [...]"
> Or, cette proposition, admise sans discussion, est totalement erronée, et elle ne fait que traduire une totale ignorance de la théorie économique chez tous ceux qui l'ont enseignée [...].
> [Le choix du modèle économique optimal] ne peut être effectué qu'en fonction de considérations éthiques et

1. Adam Smith, *Théorie des sentiments moraux*, 1759.
2. Maurice Allais, *L'Économie pure*, 1943.

> politiques relatives à la répartition des revenus et à l'organisation de la société.
> Jamais des erreurs théoriques n'auront eu autant de conséquences aussi perverses[1]. »

Mais en fin de compte, c'est sans doute simplement que Joseph Stiglitz a raison :

> « L'une des raisons pour lesquelles la main invisible est invisible, c'est peut-être qu'elle n'existe pas[2]. »

Une religion laïque

L'économie de marché a indubitablement propulsé l'humanité dans un progrès économique et social inimaginable il y a quelques siècles. Elle n'est pas le cœur du problème. Ce qui l'est, c'est le fait que le marché règne désormais sans partage sur nos sociétés.

Jusqu'aux années 1980, le marché avait de tout temps rencontré des obstacles : une spiritualité fédérant la société, des résistances collectives ou, surtout, des modèles rivaux. La chute du communisme a supprimé « l'ennemi » qui faisait peur aux riches et en limitait donc la rapacité. C'est cette pression qui a conduit bien des dirigeants, comme Bismarck, Churchill ou Roosevelt, qui étaient de grands bourgeois, à prendre des mesures sociales pour tempérer les excès du capitalisme ; le rendant plus acceptable par les peuples, ils en ont assuré la survie.

Depuis 1989, l'ultralibéralisme se retrouve dans une situation de monopole contre nature, comme le

1. Maurice Allais, discours à l'UNESCO, 10 avril 1999.
2. Joseph Stiglitz, *Quand le capitalisme perd la tête*, 2003.

souligne Lester Thurow : « Comment un système qui croit à la nécessité de la concurrence pour rendre les entreprises efficaces pourrait-il lui-même s'adapter au changement et conserver son efficacité s'il n'a plus de concurrent[1] ? »

Conformément à sa propre vision des méfaits du monopole, et comme l'a souligné Cornélius Castoriadis, cette hégémonie par défaut et ce grand déséquilibre du rapport de forces sociales ont permis le retour à un « libéralisme brutal et aveugle [...]. Ce système a écarté de lui-même les quelques moyens de contrôle que cent cinquante ans de luttes politiques, sociales et idéologiques avaient réussi à lui imposer. La domination anomique des barons prédateurs de l'industrie et de la finance aux États-Unis à la fin du XIXe siècle n'en offrait qu'un pâle précédent[2]. »

De pragmatique, le credo ultralibéral s'est rigidifié et puis s'est figé, ivre de lui-même et rempli de l'orgueil de sa « victoire » sur son concurrent de l'Est. De « croyance », il est devenu dogme, voire véritable religion laïque pour les plus atteints. On retrouve alors tous les attributs d'un culte idolâtre : intolérance, fatuité, superstition, prosélytisme, rhétorique sermonneuse, etc.

Au milieu des années 1980, le grand économiste John Kenneth Galbraith, conseiller des présidents John Kennedy et Lyndon Johnson, dénonçait ainsi le dogmatisme des théoriciens de la « révolution conservatrice » américaine, « dont la foi possède une qualité théologique telle qu'elle les dispense de fournir la

1. Lester Thurow, *Les Fractures du capitalisme,* 1997.
2. Cornélius Castoriadis, *Emprise de la rationalité instrumentale*, 1997.

moindre preuve empirique »[1]. Paul A. Samuelson, prix Nobel d'économie, ironisait également sur ces « zélateurs religieux » d'un nouveau genre, dont « la religion est le marché »[2].

> John Maynard Keynes : « Le capitalisme est cette croyance stupéfiante que les pires des hommes feront les pires choses pour le plus grand bien de tout le monde. »

Un cousinage troublant

Il y a plus insolite encore, comme l'a souligné Jean-Claude Guillebaud avec une grande acuité dans ses livres *La Refondation du monde*[3] et *La Force de conviction*[4] : il existe paradoxalement de nombreuses similitudes dans le fonctionnement idéologique du laisser-fairisme ambiant et du communisme, le tout étant teinté d'un clair fanatisme quasi religieux. Songeons :

- À la conviction que l'économique prime tout le reste.
- À la prétention à la scientificité – qui a pour but d'effacer l'impératif démocratique, car seuls les fous nient la science.
- Au report inlassable au lendemain (qui chante, mais n'arrive jamais...) des résultats bénéfiques promis.
- À l'indestructible indifférence à l'égard des faits. Si cela ne marche pas bien, c'est qu'on n'est pas allé assez loin. Le simple bon sens n'a plus prise sur ces fanatiques.
- À l'aplomb et au dédain envers les contradicteurs – l'homme de foi acceptant mal l'incrédulité d'autrui.

1. John Kenneth Galbraith, *L'Économie en perspective,* 1989.
2. Paul A. Samuelson, *L'Économique,* préface à l'édition de 1983.
3. Jean-Claude Guillebaud, *La Refondation du monde*, 1999.
4. Jean-Claude Guillebaud, *La Force de conviction,* 2005.

• À l'attribution à une minorité d'avant-garde (dirigeants du parti ou « élites ») de la tâche d'éclairer la route, de conduire les masses vers leur propre bonheur – minorité dont il serait sacrilège (ou plutôt « populiste ») de contester les choix.

• À l'utopie d'une société homogène libérée des classes.

• À la volonté de pourfendre les traditions et autres valeurs « bourgeoises » anciennes, par « destruction créatrice ».

• À l'espérance révolutionnaire proclamée, en faisant « table rase du passé ». L'ultralibéralisme porte le thème obsessionnel du « changement » et de la « modernité », transformant les progressistes passés en « conservateurs ».

> Jean-Claude Guillebaud : « Il s'agit bien d'en finir avec l'ancien monde, celui de l'État-nation, de la protection sociale, de la loi préférée au contrat, de la solidarité collective, des institutions encadrant l'individu et donnant sens à sa vie, etc. Le discours libéral est toujours tenté de désigner ces réalités d'hier comme des "archaïsmes" à éliminer, ou comme des "idées vagues" sans doute sympathiques mais irréalistes. [...] Dans sa version intégriste, le libéralisme est donc à la fois révolutionnaire et libertaire. L'expression libéral-libertaire dit bien ce qu'elle veut dire : la révolution a changé de camp[1]. »

> Jean-Luc Gréau, ancien économiste au Medef : « Jamais, depuis les débuts de la réflexion économique, on n'avait vu une telle coalition des représentants de la discipline [*économique*]. Alors que l'histoire des théories économiques est tissée de violentes controverses, ardentes le plus souvent et parfois violentes, sur la valeur, la nature de

1. Jean-Claude Guillebaud, *La Force de conviction*, 2005.

la monnaie, les formes de la concurrence, le rôle présumé du capital, les bienfaits ou les dangers de l'intervention publique dans la marche des affaires, le débat d'aujourd'hui offre une morne plaine. [...] Un véritable clergé, composé d'économistes institutionnels, de banques, d'organismes de recherche, s'y emploie à escamoter tout ce qui pourrait être mis en question pour éclairer les dirigeants politiques [...]. Au fond, ce à quoi s'emploient nos précepteurs de cette vulgate néolibérale, c'est à nous faire prendre les vessies de l'accumulation financière et de l'exploitation cynique du travail et du talent de l'homme pour les lanternes de la concurrence enfin pleinement épanouie. Ils doivent être confondus[1]. »

John Kenneth Galbraith : « Pendant près de soixante-dix ans, j'ai consacré ma vie professionnelle à l'économie [...]. Cette longue période m'a appris que, pour être exact et utile, il faut comprendre qu'il existe un décalage permanent entre les idées admises [...] et la réalité. Et au bout du compte, on ne s'en étonnera pas, c'est la réalité qui compte. [...]

Sur la base des pressions financières et politiques, et des modes du moment, la théorie et les systèmes économiques et politiques en général cultivent leur propre version de la vérité. Une version qui n'entretient aucune relation nécessaire avec le réel. Personne n'est particulièrement coupable : on préfère, et de loin, penser ce qui arrange chacun. [...] Ce qui arrange chacun, c'est ce qui sert, ou ne gêne pas les intérêts économiques, politiques ou sociaux dominants.

La plupart des auteurs [...] ne sont pas volontairement au service de ces intérêts. Ils ne se rendent pas compte qu'on

1. Jean-Luc Gréau, *La Trahison des économistes,* 2008.

façonne leurs idées, qu'ils se font avoir. Rien ici de juridiquement répréhensible, pas de violation de la loi, mais des croyances, personnelles et sociales. Et aucun sentiment sérieux de culpabilité, mais, très probablement, de l'autosatisfaction[1]. »

John Kenneth Galbraith : « L'économie est très utile pour fournir un travail aux économistes. [...] Se tromper lourdement est une expérience salutaire. Nul économiste ne devrait s'en priver, et peu s'en privent. [...] La seule fonction de la prévision économique est de rendre l'astrologie respectable[2]. »

Ayant eu besoin d'abolir les frontières pour se libérer de la tutelle des États, l'ultralibéralisme a aussi repris à son compte dans le concept de mondialisation la vieille utopie internationaliste qui était si chère au mouvement ouvrier. Il s'affiche désormais comme un généreux projet universaliste, luttant contre toutes les formes de nostalgie identitaire ou nationale – comme si on ne pouvait tenter de dépasser quelque peu le concept de nation sans l'écraser, sans le respecter.

Paré, comme son ancien adversaire, des attributs du progrès planétaire et de la modernité en marche, il peut dès lors proclamer qu'il n'existe pas d'autre alternative, et que l'avenir radieux sera au bout du chemin pavé des sacrifices nécessaires à l'atteinte de ce futur paradis.

Certaines convergences idéologiques se comprennent mieux à la lumière de cette vision de l'ultralibéralisme comme dernière idéologie objectivement révolutionnaire. Ainsi, on peut repérer une nette convergence

1. John Kenneth Galbraith, *Les Mensonges de l'économie,* 2004.
2. John Kenneth Galbraith, *Une vie dans son siècle,* 1981.

entre l'ultralibéralisme classé à droite et l'anarchisme libertaire des années 1960. On se rappellera par exemple d'Alain Madelin applaudissant Daniel Cohn-Bendit durant la campagne européenne de 1999 :

> Alain Madelin : « Il est clair que sur certains sujets, comme les privatisations d'EDF ou des chemins de fer, la retraite par capitalisation, la concurrence et la sélection dans les universités, l'autonomie des établissements scolaires, Daniel Cohn-Bendit développe une approche libérale en contradiction avec le PS et les Verts. Puisse cette évolution permettre l'arrivée d'un libéralisme de gauche dans ce pays[1]. »

De même, l'Américain Paul Berman a analysé cette convergence apparemment paradoxale, soutenant que, contrairement aux apparences, les revendications antibourgeoises des années 1960 et le reaganisme des années 1980 ont été engendrés, en réalité, *par la même idéologie individualiste*. Ces deux épisodes n'étaient pas des balancements politiques de sens contraire, mais les deux séquences d'une même rupture historique[2].

Mais finalement, qu'est-ce qu'une pensée déclarant que « le gouvernement c'est le problème », si ce n'est une forme d'anarchisme ? Il n'est ainsi sans doute pas innocent que ce soit la génération du baby-boom, bercée dans son adolescence par le « il est interdit d'interdire » qui ait opéré ce mouvement historique de dérégulation, aux conséquences lointaines (vingt-cinq ans, donc) mais tragiques.

1. Alain Madelin, *Le Figaro,* 1er décembre 1998.
2. Paul Berman, *A Tale of Two Utopias*, 1996.

Mais ce n'est pas tout :

> Jean-Claude Guillebaud : « Plus généralement, la simple idée de normes, qu'elles soient sociales, culturelles, morales, coutumières ou associatives, est jugée négativement par le néolibéralisme révolutionnaire. Dans tous les domaines – y compris celui de l'éthique ou de la citoyenneté – les néolibéraux se veulent "dérégulateurs" à tous crins. Le marché, le vrai, réclame une absolue fluidité de la demande, une souplesse maximale dans l'expression des préférences marchandes, un renouvellement ininterrompu des modes et des désirs, même les plus inconsistants, auxquels une "offre" commerciale saura répondre en temps réel. Il lui faut donc travailler à l'élimination de ce qui fige, de ce qui stabilise et, à la limite, de ce qui rassure. En cela, le marché est en parfaite symbiose avec l'univers médiatique, gouverné lui aussi par la curiosité versatile, la boulimie de nouveautés, le nomadisme mental et le *manque*. Le marché a besoin d'instabilité et d'insatisfaction[1]. »

Le théologien Maurice Bellet a parfaitement résumé ce dernier point : « La paix de l'âme est interdite : elle casserait le moteur de l'expansion[2]. »

1. Jean-Claude Guillebaud, *La Refondation du monde*, 1999.
2. Maurice Bellet, *La Seconde Humanité,* 1993.

EN SYNTHÈSE

• À la suite de la panne de croissance des années 1970, les gouvernements ont mis en œuvre de vains plans de relance.

• Face à l'échec de ces plans, une nouvelle voie a été tentée : la dérégulation laisser-fairiste.

• L'Angleterre puis les États-Unis ont été pionniers, mais tous les autres pays ont rapidement suivi, à commencer par la France.

• Une grande partie de la communauté des économistes a soutenu cette voie, qui a été suivie jusqu'à l'extrême, faisant sauter tous les systèmes de sécurité mis en place dans les années 1930 et 1940, qui avaient empêché toute grande crise bancaire depuis lors.

• Un véritable intégrisme s'est emparé des esprits laisser-fairistes, qui rappelle celui du communisme : scientisation de la discipline économique, promesses permanentes de lendemains qui chantent face à l'échec, refus de la réalité, aspect révolutionnaire et moderne, mondialisation, etc.

• L'intégrisme est si fort que l'accumulation des échecs sévères, et largement prévisibles, n'entame toujours pas véritablement la pensée unique; aucune réforme régulatrice sérieuse n'a été mise en place malgré le passage au plus près du gouffre en 2008-2009.

Chapitre 2
L'ÈRE DU « FINANCIARISME »

La révolution laisser-fairiste va induire une modification profonde de la structure du capitalisme, qui va se transformer en véritable « financiarisme ».

Face à la croissance réduite dans les secteurs traditionnels de ce qu'on a fini par évoquer sous l'éloquent vocable « d'économie réelle », les pouvoirs publics ont donc laissé la bride sur le cou à l'économie financière, en la déréglementant et en encourageant *in fine* la pure spéculation, et donc de nombreuses bulles.

Les bulles spéculatives ont un énorme avantage : elles permettent de générer facilement du PIB et donc de la croissance, le tout sans matière première ni énergie supplémentaire – cette croissance ayant malgré tout l'inconvénient d'être largement fictive.

Par exemple, une bulle boursière, c'est plus d'activité, plus de gains, plus de commissions, plus de taxes – bref tout le monde y gagne, jusqu'à la chute finale...

L'exemple des produits dérivés

Un produit dérivé ou contrat dérivé ou encore *derivative product* est un instrument financier apparu sous sa forme actuelle dans la seconde moitié du XIXe siècle aux États-Unis sur les marchés de céréales. À cette époque, les fermiers ont commencé à contracter des accords de livraison de leurs produits agricoles à une date ultérieure à la signature du contrat. Prenons l'exemple d'un agriculteur céréalier et d'un boulanger. Le quintal de blé vaut 50 euros en moyenne, mais fluctue entre 30 et 70 euros suivant les récoltes. Ni le boulanger ni le céréalier n'apprécient la fluctuation de leurs charges ou revenus. Mais ils peuvent décider à l'avance de vendre / acheter la récolte de l'année à 50 euros le quintal, quoi qu'il arrive. Le contrat à terme était né, permettant de se protéger contre les fluctuations des cours. C'est donc à la base une technique très efficace pour diminuer le risque sur le marché, cette technique étant également « sans risque » pour les parties – le seul risque étant un « non-gain » potentiel.

Avec le développement du financiarisme dans les années 1980, les actifs sous-jacents ont pu être des actions, des obligations, des taux d'intérêt et des taux de change. Les volumes des produits dérivés sont alors devenus pharaoniques :

Encours mondial des produits dérivés de gré à gré (OTC), 1998-2011 (valeur de marché, en Md$) [Source : BRI]

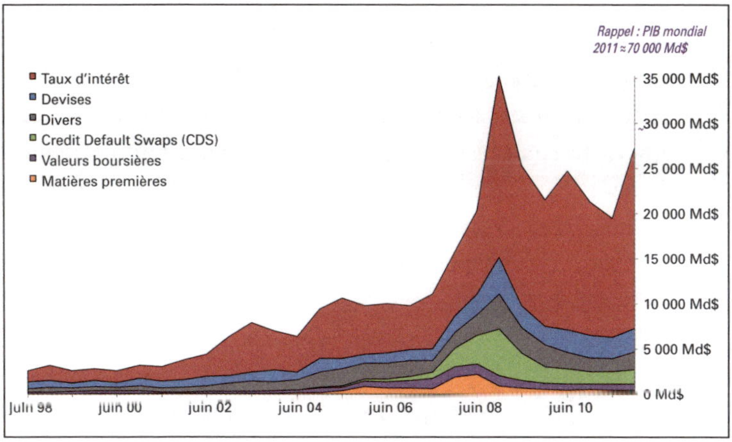

Ainsi, 70 % des produits dérivés proposent une couverture sur les fluctuations des taux d'intérêt. On note aussi que la valeur de ce marché est égale au quart de la production de toute l'économie réelle – après en avoir atteint la moitié en 2008. Cela montre bien à quel point tout le système a été perverti.

Car à partir du moment où il se trouve vingt spéculateurs (qui sont toujours utiles à la condition d'en user avec modération) pour une personne exposée au risque, il y a un sérieux problème : celui d'avoir transformé un mécanisme finalement assurantiel en un système de paris continuels. Sur le seul marché des produits dérivés de gré à gré, les intervenants spéculent sur plus de dix fois l'économie réelle… Or, comme le disaient fort justement Keynes et Allais :

> John Maynard Keynes : « Lorsque dans un pays, le développement du capital devient le sous-produit de l'activité

d'un casino, celui-ci risque de s'accomplir dans des conditions défectueuses[1]. »

Maurice Allais : « Qu'il s'agisse de la spéculation sur les monnaies ou de la spéculation sur les actions, ou de la spéculation sur les produits dérivés, le monde est devenu un vaste casino. [...] Le système actuel est fondamentalement antiéconomique et défavorable à un fonctionnement correct des économies. Il ne peut être avantageux que pour de très petites minorités[2]. »

La Bourse

Le graphique suivant représente les évolutions de l'indice de la Bourse de Paris, le CAC 40, depuis 1970 (rétropolé avant 1987). Afin de bien percevoir l'évolution réelle, on a représenté, outre la valeur nominale, la valeur déflatée, donc déduction faite de l'inflation, comme on aurait fait pour des valeurs purement monétaires.

1. John Maynard Keynes, *Théorie générale de l'emploi, de l'intérêt et de la monnaie*, 1936.
2. Maurice Allais, *La Crise mondiale d'aujourd'hui*, 1999.

Évolution du CAC 40, 1970-2012

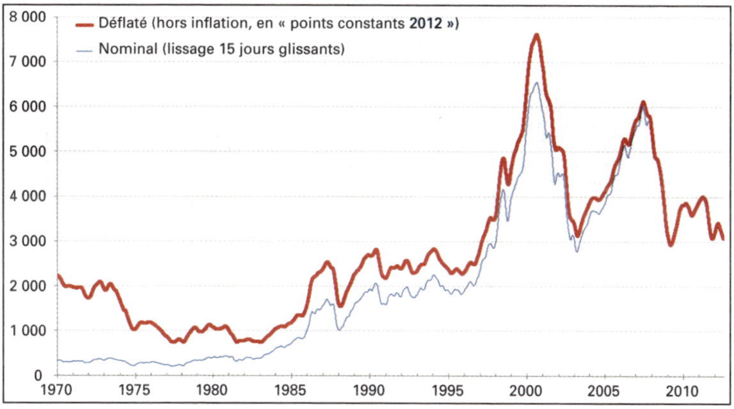

On peut noter :

• L'effet majeur qu'a eu la crise de 1973, l'indice chutant de moitié et se stabilisant à ce niveau durant près de quinze ans.

• La reprise de 1985, l'indice retrouvant son niveau d'avant la crise, mais chutant à cause du krach de 1987.

• Une période de relative stabilité de 1988 à 1995.

• Et de façon frappante les deux bulles majeures en M, celle dite des nouvelles technologies en 2000 (l'indice étant proche des 8 000 points en valeur constante 2012), suivie de la bulle financière de 2006.

Tout cela relativise fortement la notion « d'investissement boursier qui est celui qui rapporte le plus » – un actionnaire de France Télécom en 2000 ou de la BNP en 2006 aura probablement un avis différent…

Une analyse plus fine montre de façon frappante la forte hausse des volumes échangés mais aussi, paradoxalement, de la volatilité, qui a augmenté de 80 % :

Évolution de la volatilité quotidienne moyenne du CAC 40 par décennie, 1970-2012 (évolution absolue quotidienne en %)
[Source : EuroNext]

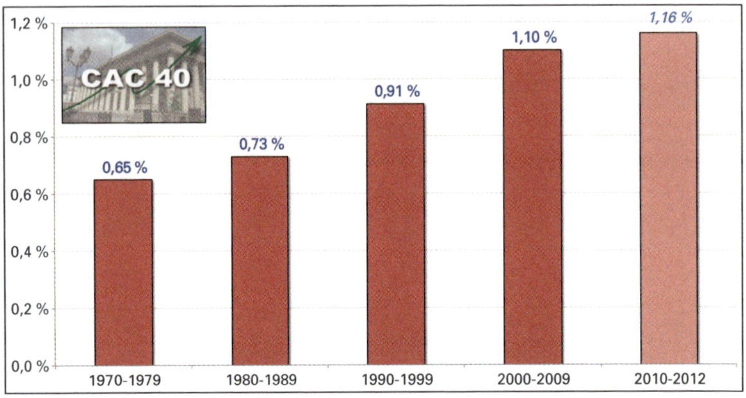

Finalement, malgré la hausse des volumes qui aurait dû stabiliser le marché, tous les outils et modèles financiers rendent le système nettement plus instable que dans les quarante années précédentes. Logique : les ordinateurs, qui ont remplacé les humains dans ce qui est devenu un casino, arbitrent en permanence les écarts, qu'ils amplifient.

La démesure de l'économie virtuelle

Cette deuxième économie, virtuelle, celle de la finance, a rapidement proliféré, jusqu'à ce que son unité de compte devienne le millier de milliards.

La comparaison entre le montant quotidien des exportations et celui des échanges de devises montre bien le problème :

Montant quotidien des échanges de devises et des exportations en 2007 (en Md$) [Sources : BRI et FMI]

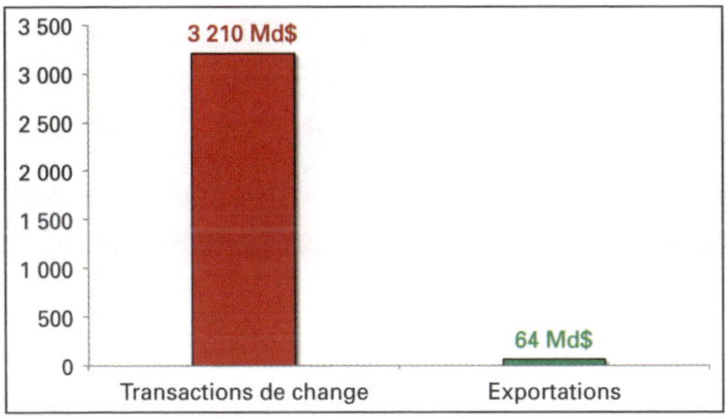

Une grande partie de l'économie financière est donc « hors sol », déconnectée des transactions réelles. L'économie financière représente plus de 2 000 milliers de milliards (ou trillions) de dollars en 2007 (dont 1 400 trillions de dollars de produits dérivés et 500 trillions de dollars de produits de change). C'est cinquante fois l'économie réelle (échanges de biens et services).

Répartition entre l'économie réelle et l'économie financière en 2007 [Sources : BRI et FMI]

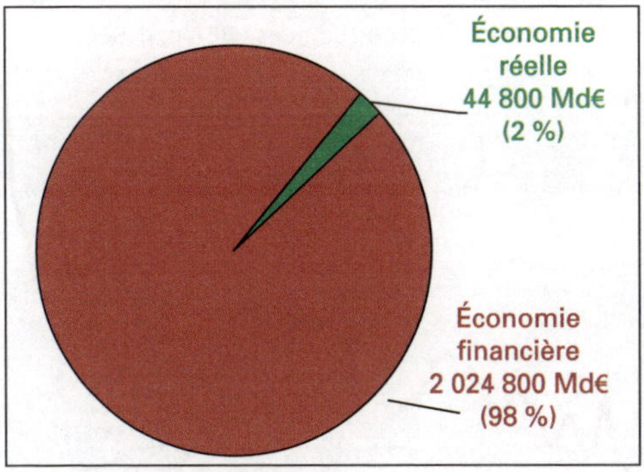

Mais tout cela n'a été rendu possible que parce que la révolution laisser-fairiste s'est fortuitement réalisée au moment d'une autre révolution : celle de l'informatique.

Sa puissance, croissant année après année, va fournir à nos sociétés un outil d'une force phénoménale. Sans elle, pas de dématérialisation ni de capacité de transférer des capitaux à la vitesse de la lumière, en pouvant les faire changer de pays cinquante fois par jour. Pas de gestion possible de milliards par une société d'investissement. Pas de capacité de revendre une action au bout de quelques millisecondes. Pas de modèles financiers incompréhensibles non plus.

Malheureusement, la suite montrera probablement que nous n'étions pas suffisamment prudents et avisés pour maîtriser sereinement cette nouvelle technologie.

La ponction financiariste

Le poids de l'économie financière dans les profits des pays anglo-saxons a explosé :

Part des profits du secteur financier dans l'ensemble des profits des entreprises américaines, 1929-2010 et comparaison avec la France [Sources : BEA et INSEE]

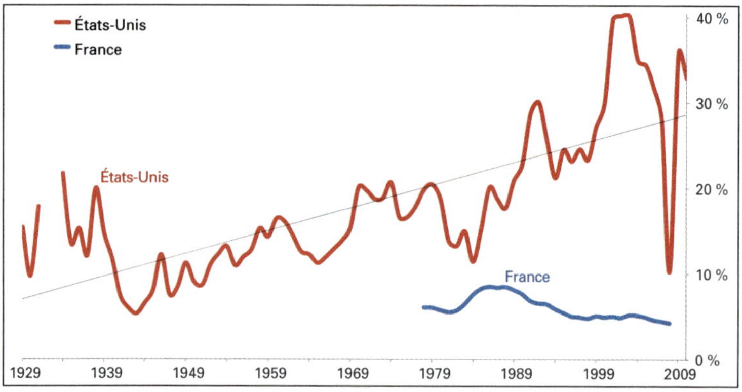

Ce secteur représente désormais là-bas un tel niveau qu'une véritable symbiose s'y est développée. Désormais, les gouvernements de ces pays sont principalement des instruments au service des intérêts du système financier. Intérêts seulement entendus à court terme car, à long terme, cela ne peut conduire qu'à la faillite de ces économies.

Les salaires proprement délirants de ce secteur (en moyenne, on gagne le double dans le secteur financier et le quadruple dans les banques d'affaires, alors qu'il n'y avait pas d'écart durant les Trente Glorieuses) l'ont transformé en « aspirateur à talents », qui œuvrent donc à l'implosion de l'économie financière en désertant l'économie réelle : dramatique affectation des ressources les plus précieuses.

> Joseph Stiglitz : « Nos marchés financiers orientent mal les capitaux. Mais le coût réel de l'emballement de ce secteur a peut-être été infiniment plus lourd : il a mal orienté notre ressource la plus rare, le talent humain. J'ai vu trop de nos meilleurs étudiants entrer dans la finance. Ils ne pouvaient pas résister aux mégarémunérations. Quand j'ai commencé mes études, les meilleurs choisissaient les sciences, l'enseignement, les lettres ou la médecine. Ils voulaient utiliser leur cerveau pour changer le monde. Mais comme le disaient mes parents : "L'argent n'a pas d'importance. Il ne t'apportera jamais le bonheur. Sers-toi du cerveau que Dieu t'a donné pour te rendre utile aux autres. C'est ce qui te donnera de la satisfaction."[1] »

1. Joseph Stiglitz, *Le Triomphe de la cupidité*, 2010.

Le phénomène touche aussi la France, où par exemple nos dix mille traders gagnent en moyenne au moins 15 000 euros nets par mois :

Salaire moyen <u>mensuel</u> net des traders français en 2010 et 2011

[Source : *Les Échos*, d'après les banques]

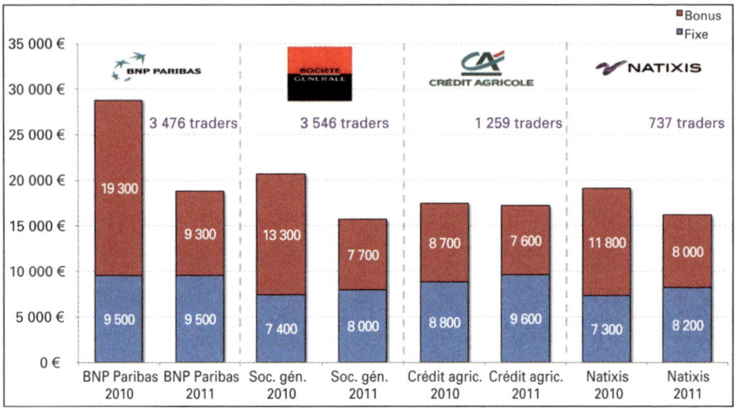

C'est proprement scandaleux.

S'il est tout à fait légitime de bien gagner sa vie quand on a du talent et qu'on travaille beaucoup, il faut encore garder raison quant au niveau perçu, qui doit rester en rapport avec les services rendus à la société.

Or ce petit secteur (non pas la banque, indispensable, mais le trading) ne rend guère de service réel, et il est lourdement néfaste dans sa globalité. De plus, la quantification du service rendu est difficile. On se retrouve finalement comme avec des salariés d'une entreprise recevant beaucoup d'argent pour jouer à la roulette, et dont les gagnants (un peu moins d'un sur deux, par hypothèse) exigeraient un partage des bénéfices – alors qu'ils jouent avec l'argent d'un autre. Enfin, le lien entre le talent et le service rendu est parfois discutable

– certains profils étant plus irresponsables, cupides et chanceux que véritablement talentueux.

Nos traders à 15 000 euros par mois illustrent aussi un problème à la source de bien des maux. Le trading, sans être de la physique nucléaire, est à la fois risqué et complexe. Il nécessite donc des contrôles, comme l'affaire Kerviel l'a montré. Mais comment contrôler un trader, puisque le salaire du contrôleur (au rôle fondamental) est dix fois inférieur à celui du contrôlé, ce qui implique qu'on ne trouvera jamais des traders, *a fortiori* parmi les plus expérimentés et compétents, qui accepteront de devenir contrôleurs. Or qui, à part un trader, pourrait contrôler efficacement un trader ? Il ne faut ensuite pas s'étonner de la survenance de faillites bancaires avec une telle perversité dans le système.

EN SYNTHÈSE

- La spéculation a été encouragée par les gouvernements, pour générer un surcroît d'activité.
- Les produits dérivés en sont une bonne illustration, atteignant désormais plus du quart de l'économie réelle. Cet instrument utile d'assurance diminuant le risque a été perverti en instrument essentiellement spéculatif augmentant le risque.
- De la même manière, la libéralisation de la Bourse a transformé ce lieu d'échange d'actions entre actionnaires en vaste jeu informatique où des ordinateurs parient contre d'autres ordinateurs toutes les secondes.
- Désormais, l'économie financière représente cinquante fois la taille de l'économie réelle.
- Le secteur financier ponctionne à son profit les ressources et les talents qui auraient dû rester dans l'économie réelle, qu'il attire par des salaires faramineux et totalement injustifiés.

Chapitre 3
LA MONDIALISATION

Initiée par les déréglementations des années 1980, la globalisation actuelle a véritablement pris son envol dans les années 1990, l'entrée de la Chine dans l'OMC en 2001 en constituant le signe le plus fort. Ce mouvement n'est évidemment pas nouveau, puisqu'il existe depuis très longtemps une économie internationale, c'est-à-dire des échanges liant des nations très éloignées les unes des autres – depuis la Route de la soie. Mais le phénomène de globalisation présente cependant des caractéristiques singulières, qu'il partage avec la première mondialisation, qui s'est étendue entre 1870 et 1914.

La première mondialisation

Du Moyen Âge jusqu'au milieu du XIXe siècle, l'économie présentait deux caractéristiques : d'une part, l'économie internationale et l'économie interne n'avaient que des rapports très faibles et très réglementés, et, d'autre part, seule une faible partie de la production était échangée. Comme le souligne Suzanne Berger :

> « En France, à la veille de 1914 encore, moins du tiers de la production agricole circulait dans des échanges non marchands entre individus. Dans les fermes, jusqu'à la Première Guerre mondiale, la quasi-autosuffisance était de règle : on produisait du blé noir pour nourrir les bêtes, et des bêtes pour nourrir la famille. On n'échangeait que du surplus destiné aux outils, à l'engrais ou aux impôts[1]. »

Ainsi, la première mondialisation peut être caractérisée comme la disparition des cloisonnements entre le marché international et le marché intérieur, et comme la mise sur le marché de la plus grande part de la production.

Cette mondialisation a été portée, comme l'actuelle, par la baisse des coûts de transport et de communication – due au développement des chemins de fer, des bateaux à vapeur et du télégraphe. Par exemple :

• Un voyage de Paris à New York durait quarante-deux jours en 1800 contre cinq jours en 1914.

• Envoyer une tonne de marchandise de Marseille en Chine en 1870 coûtait environ 500 francs, contre 100 francs vers 1900.

• Une information allait de Paris à New York en trois semaines en 1860, et en une seconde en 1914 par le télégraphe[2].

Le développement du transport ferroviaire est à cette époque une véritable révolution. Le réseau naît

1. Suzanne Berger, *Sciences humaines*, mai/juin 2003.
2. Suzanne Berger, *Notre première mondialisation*, 2003.

en Angleterre en 1830 et s'étend très rapidement, pour atteindre près de 1,1 million de kilomètres en 1913. C'est pratiquement sa taille définitive, puisqu'il atteindra 1,2 million de kilomètres vers 1950, et stagne autour de 1,4 million actuellement.

Pour illustrer ce bouleversement, il faut savoir que la ligne transcontinentale entre New York et San Francisco, achevée en 1869, a alors réduit la traversée du continent américain de cinq mois en chariot à une semaine en train.

Cela entraîne donc, entre 1870 et 1914 :

• Le chiffre incroyable de 55 millions d'Européens qui émigrent vers le Nouveau Monde, des pays comme l'Irlande ou la Suède perdant au moins 10 % de leur population par décennie avant la guerre. Et en Europe occidentale, les travailleurs circulent librement d'un pays à l'autre, sans passeport ni autorisation.

• La flotte marchande mondiale double, portée par le percement des canaux de Suez et de Panamá.

• La France délocalise une partie de sa production industrielle en Europe de l'Est et en Asie.

• Les échanges commerciaux vont alors décoller, doublant pour atteindre près de 10 % du PIB.

Commerce mondial des biens et services, 1820-1938

[Sources : Maddison]

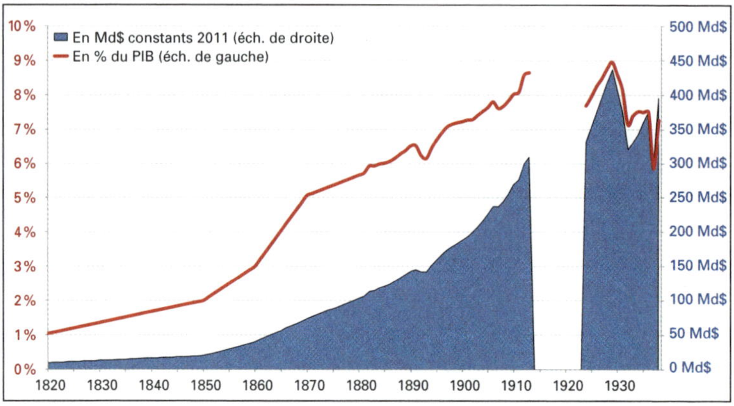

La mondialisation est également financière, la stabilité monétaire due à l'étalon-or, qui s'est répandu durant cette période, ayant grandement facilité les échanges.

On observe cependant des stratégies financières différentes selon les pays. Ainsi, en 1914 :

• La mobilité des capitaux est alors du même ordre que celle de la fin du XXe siècle.

• L'Angleterre a investi à l'étranger environ 40 % de sa richesse nationale (60 % aux États-Unis et 30 % dans son empire, qui représente près de 40 % de son commerce).

• La France investit annuellement 3,5 % de son revenu national à l'étranger, soit plus qu'actuellement. Avec 30 % de sa richesse à l'étranger, elle est en 1913 le deuxième pays ayant le plus mondialisé ses capitaux. Mais ses colonies ne représentant que 10 % de son commerce, elle n'y a investi que 13 % de ses capitaux. Le reste a été placé en Amérique latine, au Proche-Orient, en Europe et surtout en Russie, où la France a investi près de 25 % de ses avoirs à l'étranger (entre autres, pour casser l'alliance entre l'Allemagne et la Russie), la suite des événements ayant montré aux petits épargnants français (au nombre de 1,6 million) le danger d'investir à l'étranger…

• Au contraire de la France, où les banques rechignent (déjà) à investir dans les entreprises industrielles, les banques allemandes, insérées dans le tissu économique local, soutiennent fermement leurs entreprises nationales.

Politiquement, les esprits sont logiquement fascinés par ce phénomène, tel le président américain Ulysse Grant en 1873 :

> « Comme le commerce, l'éducation et le transfert rapide de la pensée et de la matière par le télégraphe et la vapeur changent toute chose, je suis porté à croire que le Créateur s'occupe de faire du monde une nation unique, parlant une langue unique[1]. »

La mondialisation était donc perçue comme irréversible, puisqu'il n'était dans l'intérêt d'aucun pays de mener une guerre. Jean Jaurès, parlant de *La Grande Illusion*, best-seller de Norman Angell (prix Nobel de la paix 1933), résume cette croyance en 1910 :

> « Avec l'internationalisme croissant des affaires, les intérêts de tous les peuples sont à ce point enchevêtrés qu'un désastre pour l'un est un désastre pour tous. Ainsi,

1. Cité par Christian Chavagneux, *Alternatives économiques*, hors-série n° 59, janvier 2004.

> de plus en plus, le réseau des intérêts oblige tous les peuples à se ménager les uns les autres, à éviter les grandes catastrophes de la guerre[1]. »

Mais cette première mondialisation s'est fracassée contre la Première Guerre mondiale : la déclaration de guerre en 1914 stoppe instantanément les flux de capitaux et réduit les flux de marchandises, prenant de court des citoyens qui n'imaginaient pas que cela fût possible. L'intensité élevée des échanges commerciaux de 1914 n'a été retrouvée puis dépassée qu'à partir des années 1970.

Cette période montre cependant que la mondialisation n'induit aucune fatalité, et que les choix économiques et sociaux restent largement ouverts, pour peu qu'il n'y ait aucune démission du politique ni de désaffection pour l'espace public démocratique. En effet, Suzanne Berger souligne que :

> « La mondialisation n'empêcha pas l'adoption des lois fiscales aux effets redistributifs importants. [...] L'espace laissé à l'action de l'État était bien plus vaste que ce que l'on aurait pu attendre[2]. »

Sous les protestations des industriels furent en effet adoptés en France le premier impôt sur le revenu des valeurs mobilières en 1872, l'impôt sur les successions en 1901 et l'impôt sur le revenu entre 1909 et 1914. Et la première loi sur les accidents du travail a été adoptée en 1889, la loi de 1900 sur la journée de travail de dix heures et la semaine de six jours en 1900 et la loi sur les retraites en 1910.

1. Jean Jaurès, débat devant la Chambre des députés, 13 janvier 1911.
2. Suzanne Berger, *Notre première mondialisation,* 2003.

Cela participa à un cercle mondial vertueux, démontrant que progrès social et mondialisation pouvaient aller de pair.

La liberté de circulation des capitaux

Dès juillet 1944, les nations du monde se retrouvèrent pour jeter les bases d'un nouveau système monétaire international. Mais, en dépit d'une volonté d'ouverture du commerce international, les accords de Bretton Woods ont maintenu des freins à la circulation internationale des capitaux – la plupart des pays ayant mis en place dès 1914 un ferme contrôle des capitaux. Les mentalités avaient beaucoup évolué à la lumière des dangers de l'expérience laisser-fairiste.

> Ragnar Nurkse : « Une forme quelconque de protection est nécessaire face au risque de mouvements massifs et nerveux des flux de capitaux[1]. »

Keynes distinguait quant à lui rigoureusement les flux d'investissements productifs authentiques et les fonds flottants libres. Les premiers, selon lui, étaient vitaux au « développement des ressources mondiales » et devaient être encouragés. Seuls les seconds devaient faire l'objet d'un contrôle, au titre de « caractéristique permanente du système d'après-guerre »[2]. Sa pensée était claire :

1. Ragnar Nurkse, « L'expérience monétaire internationale », *Rapport de la Société des nations,* 1944, p. 188.
2. John Maynard Keynes, *Plan for an International Clearing Union,* 1942.

> « La liberté de circulation des capitaux est une part essentielle de l'ancien système de laisser-faire et elle suppose qu'il est juste et souhaitable d'assister à une égalisation des taux d'intérêt dans toutes les parties du monde. [...] De mon point de vue, la pleine capacité de gestion d'une économie domestique implique d'être libre de choisir le taux d'intérêt approprié, sans référence à des taux en vigueur ailleurs dans le monde. Le contrôle des capitaux est un corollaire de cela[1]. »

> « [L'inversion des flux spéculatifs durant l'entre-deux-guerres, de l'Amérique et l'Angleterre vers l'Europe] est devenue la cause majeure d'instabilité. [...] Nous n'avons aucune garantie que cela ne se reproduira pas après la guerre actuelle, peut-être pas à la même échelle ou dans la même direction. [...] Le meilleur endroit pour investir son argent se déplacera à la vitesse d'un tapis volant. Ces fonds flottants pourraient ainsi ravager le monde en désorganisant tout business stable. [...] Rien n'est plus sûr et certain que le fait que les mouvements de capitaux doivent être régulés – ce qui impliquera des ruptures radicales avec les accords laisser-fairistes[2]. »

Keynes considérait que le plus important succès de Bretton Woods était la mise en place du droit pour les gouvernements de restreindre les mouvements de capitaux :

> « Non simplement comme caractéristique de la transition, mais en tant qu'accord permanent, le plan accorde à tous les gouvernements membres le droit explicite de contrôler

1. John Maynard Keynes, lettre à Roy Harrod, 27 avril 1942.
2. John Maynard Keynes, *Post-War Currency Policy*, 1941.

tous les mouvements de capitaux. Ce qui avait habituellement été de l'hérésie est maintenant adopté comme orthodoxe[1]. »

La charte de La Havane

On sait moins qu'après Bretton Woods, les mêmes nations ont également tenté de construire un nouveau système commercial international et ont été très près de réussir. La charte de La Havane a été signée le 24 mars 1948 par cinquante-trois pays. Elle prévoyait la création d'une Organisation internationale du commerce (OIC) totalement intégrée à l'ONU. Malheureusement, la charte n'est jamais entrée en vigueur car elle n'a pas été ratifiée par le Congrès américain – comme d'autres accords majeurs dans l'histoire : Société des nations, protocole de Kyoto...

Le commerce mondial a donc été régi seulement par le GATT (Accord général sur les tarifs douaniers et le commerce) pendant près de cinquante ans, jusqu'à ce que soit créée l'OMC (Organisation mondiale du commerce) en 1994. Mais les principes du libre-échange absolu de l'actuelle OMC s'opposent entièrement à ceux qui auraient dû régir l'OIC :

- Objectif de « plein-emploi productif ».
- Obligation de ne pas « mettre en difficulté la balance des paiements d'autres pays ».
- Objectif de « maintien d'un équilibre stable de la balance des paiements », avec possibilité de prendre toute mesure de protection adéquate.

1. John Maynard Keynes, *Travaux préparatoires à la conférence de Bretton Woods,* 1944.

• Obligation de « maintien de normes équitables de travail en rapport avec la productivité de la main-d'œuvre ».
• Coopération pour le développement.
• Possibilité de limiter la liberté de circulation des capitaux.

Une rupture historique

La seconde mondialisation, qui démarre au début des années 1980, présente des caractéristiques communes avec la première, telles que la mise en marché mondial ou la croissance des flux internationaux de marchandises et de capitaux, favorisée par la baisse des coûts de transport et de communication.

Coûts des transports et communications, 1920-2010
(en valeur réelle, corrigée de l'inflation ; base 100 en début de série) [Source : FMI]

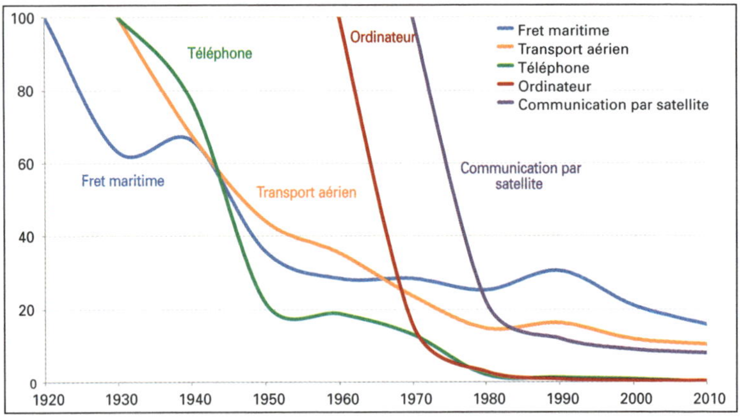

Mais cette seconde mondialisation se démarque de la première tout d'abord par des différences d'échelle et de volumes.

Le caractère unique de la mondialisation s'observe tout particulièrement au niveau du volume du commerce international qui dépasse désormais 30 % du PIB mondial, soit le triple du volume des années 1900.

Commerce mondial des biens et services, 1820-2011

[Sources : Maddison et OCDE]

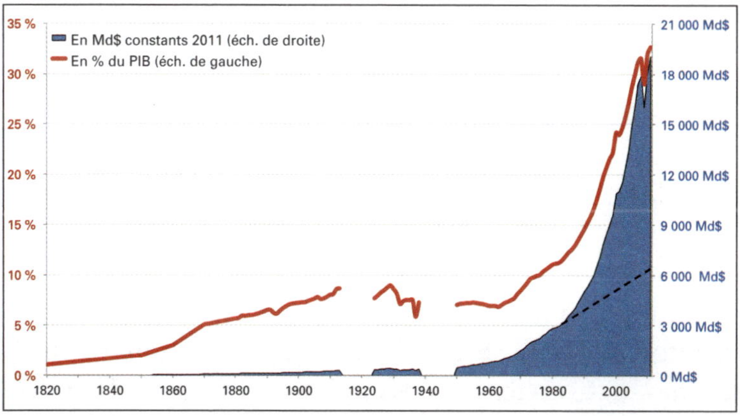

De plus, alors que le commerce entre pays industrialisés dominait avant 1914, la seconde mondialisation se caractérise par le poids croissant du commerce entre pays à différents stades de développement.

Ainsi, seulement 6 % des exportations mondiales de biens manufacturés étaient réalisés par les pays en développement en 1914, contre 40 % en 2009. La nature des biens échangés diffère également : en 1914, le commerce de biens primaires constituait l'essentiel des échanges internationaux (68 % du commerce total en 1890 et 62,5 % en 1913), contre moins du tiers en 2009[1].

1. *Trésor-Éco*, n° 93, octobre 2011.

Mais c'est dans la circulation des capitaux que la singularité de la mondialisation est la plus forte.

En 1979, le Sénégal inaugure le premier « plan d'ajustement structurel » : la crise de la dette vient de commencer pour les pays en développement, obligés d'adopter des « stratégies de développement favorables au marché » (vocable de la Banque mondiale et du FMI).

Or l'idéologie du financiarisme, comme le soulignait Keynes, a un impérieux besoin d'une liberté absolue de circulation des capitaux. Celle-ci va donc surgir tant dans les pays développés que dans les pays émergents.

Le plus bel exemple est donné par l'Union européenne. Le traité de Rome précise en 1957 que la Communauté a pour objectif « l'abolition, entre les États membres, des obstacles à la libre circulation des personnes, des services et des capitaux ». L'objectif est discutable, mais il obéit à une certaine cohérence.

En revanche, que l'Union européenne en soit arrivée à inscrire dans ses traités fondateurs (désormais quasi impossibles à modifier) que « toutes les restrictions aux mouvements de capitaux entre les États membres et entre les États membres et les pays tiers sont interdites[1] » ne peut que laisser songeur devant un tel désarmement unilatéral face aux pays tiers. Le mouvement a été lancé par l'Acte unique en 1986 qui indiquait : « L'unanimité est nécessaire pour les mesures constituant un recul en matière de libération des mouvements de capitaux. » Désormais, il faut carrément modifier les traités...

1. Article 63 du Traité sur le Fonctionnement de l'Union Européenne.

L'Europe est décidément bien « l'idiot du village global » si bien défini par Hubert Védrine.

Plus étonnant encore, la liberté de circulation des capitaux est désormais un « droit fondamental » dans l'Union :

> « L'Union [...] cherche à promouvoir un développement équilibré et durable et assure la libre circulation des personnes, des biens, des services *et des capitaux*, ainsi que la liberté d'établissement[1]. »

L'intégrisme financiariste ne s'accommode évidemment d'aucune modération tirée des leçons de l'histoire. Le résultat a été un niveau de liberté pour les capitaux inconnu dans le passé, pour un résultat que nous observons tous les jours en termes de crises bancaires...

Bien sûr, l'électronique et Internet permettent aux capitaux et aux produits financiers de se déplacer beaucoup plus rapidement que par le passé et de déstabiliser ainsi des continents entiers, comme on l'a vu en Asie en 1997-1998, et actuellement partout dans le monde.

Des déséquilibres majeurs

Plus grave encore, la mondialisation a été très inéquitable entre pays, ce qui a contribué à gravement déstabiliser les balances des paiements mondiales.

Les États-Unis sont ainsi devenus un immense débiteur : le déficit commercial américain a atteint 900 milliards de dollars en 2006.

1. Préambule de la *Charte des droits fondamentaux de l'Union européenne*, 2000.

Les financeurs ont été la Chine, le Japon, l'Allemagne et les pays exportateurs de pétrole – tous ces pays portent donc une grande partie du risque de défaut ou de remboursement en monnaie de singe.

On mesure bien le caractère hors norme du déficit américain au cours des deux derniers siècles :

Évolution de la balance commerciale américaine, 1820-2011

(en Md$ constants 2012 et en % du PIB) [Source : Census Bureau]

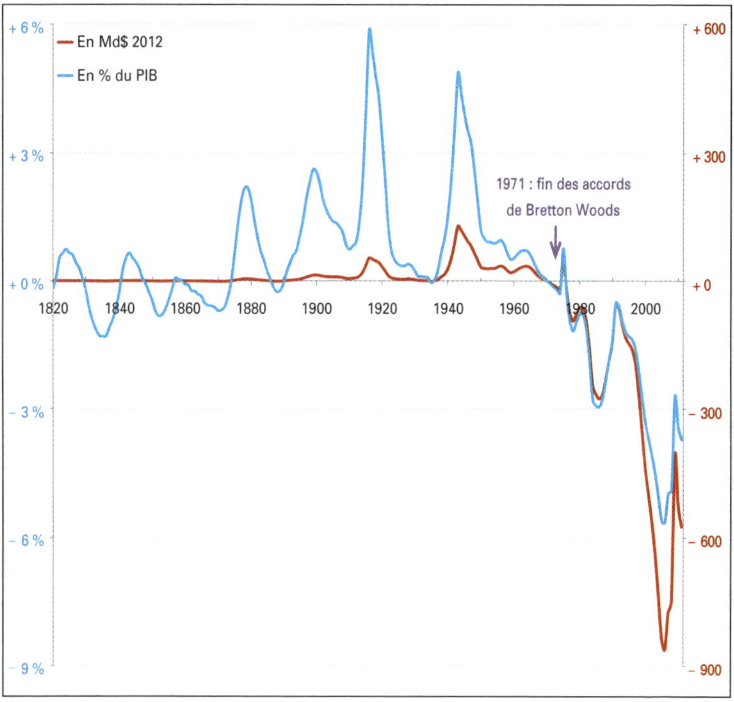

Rappelons de nouveau le rôle néfaste de la fin des accords de Bretton Woods – sans cela, de tels déficits ne pourraient subsister.

Réserves de change de la Chine, 1990-2012

(réserves en or et devises de la banque centrale)

[Sources : FMI et Banque populaire de Chine]

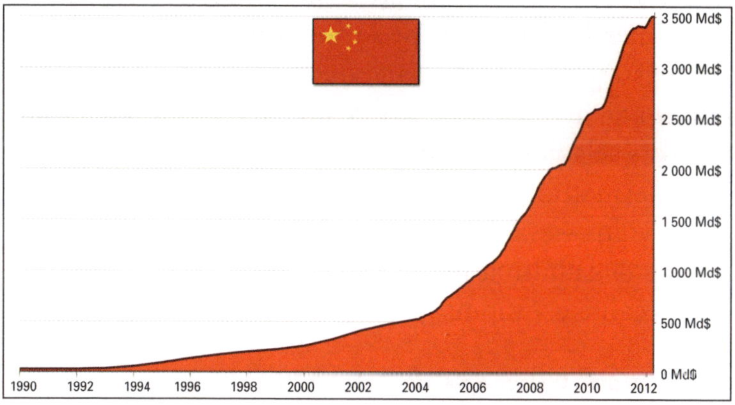

Ce point semble technique, mais en fait il témoigne de l'enrichissement / appauvrissement des nations. En effet, qui dit déficits d'un côté dit excédents de l'autre, et ces excédents sont forcément générés en monnaie du pays débiteur, puisqu'il n'y a plus moyen de l'échanger contre de l'or.

Ces sommes sont donc de colossales dettes générées, des « promesses d'appauvrissement futur » qui laissent songeur quant à la capacité et à la volonté de les honorer un jour.

Ainsi, bien loin d'être un nirvana à atteindre, des excédents commerciaux persistants posent de graves problèmes à long terme. Comme l'a écrit Keynes :

> « L'échec à résoudre ce problème [de l'équilibre des balances de paiement entre pays] a été une cause majeure de l'appauvrissement et du mécontentement social, voire de guerres et de révolutions[1]. »

1. John Maynard Keynes, *Post-War Currency Policy,* 1941.

Une mondialisation inégalitaire

Beaucoup d'économistes ont chanté durant des décennies les louanges de la mondialisation, pleine de promesses, et parfois même qualifiée « d'heureuse ». Ils expliquaient que, oui, il y avait bien quelques points négatifs tels que le chômage ou les inégalités, mais que cela permettait de sortir de la pauvreté des millions d'individus – et accessoirement de gonfler fortement les profits des multinationales...

La réalité est moins glorieuse.

Croissance du PIB mondial par habitant, en moyenne annuelle par décennie 1950-2010 (avec et sans la Chine) [Source : Maddison]

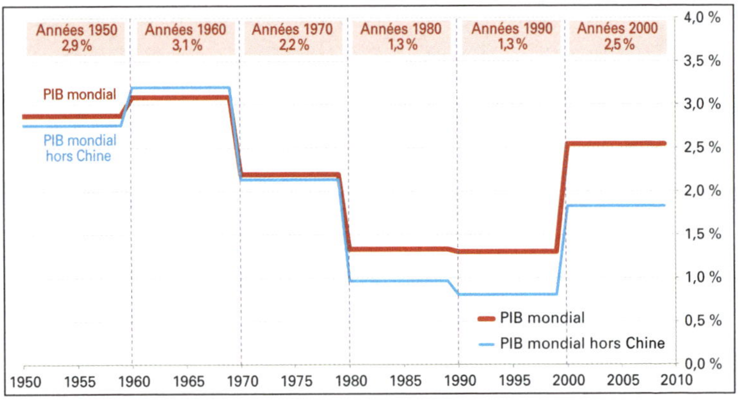

On observe certes un regain de croissance mondiale par habitant dans la dernière décennie. Mais elle reste cependant en deçà de la croissance durant les Trente Glorieuses, période non mondialisée.

On peut également mesurer que la Chine, qui représente 20 % de la population des pays non développés, s'est adjugé 50 % de la croissance générée ces vingt dernières années. C'est elle qui est la grande gagnante de la mondialisation, cela saute aux yeux quand on étudie le PIB par habitant par pays, exprimé en PPA :

PIB réel par habitant, 1950-2008

(en dollars internationaux Geary-Khamis constants 1990 soit environ 1 €, PPA)

[Source : Maddison]

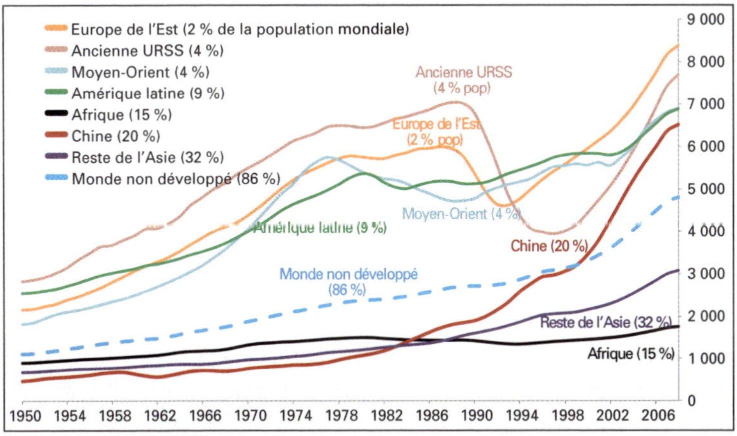

L'ancien monde communiste a également beaucoup crû, mais il s'est agi d'un simple rattrapage après le gouffre dû à la sortie du communisme. L'Afrique n'a pratiquement pas profité de la mondialisation, et le reste de l'Asie, à commencer par l'Inde, n'a pas vu sa croissance nettement modifiée. Par ailleurs, si un Chinois a vu son PIB augmenter fortement, de 5 000 dollars en vingt ans, un Américain a vu le sien augmenter, certes modérément, mais de 8 000 dollars… L'étude de l'évolution de l'écart relatif entre les pays émergents et les pays développés est moins positive. Si la situation absolue s'est évidemment améliorée, la situation relative des régions mondiales est plus contrastée :

PIB par habitant rapporté à celui des pays développés, 1960-2011

(rapport des PIB par habitant en $ courants) [Source : Banque mondiale]

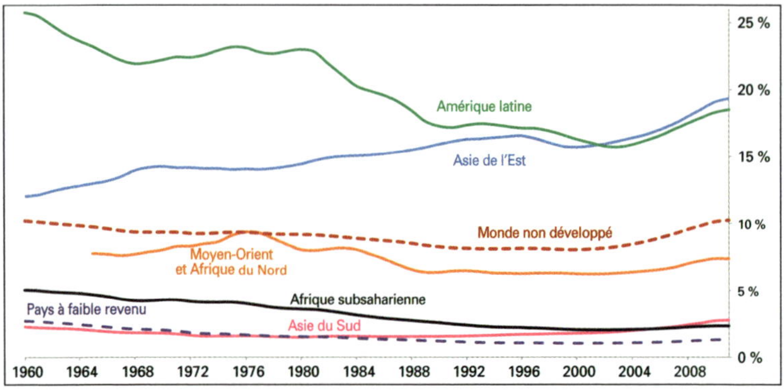

Ainsi, seules l'Asie et l'Amérique du Sud se sont rapprochées de l'Occident, mais faiblement (cinq points en dix ans) ; il leur faudrait donc encore cent soixante ans avant la parité… L'Amérique du Sud reste d'ailleurs loin de son niveau relatif des années 1950 à 1980. La situation individuelle des pays est encore plus parlante :

PIB par habitant rapporté à celui des pays développés, 1960-2011

(rapport des PIB par habitant en $ courants) [Source : Banque mondiale]

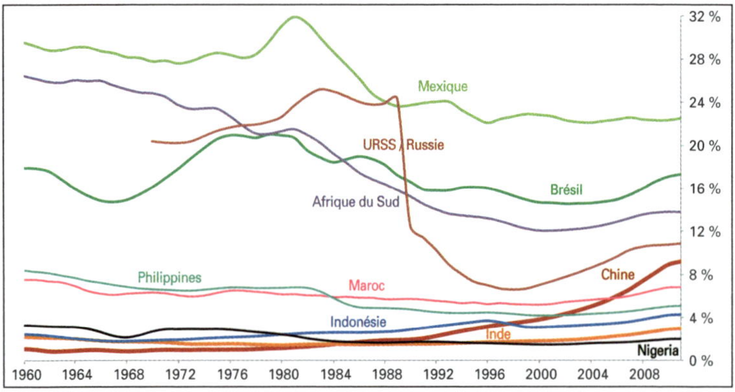

Les « bienfaits de la mondialisation » sont quand même grandement à relativiser. De nombreux pays présentés comme de grands gagnants de la mondialisation – Mexique, Brésil, Maroc, Inde – ont vu leur position relative à peine progresser ou rester bien en deçà de leurs niveaux des Trente Glorieuses.

On observe ce phénomène en traçant la courbe de Lorentz de la production mondiale, à savoir le rapport entre le cumul du PIB mondial rapporté à la population cumulée :

Courbe de Lorentz de la production mondiale

(en 1900 et en 2007) [Source : Maddison]

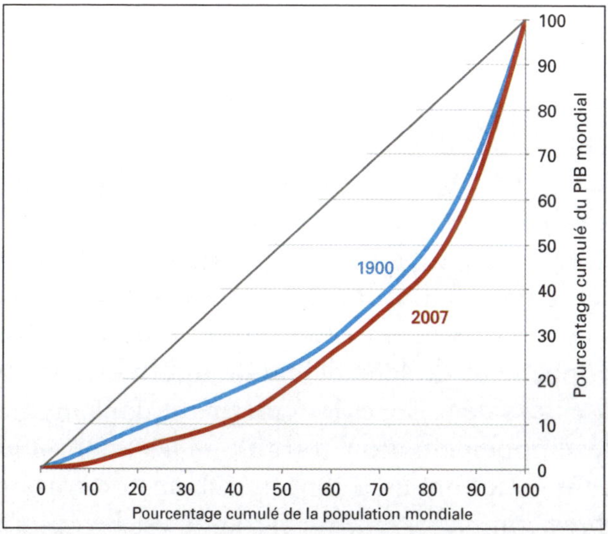

Lecture : les 40 % les moins productifs de la population mondiale produisaient 10 % du PIB mondial en 2007, contre 17 % en 1900 ; pour les 80 % les moins productifs, le chiffre est de 44 % contre 50 %.

Il apparaît clairement que le monde était plus inégalitaire au moment du déclenchement de la crise en 2007 qu'en 1900…

En conclusion, les habitants des pays pauvres, en moyenne, vivent évidemment mieux maintenant qu'il y a trente ans, c'est indéniable. Mais il ne faut pas surestimer les effets, ni les attribuer systématiquement à la mondialisation – ils progressent car ils se développent vite, partant de très bas, comme nous l'avons fait nous-mêmes, sans mondialisation.

D'ailleurs, les quelques pays d'Asie, à commencer par la Chine, qui tirent pleinement leur épingle du jeu de la mondialisation, sont essentiellement ceux qui, au contraire de l'Amérique du Sud ou de l'Afrique, n'ont jamais appliqué les recettes intégristes de la vulgate financiariste et ont protégé leur économie. Face à eux, ils ont trouvé des pays occidentaux tout heureux de pratiquer le libre-échange avec des pays protectionnistes, et, en l'espèce, une dictature communiste – l'argent n'a pas d'odeur.

Ainsi, une mondialisation plus équilibrée aurait très probablement abouti au moins au même résultat pour les pays pauvres. Car le problème est que cette forme de mondialisation a poussé ces pays à tourner leurs économies vers l'exportation, plutôt que vers le développement de leur demande intérieure, les fragilisant en cas de crise, et les enfermant dans un modèle de développement non durable – les économies ne pouvant fonctionner à long terme sur de forts déséquilibres commerciaux. En retour, c'est l'emploi dans les pays développés qui a souffert – la concurrence avec des pays à salaires aussi bas, sans protection sociale ni environnementale, n'étant évidemment pas loyale.

EN SYNTHÈSE

• De tous temps, le capitalisme a naturellement cherché à opérer dans un espace dépassant les frontières, afin de s'affranchir des régulations et entraves.

• Entre 1870 et 1914, une première mondialisation est survenue, principalement entre nations développées, et sans réciprocité. Elle a été portée par la baisse des coûts des transports et des communications et la stabilité des changes. Les États ont alors œuvré à amortir les conséquences négatives du capitalisme, en jetant les bases d'un État providence, dans un cercle mondial vertueux. Cette mondialisation s'est fracassée sur la Première Guerre mondiale.

• Les Trente Glorieuses ont correspondu à une période de grande régulation, de faible liberté de circulation des capitaux et d'absence de grande crise.

• La seconde mondialisation reprend des bases de la première, mais à une échelle supérieure. Les pays émergents y sont plus associés, et les intégrations internationales sont plus poussées.

• Cette mondialisation est cependant extrémiste dans de nombreux domaines, de la suppression totale des droits de douane à celles des contrôles des changes.

• Au global, les revenus de beaucoup ont progressé, mais les effets ne sont spectaculaires qu'en Chine. Au final, les déséquilibres et inégalités ont eu tendance à augmenter par rapport aux Trente Glorieuses ou même au début du siècle passé : l'Occident a plus profité de la mondialisation que les pays émergents.

3

DES CONSÉQUENCES DRAMATIQUES

L'histoire de la navigation aérienne regorge d'exemples du syndrome dit de « fascination pour la cible », qui rend certains pilotes étrangement inattentifs à des paramètres fondamentaux lors d'une concentration stressante sur une cible – l'exemple type étant les pilotes de bombardiers en piqué qui, obnubilés par leur cible, dégageaient trop tard et finissaient par s'écraser.

Il faut croire que les gouvernements sont atteints d'un syndrome proche, la « fascination pour la croissance », qui les empêche d'analyser posément les situations et les échecs.

On a en effet assisté à une invraisemblable suite « d'escalades d'engagements », qui sont en psychologie sociale :

> « Cette tendance que manifestent les gens à s'accrocher à une décision initiale même lorsqu'elle est clairement remise en question par les faits. [...] Les persévérations, même les plus dysfonctionnelles, s'expliqueraient par le souci

> ou le besoin qu'aurait l'individu d'affirmer le caractère rationnel de sa première décision. Ainsi, continuer à investir sur une filiale qui s'avère être un canard boiteux aurait pour fonction d'attester le bien-fondé de la première décision financière. Tout se passe comme si le sujet préférait s'enfoncer plutôt que de reconnaître une erreur initiale d'analyse, de jugement ou d'appréciation[1]. »

Cette stupide obstination a donc conduit les gouvernants à choisir de mauvaises stratégies. Les conséquences sont dramatiques pour nos sociétés.

1. Robert-Vincent Joule et Jean-Léon Beauvois, *Petit traité de manipulation à l'usage des honnêtes gens*, 1987.

Chapitre 1
LE RETOUR AUX INÉGALITÉS CROISSANTES

À l'époque des Lumières, la lutte contre les inégalités était déjà un fondement de l'éthique intellectuelle. Seuls les moyens pour l'atteindre différaient ; les libéraux privilégiaient évidemment la liberté, mais leur objectif était clair.

> Adam Smith : « Assurément, on ne doit pas regarder comme heureuse et prospère une société dont les membres les plus nombreux sont réduits à la pauvreté et à la misère. La seule équité, d'ailleurs, exige que ceux qui nourrissent, habillent et logent tout le corps de la nation aient, dans le produit de leur propre travail, une part suffisante pour être eux-mêmes passablement nourris, vêtus et logés. [...] Tout pour nous et rien pour les autres, voilà la vile maxime qui paraît avoir été, dans tous les âges, celle des maîtres de l'espèce humaine[1]. »

1. Adam Smith, *Recherches sur la nature et les causes de la richesse des nations*, 1776.

> Frédéric Bastiat : « Si j'avais le malheur de ne voir dans le capital que l'avantage de capitalistes, et de ne saisir ainsi qu'un côté, et, assurément, le côté le plus étroit et le moins consolant de la science économique, je me ferais socialiste ; car de manière ou d'autre, il faut que l'inégalité s'efface progressivement, et si la liberté ne renfermait pas cette solution, comme les socialistes je la demanderais à la loi, à l'État, à la contrainte, à l'art, à l'utopie[1]. »

Ce qui est nouveau dans la pensée laisser-fairiste actuelle, c'est que, désormais, les inégalités sont perçues comme positives et donc recherchées, ouvrant la voie à un modèle de société à inégalités croissantes, conforme à la vision du maître à penser contemporain du financiarisme, Friedrich von Hayek :

> « Non seulement le concept de "justice sociale" est non-sens ; mais il est devenu le prétexte par excellence pour liquider les structures du monde libre. [...] Nous devons [le] combattre [puisqu'il] devient le prétexte à user de la contrainte envers les autres hommes. [...] Concept strictement vide et dénué de sens, il est un signe de l'immaturité de notre esprit. [...]
> L'égalité des chances [est] un idéal totalement illusoire et tout essai de le faire passer dans les réalités risque de créer un cauchemar. [...]
> [Je souhaite faire en sorte que mes contemporains] éprouvent désormais une honte insurmontable à se servir encore des termes "justice sociale"[2]. »

On note le cœur de cette idéologie extrémiste : s'opposer à toute forme d'obligation, dans une forme

1. Frédéric Bastiat, *Gratuité du crédit*, 1847.
2. Friedrich von Hayek, *Droit, législation et liberté*, 1976.

de libertarisme absolu. Piquant, quand on sait qu'un critère important différenciant l'homme de l'animal est justement sa capacité à se fixer des limites ou des obligations, individuellement ou collectivement, refrénant ainsi ses pulsions et désirs... Mais ce libertarisme sait parfois s'accommoder de contraintes :

> « Une dictature peut être un système nécessaire pour une période transitoire. [...] Je préfère sacrifier la démocratie temporairement – je le répète, temporairement – plutôt que la liberté. [...] Personnellement, je préfère un dictateur libéral à un gouvernement démocratique non libéral[1]. »

Cette idéologie a logiquement contaminé le pouvoir politique et, en premier lieu, Ronald Reagan et Margaret Thatcher, cette dernière répondant le 18 mai 1979 au télégramme de Hayek la félicitant pour son élection :

> « J'ai eu un grand plaisir et je suis très fière d'avoir tant appris de vous dans les dernières années. »

Tout comme pour la nomenklatura communiste, la crise n'a nullement dessillé les yeux des idéologues financiaristes, tel Brian Griffiths, ancien conseiller de Margaret Thatcher, qui a déclaré en 2009 :

> « Nous nous devons de tolérer les inégalités, car elles constituent un moyen pour tous d'atteindre plus de prospérité et plus d'opportunités[2]. »

1. Friedrich von Hayek, *El Mercurio* (journal chilien), avril 1981.
2. Brian Griffiths, *The Guardian,* octobre 2009.

C'est le fameux concept fumeux du « plus les riches seront riches, moins les pauvres seront pauvres », l'argent accumulé étant censé redescendre aux étages inférieurs, simple affirmation dont l'indigence intellectuelle n'a d'égale que l'abjection de ses conséquences concrètes, que nous allons étudier.

Un mouvement mondial

Les graphiques suivants représentent la proportion du revenu total perçu par le pour-cent le plus riche de la population de différents pays. C'est une bonne illustration des inégalités.

Part des revenus avant impôts perçus par les 1 % les plus riches

[Source : WTID]

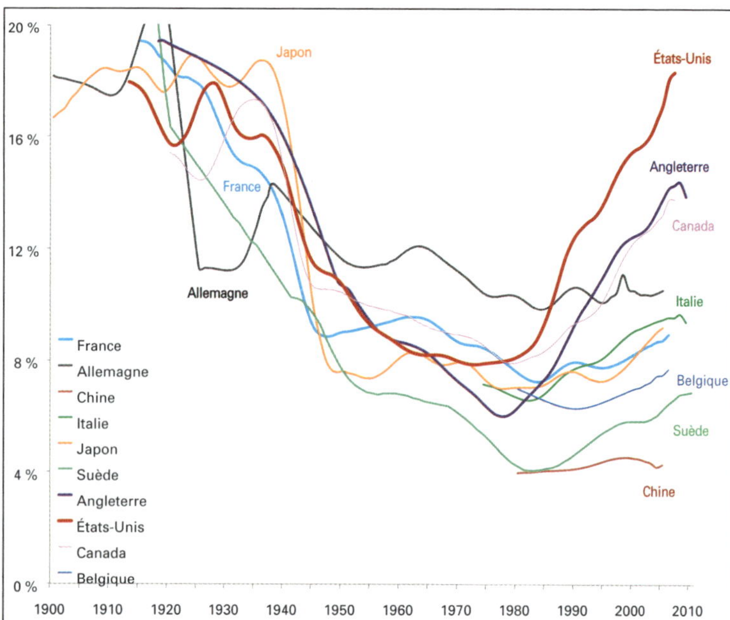

Part des revenus avant impôts perçus par les 1 % les plus riches [Source : WTID]

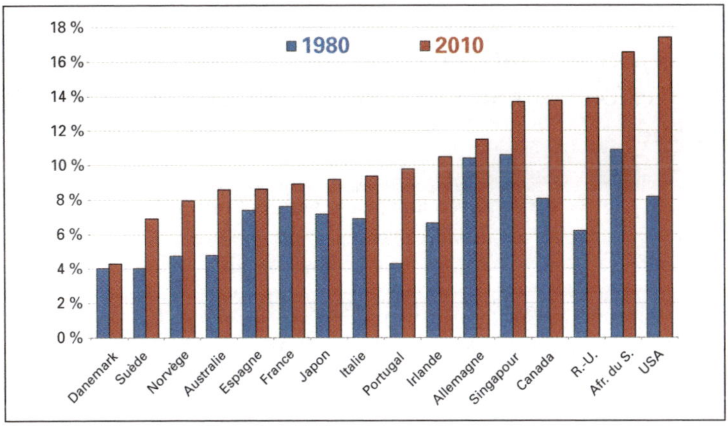

On observe que le monde a connu, à partir de la Seconde Guerre mondiale, une formidable compression des inégalités, qui a perduré durant toutes les Trente Glorieuses.

Ce mouvement historique de « justice sociale » – comme quoi, n'en déplaise à Hayek, elle existe, nous l'avons rencontrée… – a cessé brutalement avec l'arrivée du financiarisme en Angleterre (qui était encore un des pays les plus égalitaires du monde en 1978) et aux États-Unis, le virus de la cupidité s'étant ensuite rapidement répandu sur toute la planète, avec plus ou moins de virulence. Les pays les plus atteints ont été le Portugal, le Canada, l'Afrique du Sud, l'Angleterre et les États-Unis.

L'indice de Gini est un indicateur synthétique des inégalités de distribution des revenus. Pour l'anecdote, il correspond à la surface sous une courbe de Lorentz (que nous avons survolée précédemment) présentant la répartition cumulée des revenus.

Mais il suffit de simplement retenir que c'est un indicateur très simple se situant en théorie entre 0 (société totalement égalitaire) et 100 (société totalement inégalitaire), et en pratique entre environ 20 (sociétés scandinaves ou communistes) et 75 (Afrique ou Amérique du Sud).

Les inégalités de revenus dans le monde

(classement des pays selon leur indice de Gini en 2010)

[Source : The Conference Board]

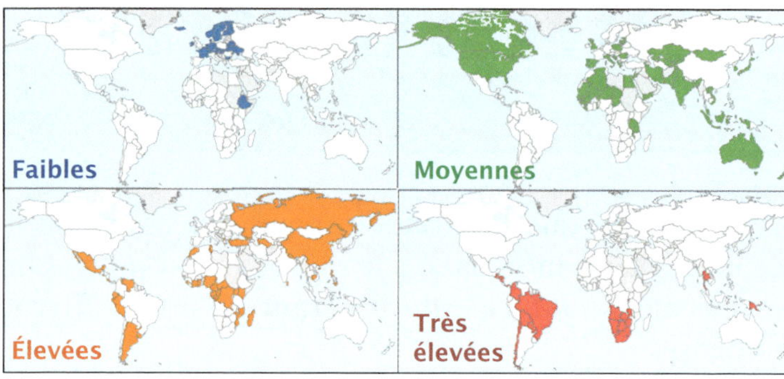

On observe ainsi que :

• Les pays les plus égalitaires sont presque tous des pays développés et se situent surtout en Europe.

• Les pays les moins égalitaires sont presque tous des pays non développés et se situent surtout en Afrique et en Amérique du Sud.

• Les situations sont plus contrastées pour les autres pays.

Cette situation est confirmée par une autre mesure des inégalités : le ratio entre le cinquième quintile de revenus (les 20 % les plus riches) et le premier (les 20 % les plus pauvres) :

Ratio d'inégalités de revenus dans différents pays

(ratio entre les revenus des 20 % les plus riches et des 20 % les plus pauvres)
(couleurs par continent) [Source : UNDP, dernière année connue]

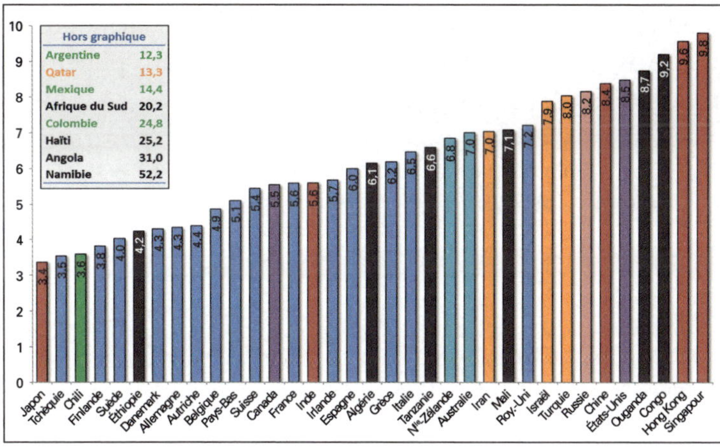

Il est enfin intéressant d'analyser l'évolution des inégalités depuis quinze ans :

Évolution des inégalités dans le monde de 1995 à 2010

(classement des pays selon leur indice de Gini) [Source : The Conference Board]

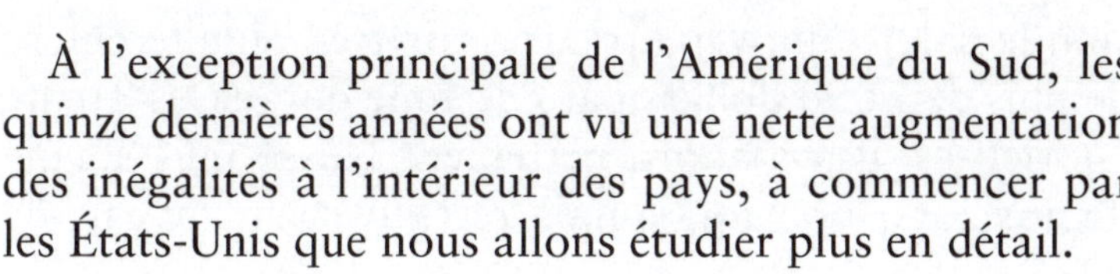

À l'exception principale de l'Amérique du Sud, les quinze dernières années ont vu une nette augmentation des inégalités à l'intérieur des pays, à commencer par les États-Unis que nous allons étudier plus en détail.

La démesure des inégalités américaines

Comprendre les inégalités implique de comprendre les évolutions de revenus. Observons ainsi celles des salaires médians et des revenus médians (salaires, pensions, dividendes...) par origine :

Salaire médian aux États-Unis, 1947-2010

(données pour la seule population masculine, en dollars constants 2010)

[Source : Census Bureau]

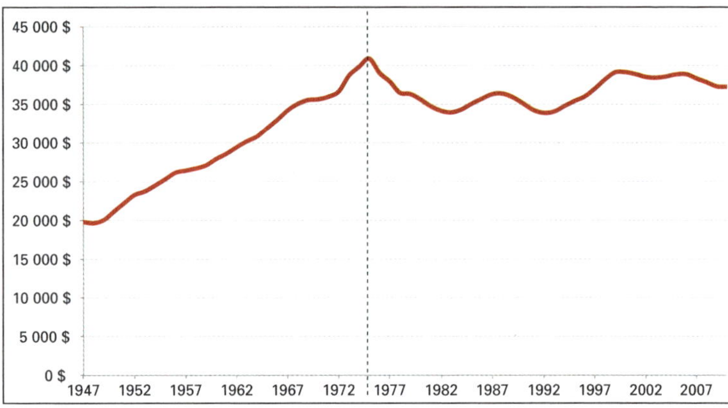

La rupture majeure survenant durant les crises pétrolières de la fin des années 1970 est spectaculaire. Alors que le salaire médian (qui est le salaire séparant la moitié de la population qui gagne le plus de celle qui gagne le moins – notion bien plus pertinente qu'un simple salaire moyen) progressait très régulièrement de plus de 7000 dollars par décennie durant les Trente Glorieuses, il a d'abord nettement baissé puis stagne depuis lors, n'ayant jamais retrouvé son niveau de 1975.

Les États-Unis ont introduit le critère ethnique dans leur appareil statistique. Il est clair que de telles statistiques posent une vraie question éthique, mais nous disposons avec elles d'une photographie cruelle de l'incroyable ségrégation économique qui perdure aux États-Unis, les Noirs disposant toujours d'un revenu inférieur de 30 % à celui des Blancs, et les Hispaniques étant une des communautés les plus défavorisées. On note aussi que les Asiatiques viennent de dépasser le niveau des Blancs – ce qui n'est finalement guère étonnant, 48 % étant titulaires d'un diplôme universitaire, contre 31 % des Blancs.

Seuil et revenu dans les groupes supérieurs du dernier décile US en 2008 [Source : Saez]

Seuil en quantile	Seuil en revenu	Groupe de revenus	Nombre de foyers	Revenu moyen dans chaque groupe	Part du revenu total
		Population totale	152 462 000	54 300 $	100 %
		Top 10 %	15 246 200	262 000 $	48 %
		Bottom 90 %	137 215 800	31 200 $	52 %
Top 10 %	109 100 $	Top 10-5 %	7 623 100	127 200 $	12 %
Top 5 %	152 700 $	Top 5-1 %	6 098 480	211 500 $	16 %
Top 1 %	368 200 $	Top 1-0,50 %	762 310	443 100 $	4 %
Top 0,50 %	558 700 $	Top 0,50-0,10 %	609 850	878 100 $	6 %
Top 0,10 %	1 695 100 $	Top 0,10-0,01 %	137 220	3 238 400 $	5 %
Top 0,01 %	9 141 200 $	Top 0,01 %	15 250	27 342 200 $	5 %

On observe que le million et demi de foyers américains les plus riches (le fameux Top 1 %) gagnait plus de 368 000 dollars en 2008. Le seuil des cent cinquante mille foyers du Top 0,1 % (le millième le plus riche) se situait à la coquette somme de 1,7 million de dollars de revenus annuels.

L'évolution des indices de Gini américains et anglais n'est pas surprenante :

Indice de Gini des revenus aux États-Unis et en Angleterre, 1913-2010 [Sources : O. Berruyer, d'après Doug Henwood, Census Bureau et IFS]

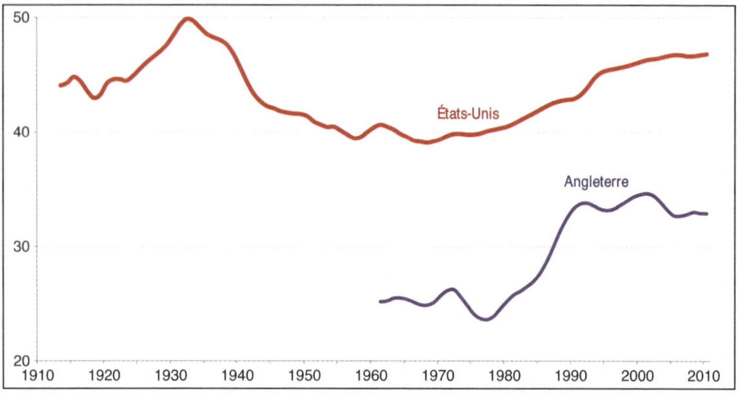

On retrouve le mouvement de « grande compression » des inégalités durant les Trente Glorieuses, suivi de leur nette remontée à partir des années 1980. Cependant, le niveau américain est toujours resté bien supérieur à celui des sociétés européennes, à commencer par l'Angleterre, où les effets radicaux du thatchérisme ont pourtant sérieusement dégradé la situation – belle application des conséquences d'une absence de poursuite d'objectifs de « justice sociale ».

Une analyse plus fine de la décomposition des hauts revenus (soit la part des revenus captée par les 10 % les plus riches) est encore plus éloquente – et nous pouvons saluer les apports irremplaçables de Thomas Piketty et Emmanuel Saez :

Part des composantes du décile supérieur dans le revenu total avant impôts aux États-Unis, 1915-2010 [Sources : Piketty et Saez]

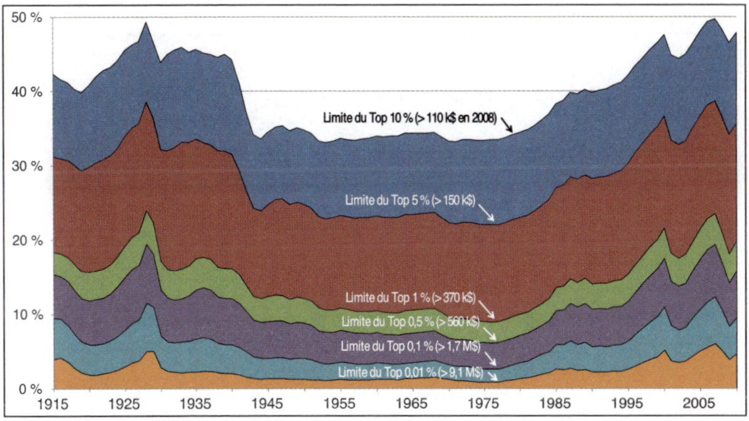

Ironie de l'histoire – et sans doute causalité directe –, la répartition des hauts revenus a retrouvé en 2007, veille de la crise, son niveau historiquement haut, établi en 1928.

À l'intérieur de ce groupe des quinze millions de foyers du Top 10 %, on note que le Top 1 % a certes capté 90 % de la hausse de la part des revenus du groupe, mais que le pour-mille le plus riche s'en est adjugé à lui seul 60 %. La croissance des inégalités est donc très inégalitaire même dans le groupe des très hauts revenus.

On observe la grande compression des inégalités des Trente Glorieuses aussi bien que la grande dépression reaganienne quand on met en parallèle l'évolution du revenu moyen du Top 1 % et du reste de la population (le Bottom 99 %) :

Évolution du revenu moyen réel avant impôt du Top 1 % et du Bottom 99 % aux États-Unis, base 100 en 1913, 1913-2010

[Source : Saez]

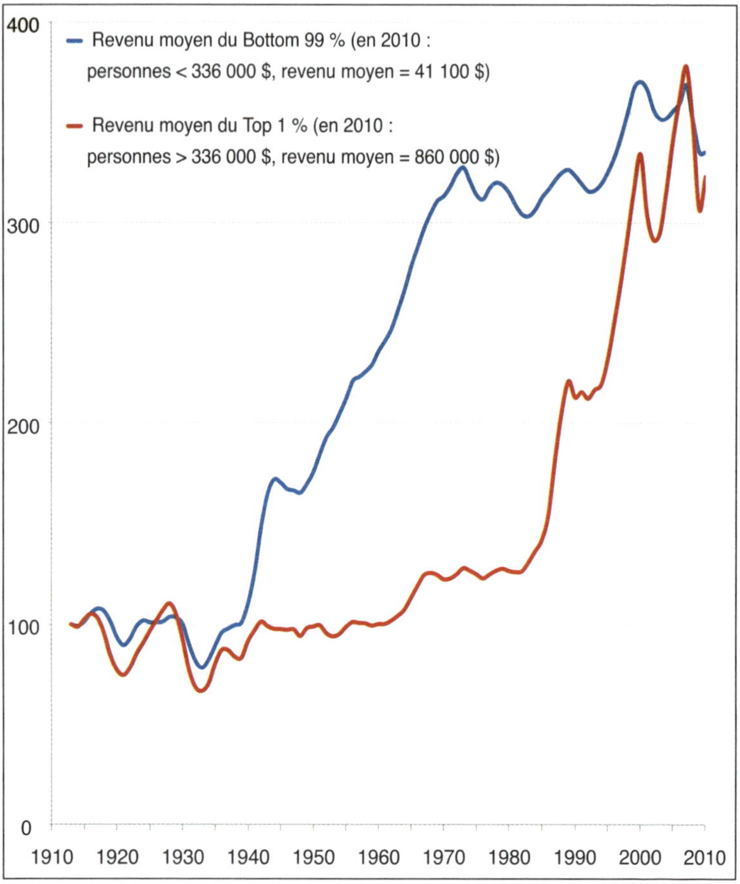

Le fait que les courbes se croisent en 2006 démontre que la répartition des revenus a retrouvé son niveau des années 1920.

La comparaison de la période des Trente Glorieuses avec celle du financiarisme est éloquente :

Évolution du revenu réel des familles par quintile, 1947-1979 et 1979-2010 (en dollars constants 2010) [Source : Census Bureau]

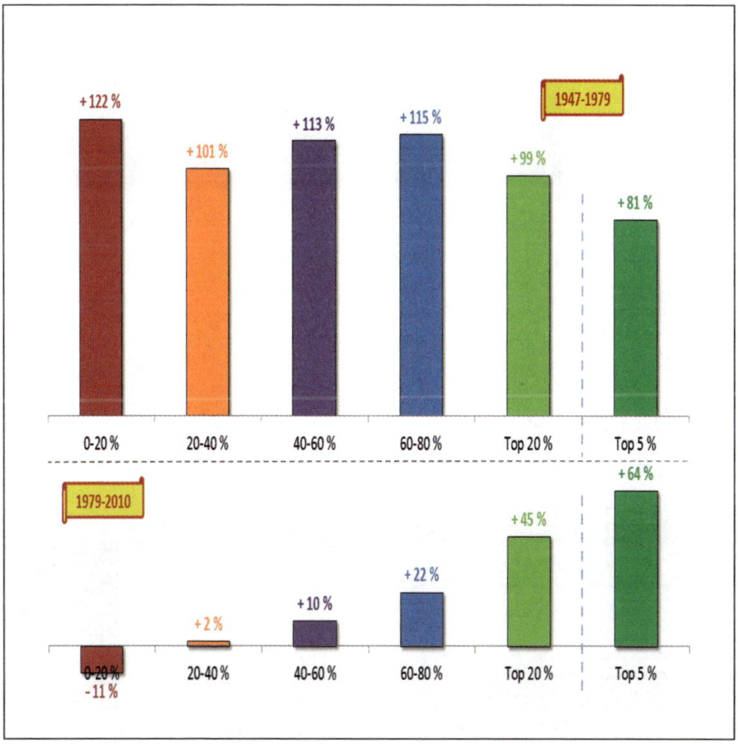

Les Trente Glorieuses ont été une période de forte croissance des revenus aux États-Unis, au bénéfice de la vaste majorité de la population. *A contrario*, la période qui se clôt sous nos yeux a été une période beaucoup moins prospère, mais elle a surtout été incroyablement inégalitaire, les 20 % des familles les plus pauvres ayant même vu leurs revenus réels baisser de plus de 10 %.

Si on s'intéresse plus finement aux évolutions par décennie et par quintile de population (tranche de 20 %), la dérive due au financiarisme apparaît clairement :

Évolution annuelle moyenne du revenu médian par famille aux États-Unis 1950-2010 (par quintile de revenu {= 20 % de la population} et pour le Top 5 %) [Source : Census Bureau]

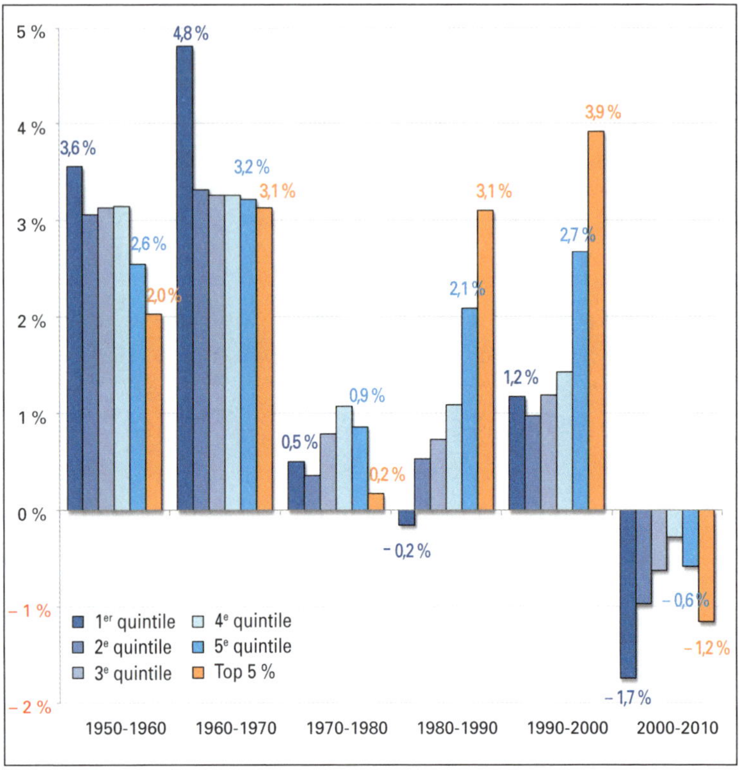

La grande compression des inégalités des Trente Glorieuses a été liée à une forte hausse de la fiscalité des plus hauts revenus, à une phase de forte régulation et à une réprobation sociale des excès financiers. Le président Roosevelt a su initier une vraie politique distributive aux États-Unis. Le taux marginal sur les revenus élevés (plus de trois millions d'euros actuels par an) a atteint 94 % durant la guerre.

Taux marginal de l'impôt sur le revenu aux États-Unis, 1913-2010

(taux en % appliquable aux revenus dépassant le seuil marginal) [Source : IRS]

Plus étonnant, ce taux s'est maintenu à plus de 90 % entre 1950 et 1965, en pleine expansion économique. Et Ronald Reagan est arrivé au pouvoir dans un pays où le taux marginal d'impôt était de 70 % au-delà de 500 000 dollars actuels. La peur du communisme avait à l'époque un net effet de tempérance sur les excès du capitalisme.

Comparaison de la distribution des revenus par décile aux États-Unis en 2007 et en Angleterre au XVIIe siècle

[Sources : Wolff et Mathias]

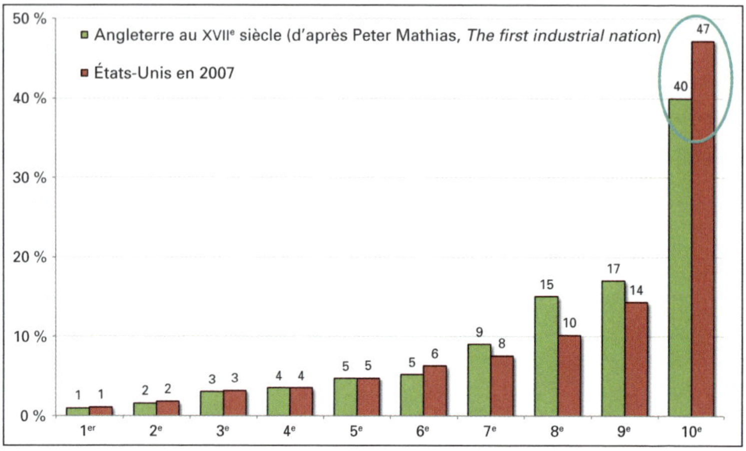

Les États-Unis sont tellement dans l'outrance inégalitaire qu'on observe que la distribution des revenus est bien pire que celle qui prévalait dans l'Angleterre du XVIIe siècle... Si le Top 10 % s'adjuge aujourd'hui près de la moitié de revenus, c'est essentiellement dû à la rapacité du pour-mille supérieur (Top 0,1 %) : les cent cinquante mille très grosses rémunérations américaines actuelles (de plus de 1,7 million de dollars) s'adjugent en fait une part de revenus trois à six fois plus élevée que ne le faisait la même proportion de lords et chevaliers de l'aristocratie anglaise d'il y a quatre siècles.

Bien évidemment, de telles inégalités de revenus ne peuvent qu'aboutir à un gouffre en termes de distribution des patrimoines. En effet, ceux-ci ne sont finalement qu'une forme d'épargne accumulée, et l'épargne est forcément plus concentrée que les revenus, puisqu'elle est la différence entre les revenus et les dépenses, dont beaucoup sont incompressibles.

Ainsi, au final, on constate que s'agissant des patrimoines aux États-Unis :

• Le Top 10 % s'arroge près de 75 % du patrimoine, dont 35 % pour le seul Top 1 %.

• Il ne reste que 1 % du patrimoine pour la moitié la plus pauvre de la population.

Répartition du patrimoine aux USA en 2007 [Source : Wolff]

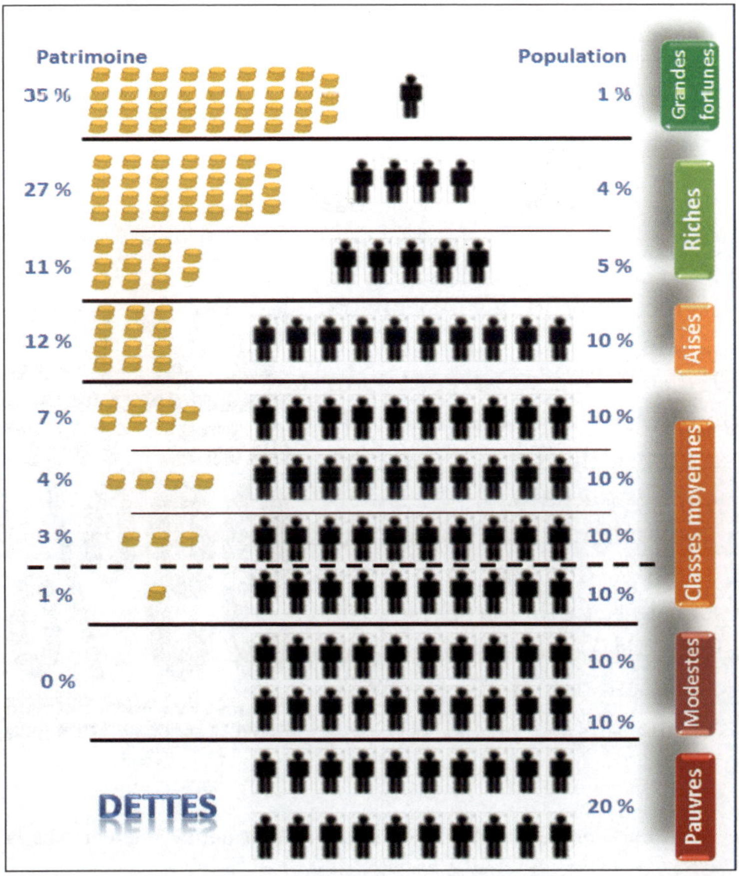

Une dernière illustration de ces inégalités est la répartition par origine, et on reste sidéré par le fait qu'un Noir dispose d'un patrimoine médian plus de quinze fois inférieur à celui d'un Blanc :

Influence de l'origine ethnique sur le revenu et le patrimoine des ménages américains en 2007 [Source : Wolff]

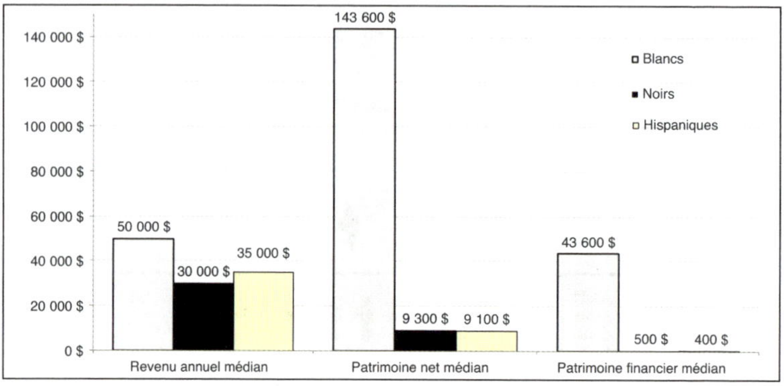

On comprend dès lors mieux les slogans du mouvement *Occupy Wall Street*[1] qui dénoncent régulièrement la mainmise du Top 1 % sur les richesses du pays.

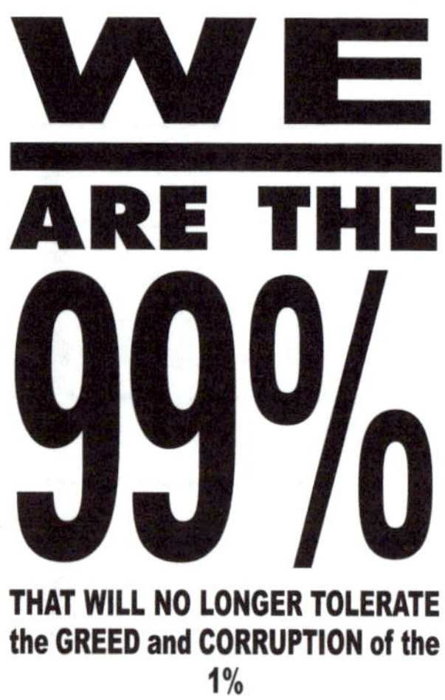

Par exemple, on a constaté que 93 % de toute la richesse créée lors de la « reprise » de 2009-2010 ont été phagocytés par le seul Top 1 %, les 99 % restants devant se répartir les miettes.

1. « Nous sommes les 99 % de la population qui ne tolèrent plus la cupidité et la corruption du 1 % supérieur. »

Dans ces conditions, on comprend pourquoi les États-Unis connaissent une très faible mobilité sociale :

Coefficient de reproduction sociale dans différents pays en 2005

(corrélation intergénérationnelle) [Source : Corak & Miles 2006]

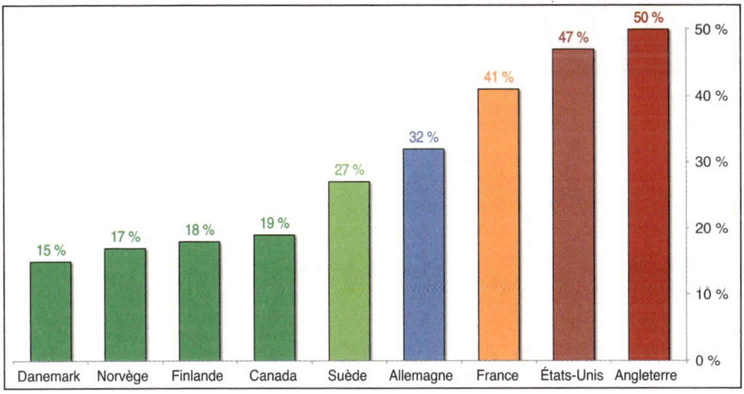

Comme en Angleterre, la moitié des Américains héritent du statut social de leurs parents, indépendamment de leur talent; c'est très loin des pays les plus égalitaires du monde.

Quel meilleur démenti apporté par les faits aux thèses extrémistes de Hayek : oui, le libéralisme a besoin d'interventions publiques pour préserver une « justice sociale » et une « égalité des chances », seuls gages de récompense des talents, et donc d'utilisation optimale du capital humain d'un pays – sans même parler de morale élémentaire.

On observe d'ailleurs une très forte corrélation inverse entre l'inégalité des revenus dans un pays et sa mobilité sociale : plus un pays est inégalitaire, plus la mobilité sociale y est faible.

Mobilité sociale et inégalités de revenus en 2010

[Source : Wilkinson & Equalitytrust, d'après Blanden 2011]

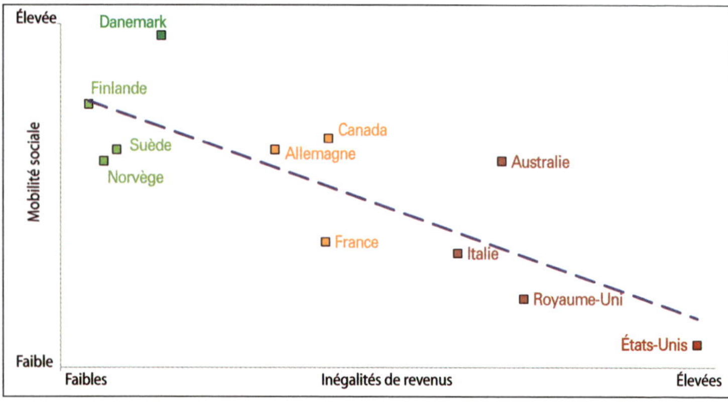

On comprend dès lors mieux pourquoi Galbraith écrivait en 1954 :

> « Le système fiscal est un bien meilleur soutien de la stabilité qu'il ne l'était en 1929. Il se peut qu'un dieu en colère ait doté le capitalisme de contradictions inhérentes, mais du moins, après réflexion, il a été suffisamment bon pour mettre les réformes sociales en accord avec un meilleur fonctionnement du système[1]. »

Quelle folie que d'avoir ainsi détruit un tel accord au nom de la cupidité d'une infime minorité…

Le contre-exemple français

Comme nous venons de le voir, la France est mal placée pour donner des leçons de mobilité sociale, se situant en troisième position. Mais elle peut néanmoins le faire sur

1. John Kenneth Galbraith, *La Crise économique de 1929*, 1954.

la résistance à la hausse des inégalités, ayant réussi pour l'instant à préserver un élément essentiel de son modèle social, comme le montre l'évolution de notre coefficient de Gini – indicateur qui se devrait d'être popularisé, au vu de sa simplicité pour suivre les inégalités :

Indice de Gini des revenus en France, 1955-2010

(revenu des ménages, avec rappel États-Unis et R.-U.)

[Sources : Banque mondiale, INSEE puis Eurostat]

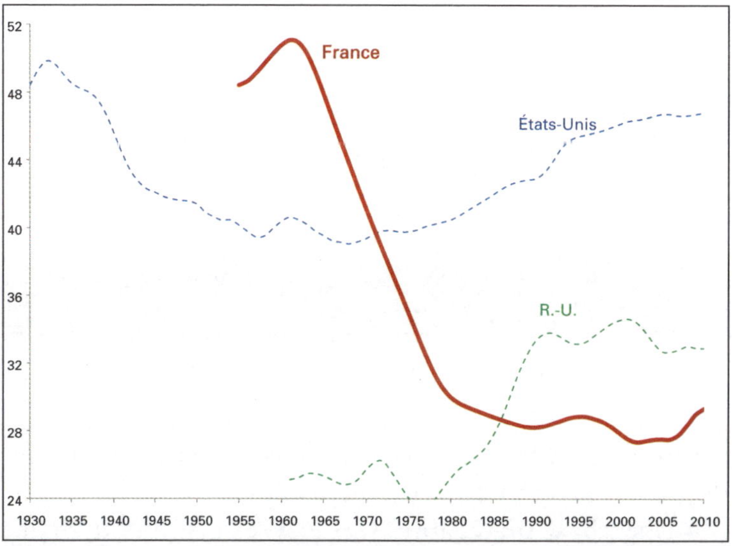

L'impact des Trente Glorieuses dans les années 1960 et 1970 a permis de projeter le pays parmi les plus égalitaires au monde. On note l'effet retard d'une trentaine d'années par rapport aux États-Unis – la vaste majorité de la population ayant mis du temps à profiter du développement.

Nous pouvons, comme précédemment, analyser plus finement la décomposition des hauts revenus (soit la part des revenus captée par les 10 % les plus riches) :

Part des composantes du décile supérieur dans le revenu total avant impôts en France, 1910-2006 [Sources : Piketty et Landais]

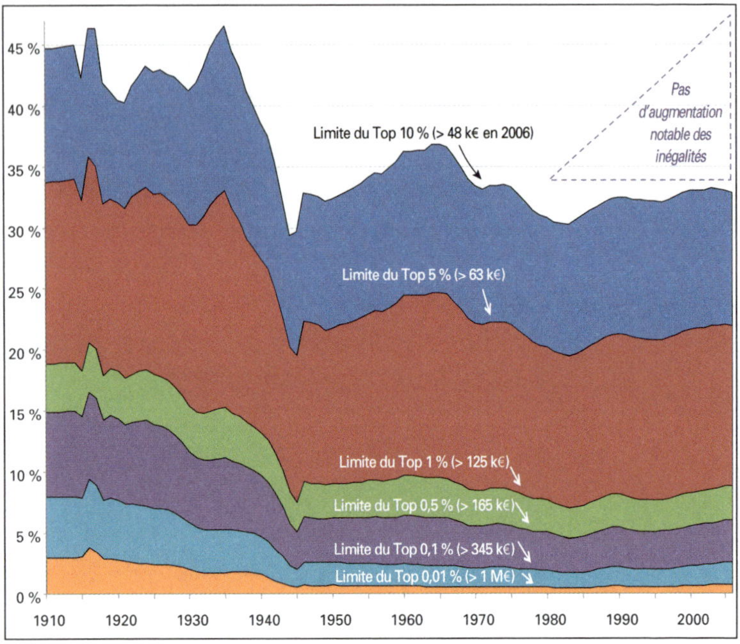

On observe un très fort parallélisme avec la situation des hauts revenus américains jusqu'en 1980 :

- Une phase d'inégalités très élevées prévaut au début du XXe siècle, le Top 10 % s'adjugeant près de la moitié des revenus.
- Un choc égalitaire très fort se produit entre 1930 et 1945.
- Cette grande compression perdure jusqu'en 1980.

En revanche, la France ne bascule pas dans un modèle très inégalitaire, à la différence de beaucoup de pays – même si une légère dégradation se produit.

La différence avec les États-Unis est flagrante :

Évolution de la part dans le revenu total du revenu moyen du Top 0,1 % des ménages américains et français, 1910-2010

(seuils du Top 0,1 % = 1,7 M$ et 345 k€ en 2006) [Sources : Saez, Piketty et Landais]

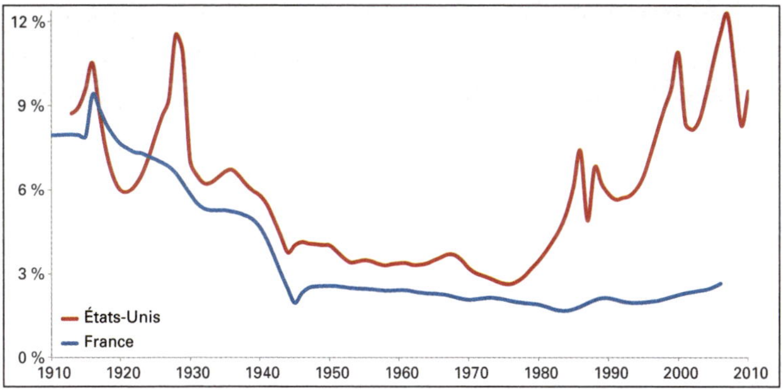

On arrive ainsi au final à une distribution plus égalitaire en France, illustrée par la distribution des salaires dans le pays :

Distribution du salaire mensuel net en France en 2007

(salariés à temps complet, en € constants 2010) [Source : INSEE]

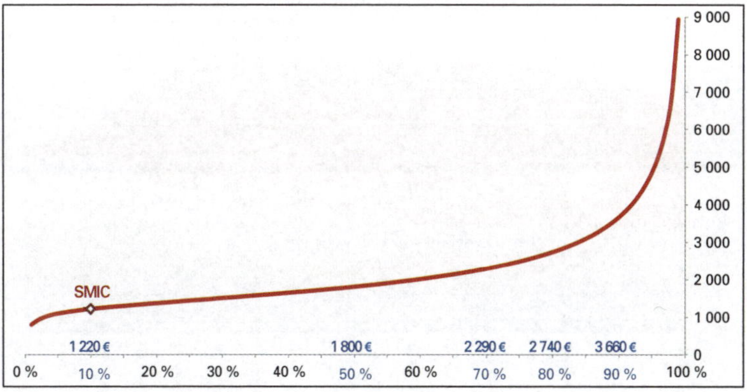

On fait ainsi partie des 10 % des « hauts salaires » dès 3 660 euros nets par mois.

On observe que l'impôt sur le revenu s'est envolé à la fin des années 1950, période qui a correspondu à une forte hausse pour les 90 % des Français les moins riches – ces derniers restant toutefois minoritaires dans le rendement de cet impôt, ce qui est toujours le cas.

Son rendement global a baissé de près d'un tiers depuis les années 1980, au bénéfice d'autres impôts non progressifs.

Le taux marginal a atteint, comme aux États-Unis ou en Angleterre, des taux très élevés durant la guerre et les Trente Glorieuses – de 60 % à 90 %, sur des seuils bas.

Thomas Piketty a cependant montré que le taux global d'imposition était en fait faiblement progressif, et même dégressif pour le Top 1 %, en raison du plafonnement des cotisations sociales de ces revenus élevés – leurs prestations étant en revanche également plafonnées :

Taux global d'imposition en France, par groupe de revenus en 2010

(pour la population 18-65 ans travaillant à temps plein)

[Source : Piketty *et al.*, www.revolution-fiscale.fr]

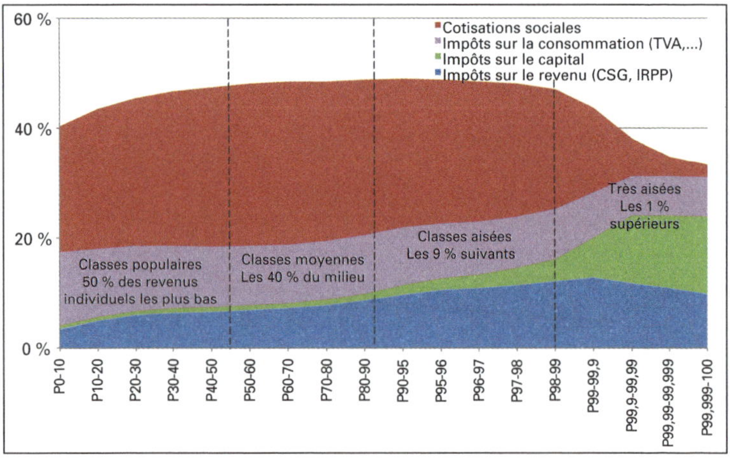

Concernant les hauts revenus, la différence avec les États-Unis n'est pas seulement dans l'évolution quantitative, mais également dans l'évolution qualitative.

Comparaison de l'évolution de la part du Top 0,01 % dans le revenu total en France et aux États-Unis

[Sources : Piketty, Saez et Landais]

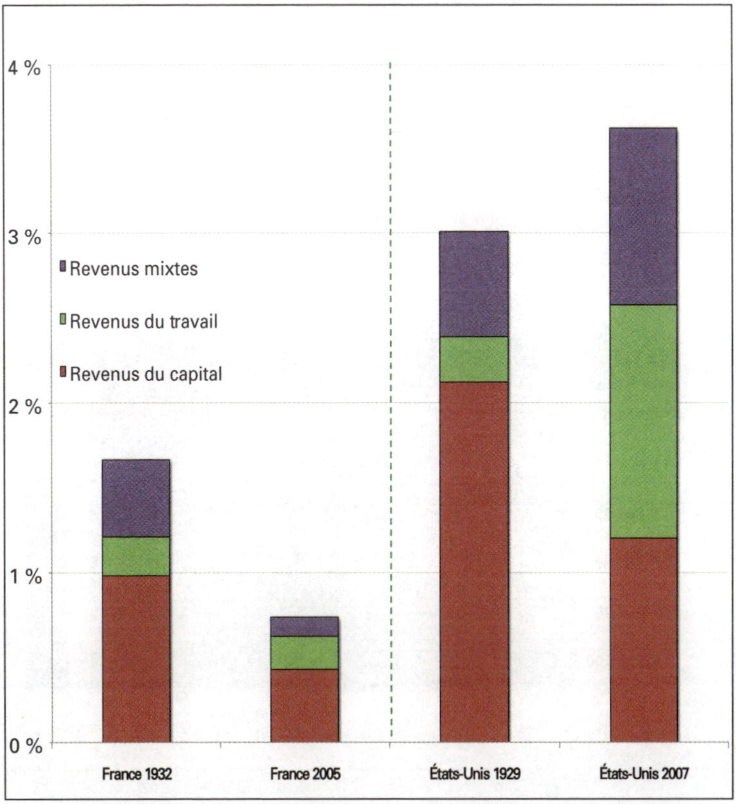

On observe ainsi que les hauts revenus américains sont désormais issus de salaires, et non plus des dividendes, comme au temps du capitalisme familial.

Évolution de la répartition des revenus par quintile en France, 1700-2010 (et rappel de la répartition de la population)
[Sources : Morrison & Snyder, Piketty]

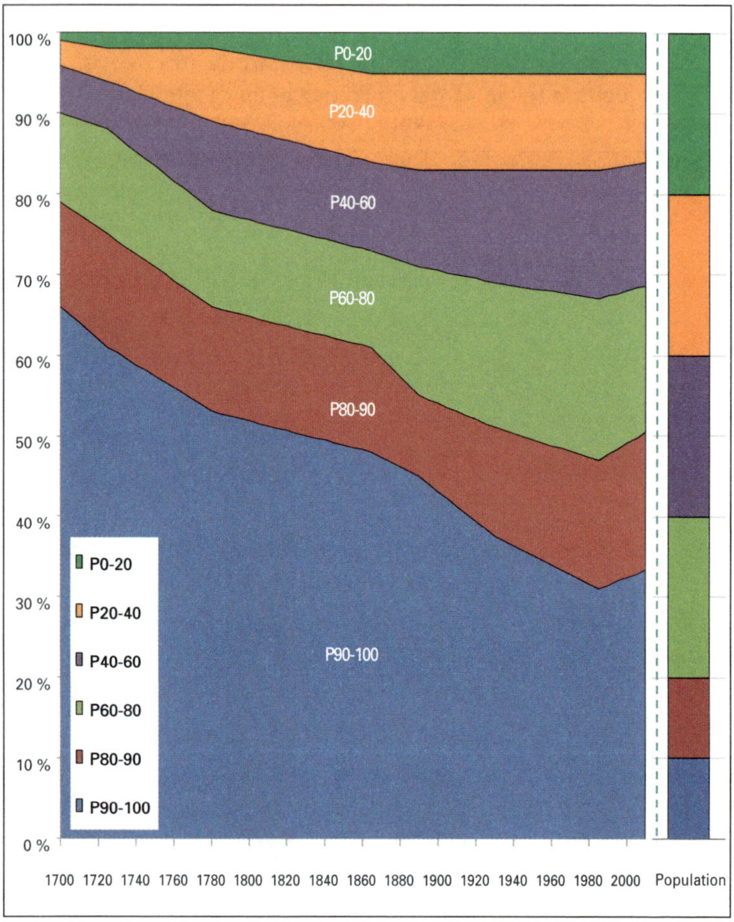

Le mouvement égalitaire au cours des trois siècles passés a été spectaculaire. Celui des années 1980 a été totalement à rebours du sens de l'histoire.

Répartition du patrimoine en France en 2010
[Source : O. Berruyer, d'après INSEE et Piketty]

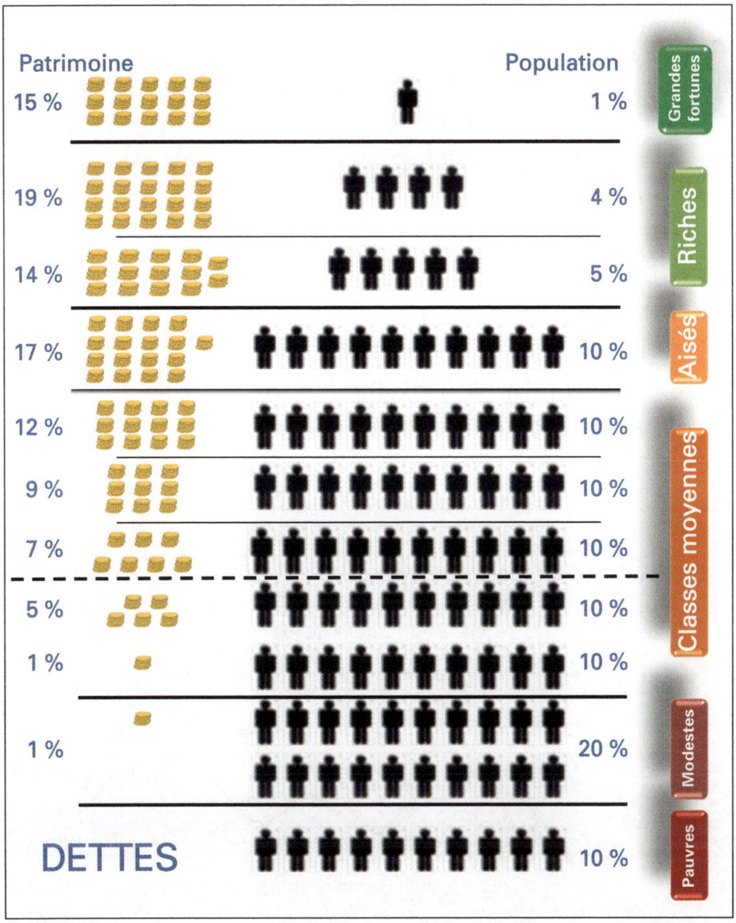

L'endettement croissant

Nous avons beaucoup parlé des inégalités. Bien entendu, on peut les analyser à l'aune de critères moraux, éthiques ou humanistes, de la fameuse « justice sociale ». Mais les conséquences de la hausse des inégalités dans les pays développés n'ont pas été que sociales. Elles ont également été économiques.

Nous avons observé l'invraisemblable stagnation du revenu moyen aux États-Unis depuis les années 1970, surtout en rapport à la forte hausse des Trente Glorieuses. Mais il est mathématiquement possible de simuler l'allure qu'aurait eue la courbe si les inégalités avaient simplement conservé leur niveau (déjà bien élevé !) de 1979. Voici donc le parcours qu'aurait dû suivre le revenu médian des Américains :

Revenu médian individuel masculin aux États-Unis, 1950-2010

(en dollars 2010 ; simulation à niveau d'inégalités identique depuis 1979)

[Source : Census Bureau]

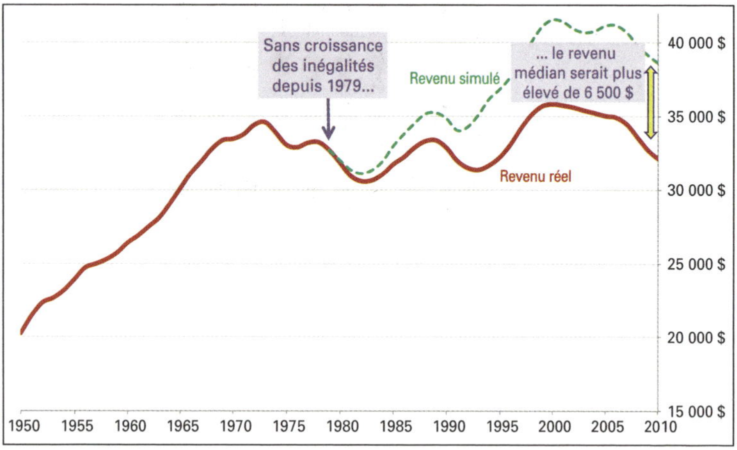

On mesure du coup ce qu'a représenté, pour la moitié la plus pauvre des États-Unis, le pillage par le Top 1 % : 6 500 dollars de revenu médian annuel en moins en 2010.

La compression des revenus salariaux a logiquement eu comme conséquence une baisse du taux d'épargne, puis une hausse de l'endettement, les ménages tentant désespérément de maintenir leur niveau de vie. Mais évidemment, la vie à crédit n'a eu qu'un temps, et les banques ont fini par arrêter la machine à faire des dettes et demandé le remboursement des prêts passés. Les ménages ont donc dû épargner de nouveau, ce qui a eu un fort effet récessif.

En revanche, cette baisse de la dette privée a été compensée au niveau national par un endettement massif de l'État américain – pour une fois non vilipendé :

Dette américaine non financière en % du PIB, 1916-2011

[Source : Fed]

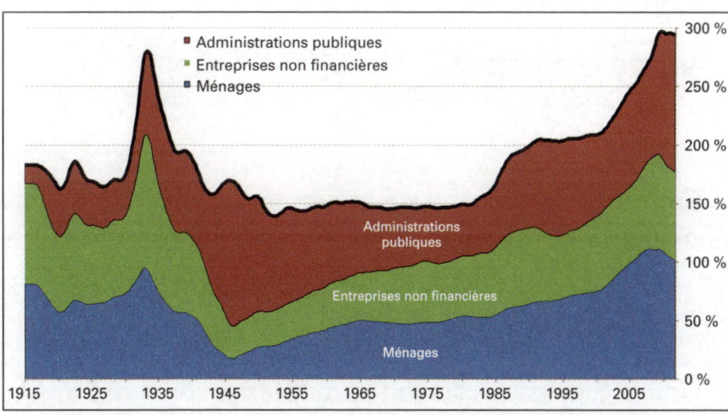

Il soutient ainsi son économie à bout de bras – et la faiblesse des résultats en dit long sur l'état réel de l'économie américaine, et ce qu'il adviendra le jour prochain où des coupes drastiques seront opérées dans les dépenses publiques.

On observe également que le pays est encore plus endetté que durant la crise de 1929 et la Seconde Guerre mondiale – l'écart serait encore plus flagrant si on ajoutait la dette du secteur financier.

La situation en France a été assez proche, quoique à un niveau un peu moindre – le pays étant parti d'un niveau inférieur :

Évolution de l'endettement de la France en % du PIB, 1979-2011

(hors agents financiers) [Source : Banque de France]

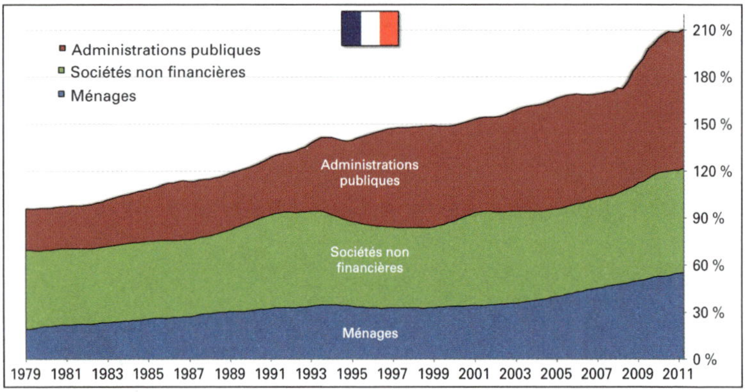

On retrouve une nette croissance de la dette des ménages, amplifiée par la bulle immobilière, croissance qui perdure. Le violent impact de la crise a entraîné une très forte hausse de la dette publique.

Une comparaison sur un plan international fait apparaître des petites différences entre pays, mais le mouvement d'endettement généralisé a été identique.

Évolution de l'endettement total des agents non financiers de plusieurs pays en % du PIB, 1998-2011 [Source : Banque de France]

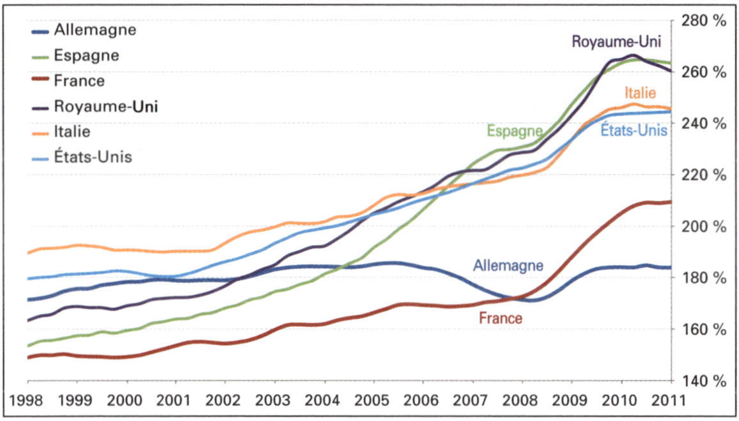

Endettement des agents non financiers de plusieurs pays en % du PIB en 2011 [Source : Banque de France]

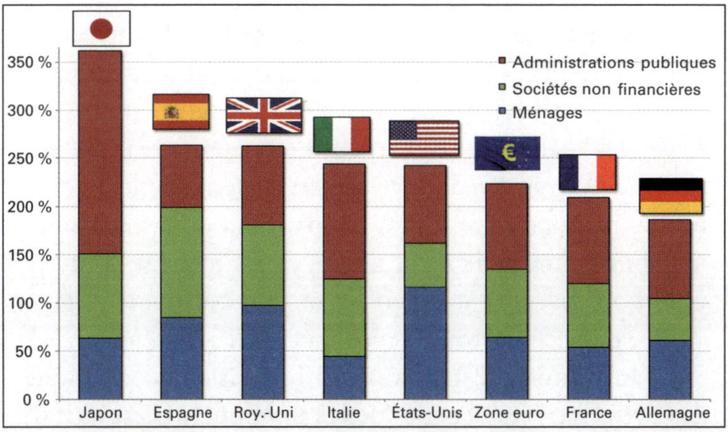

Seule l'Allemagne a résisté, mais sa situation « d'usine européenne » et son vieillissement accéléré la rend particulière. La France apparaît un peu moins endettée, mais c'est très relatif. Les États-Unis sont dans la moyenne, le Japon est plombé par une dette publique colossale.

EN SYNTHÈSE

• Le financiarisme des années 1980 a renversé un mouvement historique par son ampleur : la baisse majeure des inégalités dans les pays développés durant les Trente Glorieuses.

• Les États-Unis ont été les plus touchés, retrouvant le niveau d'inégalités des années 1920 ; 93 % de toute la richesse créée lors de la « reprise » de 2009-2010 ont été phagocytés par le seul Top 1 %.

• Le modèle américain d'inégalités croissantes n'enrichit vraiment que les cent cinquante mille foyers gagnant plus de 1,7 million de dollars.

• Les revenus d'une vaste majorité de la population y stagnent depuis trente ans.

• En 1929, les ménages américains ont subi un « coup dur », désépargné sans endettement, et ensuite remboursé leurs dettes antérieures grâce à une croissance inouïe. En 1999, les ménages, voyant leurs revenus pressurés, ont choisi de vivre à crédit – ce qui est bien agréable à court terme, mais ne dure qu'un temps. Lors de la récession, le robinet du crédit a été fermé, et les ménages ont été obligés d'épargner pour commencer à rembourser leurs dettes, empêchant toute reprise, et pour longtemps.

• On y assiste à un transfert du soutien économique des dettes privées vers des dettes publiques. C'est parfaitement insoutenable, et un inéluctable moment de vérité approche quant à l'insolvabilité du système.

• Les inégalités ont une part majeure dans la crise économique. Leur réduction est un impératif tout autant économique que social et éthique.

Chapitre 2
LE FINANCIARISME EN ACTION

La dérégulation des années 1980 a concerné toute la gestion financière, de l'amont (constitution de l'épargne, types de gestionnaires) à l'aval (types de placement, liberté de circulation des capitaux). Suivons donc l'argent...

La source : l'épargne collective

Les pouvoirs publics ont décidé de déréglementer l'épargne des ménages et les ont incités à se financiariser, à se détourner des livrets bancaires pour aller investir sur des produits boursiers, par le biais de lois de désintermédiation, de ristournes fiscales, de promotion de « l'actionnariat populaire », etc.

Avec cette croissance des placements collectifs, les actionnaires ont rompu leur isolement, qui durait depuis un demi-siècle, en se regroupant. C'est la période dorée des fonds de pension, Sicav, investisseurs institutionnels, *hedge funds*, etc. L'épargne est ainsi passée d'un agrégat de millions de décisions individuelles d'investissement à celui de quelques centaines de décisions de professionnels, surinformatisés, particulièrement moutonniers et en concurrence féroce.

L'« actionnaire » véritable n'est désormais plus le petit porteur, mais bien son représentant, le gérant de la Sicav dans laquelle il a investi, et qui va agir en son nom et en celui de milliers d'autres, avec le pouvoir colossal que représentent les milliards d'euros qu'il aura levés.

Les bulles

Comme on l'a vu, dans un contexte de croissance atone, le moyen le plus simple de booster l'économie consiste à laisser se développer des bulles, qui finissent bien entendu par exploser et rééquilibrer les comptes en annulant la croissance passée qui était évidemment fictive.

On a précédemment observé les bulles boursières, en particulier en 2000 et 2007, et celle des produits dérivés ou des matières premières. On peut aussi observer celle sur le marché des produits alimentaires, transformés en investissement comme un autre, avec des conséquences dramatiques – comme les émeutes de la faim de 2008 :

Évolution de l'indice global des prix alimentaires, 1990-2012

(déflaté, base 100 en 2002-2004) [Source : FAO]

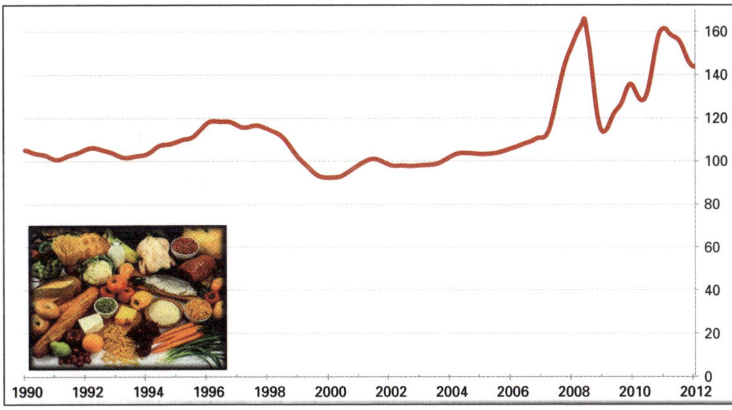

Un exemple plus important et plus illustratif est celui des bulles immobilières, qui ont un impact majeur sur la vie des citoyens, dont une des sources a été la folle politique de bas taux d'intérêt décidée par les banques centrales en 2001, après l'explosion de la bulle Internet.

Évolution des taux directeurs de différentes banques centrales

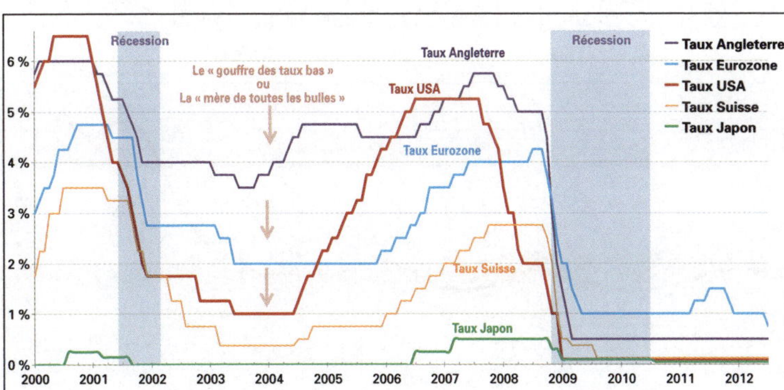

Évolution des prix réels de l'immobilier dans plusieurs pays, 1996-2012 (corrigés de l'inflation) [Source : BRI]

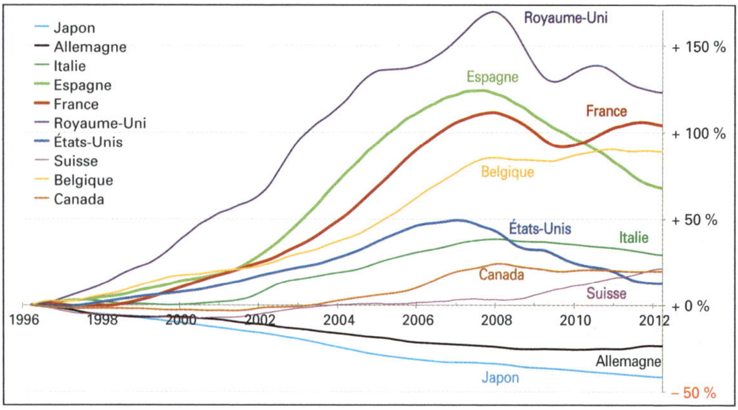

Ce graphique effrayant montre les énormes bulles en Angleterre, France et Espagne – seule la dernière étant en train de se corriger, le pire étant à venir pour les deux premières. Rapportons l'évolution du rapport entre les prix des logements et les revenus des ménages :

Prix des logements en France en fonction du revenu annuel des ménages 1965-2012, base 100 en 1965

[Source : INSEE, d'après Friggit / CGEDD]

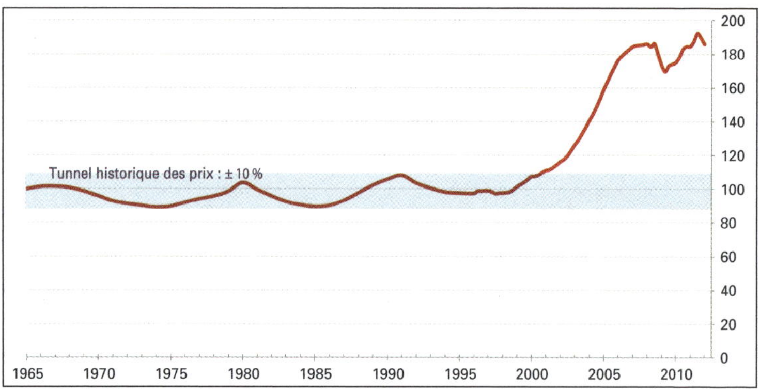

La sortie d'un tunnel historique de fluctuation des prix de ± 10 % est éloquente. Il est probable que les prix finiront par baisser pour se rapprocher de ce tunnel, dans les prochaines années; l'évolution de la crise laisse toutefois un doute quant au calendrier. Cependant, le pic historique a probablement été atteint en 2011.

Cela illustre une vraie captation de richesse, sans aucune justification, à l'œuvre depuis dix ans, des propriétaires, souvent âgés et aisés, au détriment des locataires, souvent jeunes et plus pauvres – ce qui vient renforcer la problématique des inégalités.

Patrimoine médian par âge en France en 2004

[Source : estimation O. Berruyer d'après INSEE]

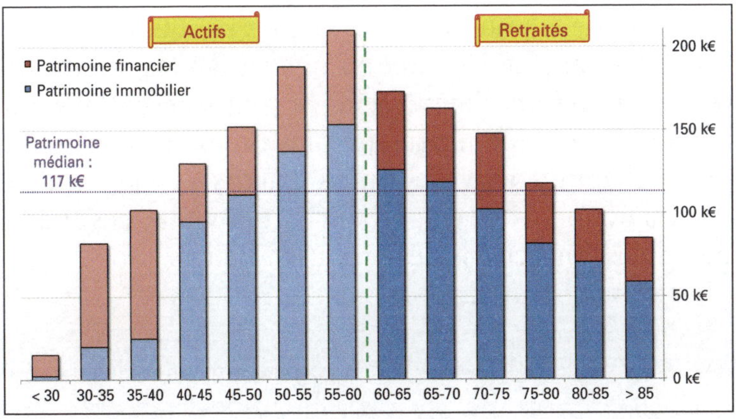

Il convient d'être prudent dans l'interprétation de ce graphique : la forte croissance qui apparaît à partir de quarante-cinq ans n'est probablement pas qu'une problématique d'âge mais bien de génération. Celle des baby-boomers dispose de revenus très élevés par rapport à la génération qui l'a précédée – d'où les faibles patrimoines des plus âgés – mais aussi, et malheureusement, par rapport à la génération qui la suit.

On a laissé se développer une bulle boursière irrationnelle à la fin des années 1990, qui a explosé en 2000.

Afin de relancer l'activité, on a baissé les taux d'intérêt à des niveaux très bas, qui ont alimenté des bulles immobilières. Elles ont entraîné au fil des ans une dégradation des conditions de vie des actifs et enrichi indûment beaucoup de propriétaires vendeurs, souvent sans taxation d'énormes plus-values, non justifiées. L'explosion de ces bulles a été l'étincelle qui a déclenché la crise de 2007.

Oubliant rapidement les leçons des conséquences dramatiques de la politique de 2001, les banques centrales ont alors ramené les taux au niveau jamais atteint de 0 %, puis, devant l'inefficacité, se sont lancées dans des formes de création monétaire plus ou moins déguisées, déclenchant de nouvelles bulles d'actifs – en particulier sur les actions – et empêchant la poursuite des indispensables corrections des prix immobiliers.

La suite reste à écrire...

> Thucydide : « L'histoire est un perpétuel recommencement. »

> Albert Einstein : « La folie, c'est se comporter de la même manière et s'attendre à un résultat différent. »

Les actionnariats

> Maurice Allais : « Qu'il s'agisse de la spéculation sur les monnaies ou de la spéculation sur les actions, ou de la

spéculation sur les produits dérivés, le monde est devenu un vaste casino où les tables de jeu sont réparties sur toutes les longitudes et toutes les latitudes[1]. »

Regroupées dans des fonds communs de placement, d'incroyables masses d'argent virevoltent comme l'ont prédit les plus grands, arbitrant en permanence les opportunités d'investissement à rentabilité maximale à court terme – ce qui est parfaitement logique suivant la règle du jeu définie : « Le maximum le plus vite possible », voire « tout, tout de suite ».

Cela a profondément modifié la notion d'actionnaire, ou, plus précisément, a multiplié les typologies d'actionnaires, phénomène essentiel, mais généralement parfaitement passé sous silence en raison de l'utilisation à outrance du vocable « l'actionnaire » au lieu de celui de « les actionnaires ».

Car qu'est-ce qu'un actionnaire ? C'est bien entendu un des copropriétaires d'une entreprise. C'est un associé, avec tout ce que cela implique. Le droit définit même un *affectio societatis* indispensable à la création d'une entreprise, c'est-à-dire « une volonté réelle de s'associer[2] » et de développer une entreprise. La dissolution de la société peut même être prononcée si le juge devait « constater la disparition de l'*affectio societatis*, l'absence de volonté de collaborer ensemble et la disparition de l'idée d'œuvre commune »[3].

En pratique, la réalité de la notion d'actionnaire a connu trois évolutions.

1. Maurice Allais, *La Crise mondiale d'aujourd'hui,* 1999.
2. Cour de cassation, pourvoi : 95-21906, 10 février 1998.
3. Cour de cassation, pourvoi : 07-21890, 28 janvier 2009.

Au début du capitalisme, l'actionnariat était familial : l'actionnaire était l'entrepreneur qui lançait l'activité, avec éventuellement l'aide de sa famille. Les salariés étaient donc souvent par nature actionnaires – puisque c'étaient les mêmes.

Les capitaux mobilisables étant dans ce cadre forcément limités, un second stade du capitalisme s'est fait jour dans l'entre-deux-guerres avec le développement des sociétés par actions, où des petits porteurs pouvaient investir leur épargne en achetant des actions, et donc s'associer dans l'entreprise avec des inconnus. Cette étape a finalement profondément modifié le capitalisme originel, puisque les salariés n'avaient du coup plus de lien avec les actionnaires. Et se pose alors une vraie question de légitimité, les actionnaires récoltant en théorie la totalité du bénéfice de l'activité, sans limites, et les salariés, rien de plus que leur salaire – alors que le travail est tout autant nécessaire que le capital pour réaliser le bénéfice. Cependant, il y avait une relative modération durant les Trente Glorieuses, et l'actionnaire était même souvent le parent pauvre, les P.-D.G. œuvrant principalement dans l'intérêt à long terme de l'entreprise, sans que les actionnaires, dispersés, puissent influer sur leur gestion.

Il est très étonnant de voir que ce débat occupait une partie de l'espace politique il y a soixante-cinq ans et qu'il a complètement disparu – comme la plupart des sujets de fond, d'ailleurs –, alors que les problèmes se sont très largement amplifiés.

> Charles de Gaulle : « La solution humaine, française, pratique [...] est dans l'association digne et féconde de

ceux qui mettraient en commun, à l'intérieur d'une même entreprise, soit leur travail, soit leur technique, soit leurs biens, et qui devraient s'en partager, à visage découvert et en honnêtes actionnaires, les bénéfices et les risques[1]. »

« Il n'est pas moins évident que le libéralisme tel qu'on le voyait avant-hier est devenu une chose inconcevable et insupportable dans l'état présent du monde, et spécialement dans l'état présent de la France. Au point de vue des travailleurs, il se traduit par le salariat, et nous ne considérons pas que le salariat, c'est-à-dire l'emploi d'un homme par un autre, doive être la base définitive de l'économie française, ni de la société française. Cela, nous ne l'admettons pas. [...] Il faut que ces hommes s'associent[2]. »

Le financiarisme constitue la troisième phase du capitalisme. Il a amené une violente modification de la notion d'entreprise, comme l'a souligné Milton Friedman :

« L'unique responsabilité sociale de l'entreprise est d'accroître ses profits[3]. »

Une des caractéristiques de cette nouvelle forme de capitalisme est le regroupement des actionnaires, qui va leur donner de forts moyens de pression sur le management, et la capacité de « voter avec leurs pieds » instantanément. Ainsi, si un épargnant individuel investissant en actions est, dans la très grande majorité des cas, un investisseur à long terme, la modalité de gestion de son épargne va induire deux typologies d'actionnariat radicalement différentes :

1. Charles de Gaulle, discours de Strasbourg, 7 avril 1947.
2. Charles de Gaulle, allocution devant le RPF, 31 août 1948.
3. Milton Friedman, *The New York Times,* 13 septembre 1970.

• Des actionnaires à long terme, qui sont généralement des épargnants ayant directement acheté des actions.

• Des actionnaires à court terme, qui ont confié leur épargne à des sociétés de gestion.

L'ironie est que, désormais, les actionnaires à court terme sont majoritaires ; mais c'est uniquement parce que les sociétés de gestion collectent de colossales masses d'épargne à long terme qu'elles gèrent à court terme, en arbitrant en permanence. Ce qui est parfaitement logique, puisque, sans règle, les sociétés de gestion sont en concurrence féroce, l'épargnant pouvant déplacer son épargne d'un clic de souris si le rendement de l'année précédente ne lui convient pas.

> Maurice Allais : « La concurrence est naturellement malfaisante. Elle devient bienfaisante lorsqu'elle s'exerce dans le cadre juridique qui la plie aux exigences de l'optimum du rendement social[1]. »

Or, depuis une trentaine d'années, force est de constater que la réglementation a constamment encouragé la volatilité et découragé les investissements à long terme. La directive européenne en préparation sur la réglementation des assureurs (qui sont un pilier de la gestion à long terme), dite Solvabilité II, est un parfait exemple illustrant cet aveuglement.

Au final, on constate une chute historique de la durée de détention des actions qui, comme pour les inégalités, a retrouvé son niveau des années 1920 :

1. Maurice Allais, *À la recherche d'une discipline économique*, 1943.

Durée moyenne de détention d'une action à la Bourse de New York et à la Bourse de Londres, 1900-2011 (en années)
[Source : NYSE]

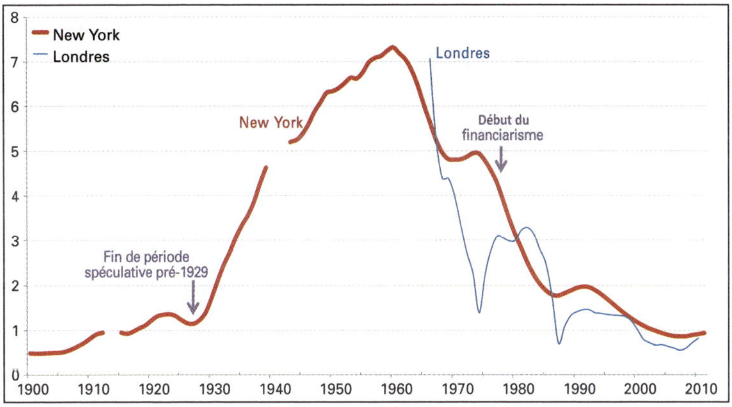

Or, la source de la rentabilité d'un investissement actionnarial est très différente en fonction de la durée de détention :

Génération du bénéfice d'un investissement en actions selon la durée de détention (S&P 500) [Source : GMO]

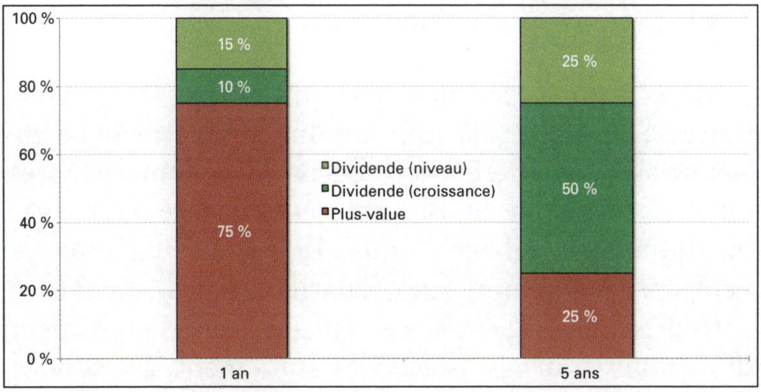

À court terme, 75 % de la rentabilité actionnariale viennent de la plus-value mais, à long terme, 75 %

viennent du dividende. Ainsi, les deux catégories d'actionnaires ont des intérêts fondamentalement antagonistes ; le plus flagrant étant que la faillite à moyen terme de l'entreprise n'est d'aucune conséquence pour les actionnaires volages...

Le dilemme est finalement : « Comment faire fonctionner un système capitaliste où un actionnaire reste en moyenne moins d'un an dans l'entreprise ? » Pourquoi investir ? Pourquoi être prudent ? Ce serait le même problème dans une copropriété où tout le monde déménagerait avant un an : très logiquement, tout le monde différerait en permanence un changement de chaudière ou un ravalement...

Désormais, le bon critère d'analyse pour comprendre la politique des entreprises est d'analyser les choix à la lumière du critère : « Le court terme, c'est un mois ; le moyen terme, un trimestre ; le long terme, un an. » Avec cela, tout devient « logique » dans l'analyse, du sous-investissement aux subprimes et aux traders incontrôlés.

Les P.-D.G. « super-actionnaires »

Mais pour accentuer leur influence, les actionnaires à court terme ont (intelligemment) choisi de superposer les intérêts des P.-D.G. avec leurs propres intérêts. Jusque-là, un dirigeant était chargé de trouver un équilibre subtil entre toutes les parties prenantes de l'entreprise – actionnaires, salariés, clients, société, et entreprise et dirigeants. Le fait que les P.-D.G. soient désormais tournés presque entièrement au service des intérêts des actionnaires (mais en fait, des leurs propres) est la seconde caractéristique de l'actionnariat financiariste.

Évolution du ratio entre le salaire moyen des 350 P.-D.G. les mieux payés des USA et le salaire moyen des employés

[Source : Fair Economy]

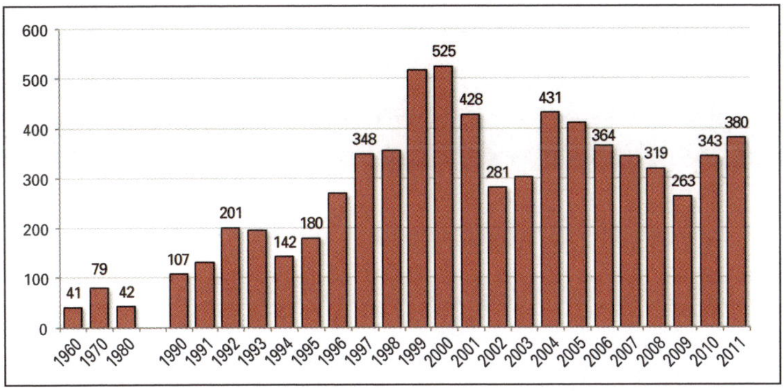

L'explosion des rémunérations des P.-D.G. a dépassé toute mesure. Durant les Trente Glorieuses, un grand P.-D.G. gagnait de quarante à quatre-vingts fois le salaire moyen des employés, conformément aux principes éthiques qui ont longtemps prévalu :

> Jean Gadrey : « Aux États-Unis, [...] une échelle de l'ordre de 1 à 20 (par rapport au salaire ouvrier moyen) a existé il n'y a pas si longtemps dans ce pays. Une longue tradition avait conduit à cette (très relative) modération, et même des grands patrons y avaient contribué par leurs exhortations morales autant qu'économiques. Ainsi, le banquier John P. Morgan (1837-1913) estimait qu'un P.-D.G. ne devait pas percevoir plus de vingt fois la rémunération moyenne de ses salariés. Cela fait un éventail du même ordre que celui proposé plus tard par le dangereux gauchiste Henry Ford (un écart de 1 à 40 entre le bas et le haut de l'échelle)[1]. »

1. Jean Gadrey sur son blog, 17 novembre 2008.

Mais ce sont sans doute les mots du grand théoricien américain du management Peter Drucker (1909-2005), surnommé le « pape du management », qui résonnent le plus fort :

> Peter Drucker : « J'ai souvent dit aux dirigeants qu'un écart de salaires de 1 à 20 dans les entreprises était la limite à ne pas dépasser s'ils ne voulaient pas que le ressentiment et l'affaiblissement moral rongent leur entreprise. Dans les années 1930, je craignais que les grandes inégalités générées par la révolution industrielle suscitent un tel désespoir que quelque chose comme le fascisme s'impose. Malheureusement, j'avais raison.
> Aujourd'hui, j'estime qu'il est socialement et moralement impardonnable que des dirigeants récoltent des gains gigantesques pour eux-mêmes tout en licenciant des salariés. En tant que sociétés, nous paierons un lourd tribut pour le mépris que cette attitude génère au sein du management intermédiaire et chez les travailleurs[1]. »

> « Chaque boom économique s'accompagne d'une tendance au culte du héros P.-D.G. Les P.-D.G. habiles construisent méthodiquement une équipe de managers autour d'eux. Mais beaucoup de ces P.-D.G. stars qui sont tenus en haute estime ne savent pas ce qu'est une équipe. En outre, l'inflation de leurs rémunérations a causé de graves dommages à la notion d'équipe managériale. Dans un programme de management pour cadres que j'ai à Claremont, le profil type de l'étudiant est un manager dirigeant une division principale d'une très grande entreprise, et ils sont très bien payés. Mais force est de

1. Peter Drucker, *Managing in the Next Society*, 2002.

constater qu'ils n'ont que mépris pour les rémunérations excessives que beaucoup de leurs P.-D.G. touchent. [...] Je ne parle pas ici de l'amertume des ouvriers. Ils sont toujours convaincus que leurs patrons sont des escrocs. C'est le management intermédiaire qui est incroyablement désabusé. C'est pour cela que les fréquents scandales autour des P.-D.G. constituent un grave désastre. Je cite de nouveau J. P. Morgan qui disait : "Le P.-D.G. n'est qu'un simple ouvrier." Voilà ce que les P.-D.G. actuels ont oublié[1]. »

L'évolution absolue en monnaie constante démontre bien le caractère là encore historique de ce mouvement :

Évolution de la structure de rémunération des 50 P.-D.G. les mieux payés des USA, 1936-2005

(en M$ constants 2000) [Source : Frydman & Jenter]

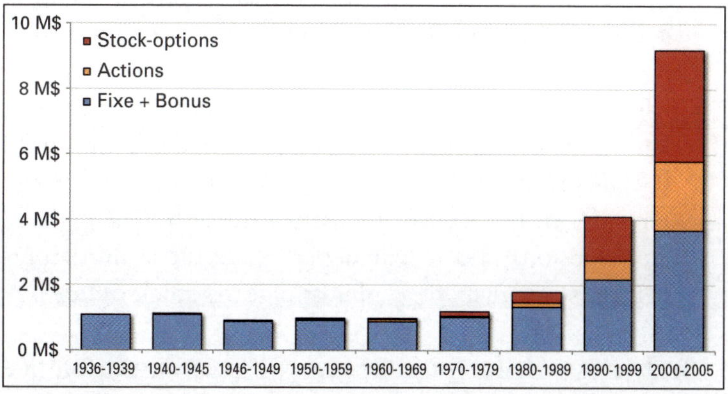

L'alignement des intérêts des P.-D.G. sur ceux des actionnaires s'est donc effectué, certes, par des rémunérations de plus en plus plantureuses, mais surtout en les

1. Peter Drucker, *Fortune,* 12 janvier 2004.

rendant variables, et pire, basées sur des stock-options, donc sur l'évolution du seul cours de Bourse.

Pour mémoire, une de ces « options sur action » est un droit accordé gratuitement pour acheter quelques années plus tard une action à un prix déterminé. À la date convenue, si l'action est plus haute que le prix, le détenteur récupère la différence, sinon, il ne fait rien. Cela revient simplement à pouvoir gagner asymétriquement une fortune si le cours de l'action monte beaucoup en quelques années, et ne rien perdre sinon.

Or, à long terme, et globalement, le cours de l'action dépend surtout des cours de la Bourse, en général, et peu de la performance intrinsèque de l'entreprise.

> Claude Bébéar : « La Bourse n'a jamais été faite pour donner la valeur d'une entreprise. C'est un lieu d'échanges où se rencontrent ceux qui veulent vendre quelques actions et ceux qui veulent en acheter[1]. »

> « Ces [« P.-D.G. stars »] mercenaires ne pouvaient pas travailler au développement à long terme de l'entreprise : il était indispensable, à leurs yeux, que leur action soit payante, en termes d'accroissement de la valeur de leurs stock-options, avant leur départ... Ce fut là un détournement scandaleux de la philosophie des stock-options[2]. »

Bref, c'est un formidable moyen pour une poignée de P.-D.G. de s'enrichir, sans mesure ni justification, à partir de la spéculation générale sur les cours boursiers – et donc une puissante incitation à faire en sorte que les analystes aient la meilleure vision possible de

1. Claude Bébéar, *Le Figaro*, 5 mars 2009.
2. Claude Bébéar, *Ils vont tuer le capitalisme*, 2003.

l'avenir de l'entreprise, la pure manipulation n'étant pas loin dans ce contexte.

Au passage, cela a aussi été une façon de sous-payer les cadres supérieurs et dirigeants intermédiaires, en rognant leurs rémunérations, troquées contre quelques miroirs aux alouettes, comme la crise l'a montré : les cours étant massacrés, leurs quelques options ne vaudront jamais rien, et ils auront donc par le passé travaillé beaucoup plus pour gagner moins.

La situation des deux cent cinquante plus grands patrons français, régulièrement étudiée par le cabinet d'analyse Proxinvest, est d'ailleurs éclairante :

Rémunération totale moyenne des dirigeants des 250 plus grandes entreprises françaises en 2009 et 2010

(en euros) [Source : Proxinvest]

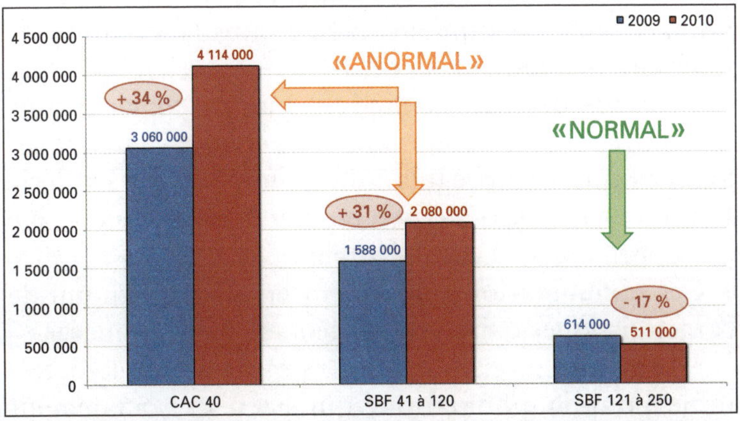

On observe ainsi que les cent vingt premiers patrons ont vu une hausse de plus de 30 % de leur rémunération en 2011 – comprise entre deux et quatre millions d'euros –, année où l'économie s'est affaiblie.

En revanche, la situation des cent trente patrons suivants a été « normale », c'est-à-dire qu'ils disposent d'un revenu de cinq cent mille euros (confortable, mais correspondant à une bonne trentaine de fois le salaire moyen), qui a baissé de 17 %, suivant en cela le cycle économique.

Ainsi, en France, seule une grosse centaine de dirigeants sont dans l'outrance, des dizaines de milliers d'autres ont conservé des niveaux de rémunération plus « raisonnables ».

En synthèse, on constate donc que seule une poignée de dirigeants, dans une poignée d'entreprises – les multinationales – ont profité des opportunités ouvertes indirectement tant par la réglementation que par l'affaiblissement moral pour augmenter fortement leurs rémunérations. On pourrait certes le dénoncer, mais n'est-ce pas aussi la conséquence logique pour la plupart des êtres humains placés dans la situation de fixer eux-mêmes leur paie ?

Si on considère cela comme choquant, il convient donc de trouver d'autres solutions plus efficaces et contraignantes que l'autorégulation. Comme le dit Frédéric Lordon : « Il ne sert à rien d'espérer la fin de l'esclavage par appel à la vertu des planteurs[1]. »

Ces rémunérations présentent en effet un cumul de caractéristiques dangereuses, généralement avancées :

• Leur niveau absolu : elles sont un symbole détestable pour la population, qui ne peut socialement accepter de tels écarts.

• Leur niveau relatif : elles déforment totalement l'échelle acceptable dans l'entreprise, démotivant les cadres et détruisant le respect hiérarchique et l'esprit d'équipe.

1. Frédéric Lordon, entretien avec l'auteur, 2012.

• Elles ne sont pas concurrentiellement justifiées, car il n'existe à l'évidence aucun « marché mondial de dirigeants » : où sont les patrons français dirigeant des multinationales américaines ou même allemandes ?

Ce sont bien entendu des arguments pertinents. Mais nous en avancerons deux autres, qualitatifs, et donc difficilement démontrables mais confirmés par l'actualité quotidienne.

Le premier est que les rémunérations variables de dirigeants sont non seulement injustifiables (10 000 euros par jour travaillé est suffisamment motivant ; à ce prix, le succès et l'efficacité ne sont pas censés être optionnels), mais elles sont surtout dangereuses, car elles poussent :

• Dans le meilleur des cas, à des prises de risques les plus dangereuses, façon « après moi le déluge ».

• Dans le pire des cas, aux politiques les plus dangereuses à long terme pour l'entreprise et à toutes les manipulations comptables plus ou moins (et surtout moins) honnêtes.

Le second argument est que ces rémunérations sont imméritées, principalement aux États-Unis, car beaucoup de dirigeants ont désormais un rôle minoritairement de manager, et majoritairement de financier, asservi aux actionnaires à court terme – ce qui au passage était bien le but et qui est logiquement survenu. Mais le problème, c'est que la plupart de ces P.-D.G. conduisent leur entreprise vers de grandes difficultés à moyen terme. En effet, pour toutes les raisons évoquées, la triste vérité est que ces P.-D.G., mercenaires surpayés, ne géreraient absolument pas de la même façon l'entreprise si c'était la leur, car on ne gère pas une entreprise qu'on va quitter dans deux ans comme une entreprise qu'on souhaite transmettre à ses arrière-petits-enfants.

Imaginons que les contrôleurs aériens soient rémunérés au résultat, en gagnant 10 euros à chaque atterrissage à l'heure... En général, cela irait bien, mais par jour de pluie, il ne faudrait pas s'étonner que le nombre de crashs augmente – le tout sans malhonnêteté ou folie, juste par des prises de risques moins prudentes...

De même, la plupart des directeurs de second rang de ces entreprises les géreraient probablement mieux que les P.-D.G. actuels, surtout en l'absence de rémunérations variables asymétriques donc perverses. Mais tout réside dans la notion de « mieux gérer » : nous entendons ici « les faire survivre et les rendre pérennes et prospères à long terme ». Mais ce n'est nullement le critère actuel, qui est « obtenir de bons résultats à la fin du trimestre lors de la publication des résultats » – pour lequel la stratégie financiariste de beaucoup de P.-D.G. actuels est plus efficace, avec le « léger » inconvénient de couler probablement l'entreprise à long terme...

> Henry Ford : « Il a été démontré durant la guerre qu'augmenter trop rapidement le salaire d'un [dirigeant] n'augmente parfois seulement que sa cupidité et diminue donc sa motivation[1]. »

Notons enfin le caractère totalement confiscatoire de ces rémunérations, qui sont versées quels que soient les résultats, et où l'échec est non seulement rarement puni, mais généralement récompensé par des parachutes

1. Henry Ford, *Ma vie et mon œuvre,* 1923.

dorés, qui défraient sans cesse la chronique – un bel exemple étant sans doute celui de Jerry del Missier, licencié de la Barclays en 2012 pour avoir illégalement trafiqué le Libor – licenciement accompagné de 11 millions d'euros…

Ce phénomène devient en effet explosif quand il se produit dans des entreprises de la sphère financière, dont le caractère immatériel rend possible des politiques de nature à engager un déséquilibre systémique. Angelo Mozilo, ancien P.-D.G. du courtier Countrywide ayant inventé les subprimes, un des patrons américains les mieux payés à l'époque, aura gagné plus de 500 millions de dollars dans l'aventure ; quelle morale doit-il en tirer, si ce n'est qu'il a personnellement bien fait de créer ces prêts subprime ?

> Joseph Stiglitz : « Le marché a changé notre façon de penser. […] Qu'est-ce qu'une société où un P.-D.G. déclare : "Si vous me payez cinq millions de dollars et pas plus, vous n'aurez qu'un petit pourcentage de mes efforts. Si vous voulez tout, il faut me donner une part des profits" ? Or c'est bien ce que disent les P.-D.G. quand ils réclament qu'on les motive par une rémunération qui augmente avec les résultats. […] L'alpha et l'oméga sont que la rémunération est forte quand les résultats sont bons et quand ils sont mauvais[1]. »

> John Maynard Keynes : « Je ne vois donc rien qui nous empêche de revenir un jour à quelques-uns des principes les plus sûrs et les moins douteux de la religion et de la vertu traditionnelles – que l'avarice est un vice, la pratique de l'usure un délit, et l'amour de l'argent détestable, que

1. Joseph Stiglitz, *Le Triomphe de la cupidité*, 2010.

ce sont ceux qui pensent le moins au lendemain qui progresseront le plus sûrement sur le sentier de la vertu et de la sagesse authentique[1]. »

Le principe d'imprudence

La comptabilité est malheureusement bien trop absente des débats sur la crise, au vu de son importance capitale. En effet, le but du capitalisme est de distribuer du profit, mais pour ce faire, il faut le calculer ; c'est le rôle majeur que joue la comptabilité.

Or, les grands cabinets d'audit anglo-saxons ont réussi à faire modifier les règles comptables internationales historiques pour les tourner à l'avantage de ce système financiariste, en rompant avec le principe centenaire de prudence, pour créer un « principe d'imprudence » permettant de distribuer des bénéfices fictifs, à coup d'estimations de « profits futurs » et de comptabilités à « juste valeur de marché » – alors que chaque jour montre l'inefficience, voire la pure imbécillité desdits marchés...

> Jacques Richard : « La comptabilité est stratégique, car elle régit l'activité des entreprises au jour le jour bien plus que des outils économiques comme les taxes ou les quotas. [...]
> Lors de l'émergence du capitalisme financier, [l'ancien système comptable] se montre insuffisant pour satisfaire les appétits d'un nouveau type d'actionnaires, des boursicoteurs invétérés. [... Les normes IFRS], cette nouvelle comptabilité de type boursier, permet d'asseoir les

1. John Maynard Keynes, *La Pauvreté dans l'abondance*, « Perspectives économiques pour nos petits-enfants », 1930.

dividendes distribués sur des profits potentiels : c'est ainsi que les gains potentiels sur titres financiers seront comptabilisés, et donc distribuables. [...]
Aujourd'hui, le pouvoir comptable appartient le plus souvent à une caste de représentants des grands groupes cotés, agissant sous la pression d'actionnaires boursicoteurs et de cabinets d'audit qui tirent des profits substantiels de normes complexes et floues nécessitant leurs services. Ces acteurs ne sont pas représentatifs de l'essentiel du tissu industriel mondial, sans parler des autres parties prenantes, telles que les salariés. Si les organes de normalisation comptable avaient été démocratiques, jamais les IFRS n'auraient vu le jour; l'harmonisation comptable mondiale aurait été effectuée sur la base des principes de la comptabilité en coût historique modernisés. [...] Ce système, mâtiné de prudence, exigeait qu'on tienne compte des pertes potentielles tout en interdisant l'inscription des profits potentiels, invention ultime des IFRS. [...]
En communiquant aux marchés des résultats gonflés, en affichant des profits potentiels considérables, ces nouvelles normes ont contribué à créer un climat d'optimisme irraisonnable et une absence de prudence. Cette comptabilité est beaucoup plus pernicieuse que la Bourse. Car tout le monde sait que les "informations" fournies par les marchés boursiers sont des interprétations discutables, alors que la comptabilité est perçue comme une technique beaucoup plus solide, et même conservatrice. Or, avec l'intégration des anticipations, ce n'est plus vrai. La comptabilité en IFRS est donc passée sous la coupe des financiers, tout en bénéficiant d'une aura de sérieux. [... La comptabilité a ainsi été détournée au seul bénéfice des actionnaires]. L'IASB, animé par le G8, a ainsi inventé le principe d'imprudence, stade ultime du capitalisme

comptable. Jusqu'à quand un tel système pourra-t-il tenir ? Nous verrons bien[1]. »

La fin de l'*affectio societatis*

Logiquement, le management, transformé en « super-actionnaire » (puisqu'il n'en a que les avantages, n'ayant pas investi son propre argent), n'est plus en position d'opérer son rôle d'équilibrage entre les parties prenantes de l'entreprise (actionnaires, salariés, clients, société...).

Incitations multiples à un pilotage à court terme, valeur de l'action comme alpha et oméga de la gouvernance d'entreprise, règles comptables dociles facilitant les manipulations, structures de plus en plus gigantesques et internationales, produits financiers d'une complexité hallucinante que plus personne ne comprend à commencer par les dirigeants, sentiment de toute-puissance et croissance permanente des bulles. Tout était en place pour le drame final, par une simple gestion constamment erronée des risques, qu'il est alors presque toujours « intéressant » de prendre, les conséquences ne survenant qu'à plus d'un an, « nouvel horizon du long terme » comme nous l'avons vu. C'est le règne du « pile je gagne, face je ne perds rien »...

Sous cette pression d'un « capitalisme sans projet » autre que de gagner plus d'argent, les hauts dirigeants ont voulu à tous crins porter les rentabilités des entreprises à des niveaux parfaitement insoutenables. C'est l'époque du « toujours plus », qui ne peut que mal finir, car sacrifiant le futur au présent.

1. Jacques Richard, *L'Expansion*, décembre 2010.

Rentabilité des capitaux engagés (ROE) des 10 principales capitalisations du CAC 40 (mi-2010 ; en %) [Source : Nattahi]

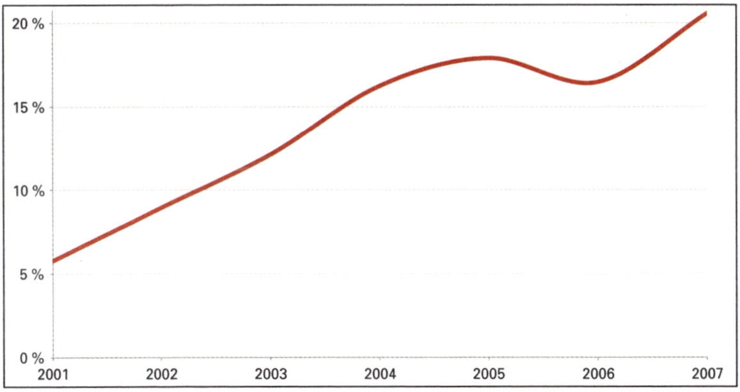

> Jean Peyrelevade : « Les actionnaires institutionnels exercent une pression non seulement intenable, mais exagérée sur les entreprises [avec leur exigence de] 15 % de rendement. Or, dans un monde capable de croître au rythme de 3 %, cet impératif ne peut pas s'appliquer. [...] Le gain idéal, c'est 3 % à 5 % nets d'inflation. Au-delà, c'est de la prédation[1]. »

De plus, dans le financiarisme tout est fait pour que la rémunération de l'actionnaire soit constante, même quand les profits chutent : l'actionnaire (à court terme) ne veut plus être considéré comme un associé, mais comme un simple apporteur de capitaux, qui a droit à sa constante rémunération, avec un risque quasi nul. Cette rémunération est d'ailleurs fréquemment tarifée dès l'origine dans le coût des produits. On exige la rentabilité du vrai actionnaire avec la sécurité du banquier...

1. Jean Peyrelevade, *L'Expansion*, décembre 2010.

Ainsi, durant la crise majeure de 2009, où les profits ont chuté, les entreprises ont nettement augmenté le taux de distribution, pour limiter au minimum la baisse des dividendes – alors que l'esprit du capitalisme aurait dû conduire l'actionnaire à plus de solidarité avec l'entreprise.

Par exemple, France Télécom a versé, en 2009, 3,7 milliards d'euros de dividendes pour 3 milliards d'euros de profits, distribuant donc ainsi, et comme d'autres, non plus des profits mais une partie de ses fonds propres...

Plus largement, sous cette pression actionnariale, amplifiée par la concurrence internationale des salariés due à la mondialisation, il est vrai que le partage des profits s'est déformé au détriment des salariés. Mais, peut-être plus grave encore, en raison du court-termisme du management, la véritable victime est en fait l'entreprise, qui se retrouve siphonnée au bénéfice de l'actionnaire.

> Henry Ford : « La négation pure et simple de l'idée industrielle est de chercher à réaliser un profit à partir de la spéculation plutôt que du travail. [...]
> Je considère le profit réalisé au-dessus d'un petit pourcentage comme appartenant plus à l'entreprise qu'aux actionnaires. [...] Les profits appartiennent à trois catégories : ils appartiennent à l'entreprise, pour assurer sa pérennité, son développement et sa solidité. Ils appartiennent aux hommes qui ont permis de les produire. Et ils appartiennent également, en partie, au public. Une entreprise prospère est profitable à toutes ces trois catégories – entreprise, salariés et clients[1]. »

1. Henry Ford, *Ma vie et mon œuvre,* 1923.

EN SYNTHÈSE

- Le développement de la gestion collective de l'épargne a modifié le rapport de force entre les différentes parties prenantes de l'entreprise au bénéfice des actionnaires.
- Confiées à des professionnels aguerris aux techniques et aux produits spéculatifs, circulant librement entre pays, aiguillonnées par des politiques laxistes de taux d'intérêt, ces masses d'épargne ont généré cycliquement de nombreuses bulles.
- Les bulles immobilières actuelles, correspondant à une forte inflation des actifs, ont fortement pénalisé la vaste majorité des citoyens, en particulier les plus jeunes.
- Il convient de distinguer les attentes divergentes des actionnaires à long terme face à ceux à court terme, ces derniers ayant de nos jours un poids très élevé. Le manque de statistiques d'entreprise détaillées sur l'actionnariat est déplorable.
- Les actionnaires à court terme sont clairement et logiquement dépourvus d'*affectio societatis*, ce qui devrait générer un vaste débat sur leur nature, leurs pouvoirs et rémunérations, en particulier face aux salariés, toujours laissés pour compte dans la vie de l'entreprise.
- Pour être sûrs que les plus grands P.-D.G. défendent au mieux leurs intérêts, les actionnaires ont aligné leurs intérêts avec les leurs, par une rémunération très élevée et variable, liée au cours de l'action.
- Seule une centaine de P.-D.G. ont une rémunération délirante.
- Celle-ci est pourtant très dangereuse et imméritée, et a assurément joué un grand rôle dans la survenance de la crise.

4

LES TROIS DÉFIS DE L'OCCIDENT

Mauvais diagnostic sur la croissance, mauvaise stratégie dérégulatrice, mauvaises tactiques.

Les conséquences des décisions erronées des trente dernières années sont logiquement en train de se matérialiser sous forme de trois crises majeures : celle des dettes publiques, celle de la monnaie unique et celle de la démocratie.

> Winston Churchill : « Le temps de la procrastination, des demi-mesures, des expédients apaisants et consternants, des délais touche à sa fin. Nous voici à l'aube d'une période de conséquences.
> Nous ne pouvons plus l'éviter, nous sommes désormais dedans[1]. »

1. Winston Churchill, discours au Parlement, 12 novembre 1936 à propos du retard anglais face au réarmement allemand.

Chapitre 1
PREMIER DÉFI : LES DETTES PUBLIQUES NON REMBOURSABLES

Le financiarisme est un système à inégalités croissantes, dans lequel la fiscalité a joué un rôle majeur, avec la forte diminution des impôts des plus riches, en particulier aux États-Unis. Comme les dépenses ont au contraire eu tendance à augmenter, les déficits et la dette du secteur public ont également été croissants.

L'exemple américain

Le dérapage des comptes publics américains commence avec les plans de relance des années 1974 et 1979 pour sortir l'économie de la récession :

Recettes et dépenses du gouvernement fédéral des États-Unis, 1950-2011 (en % du PIB) [Sources : Trésor et BEA]

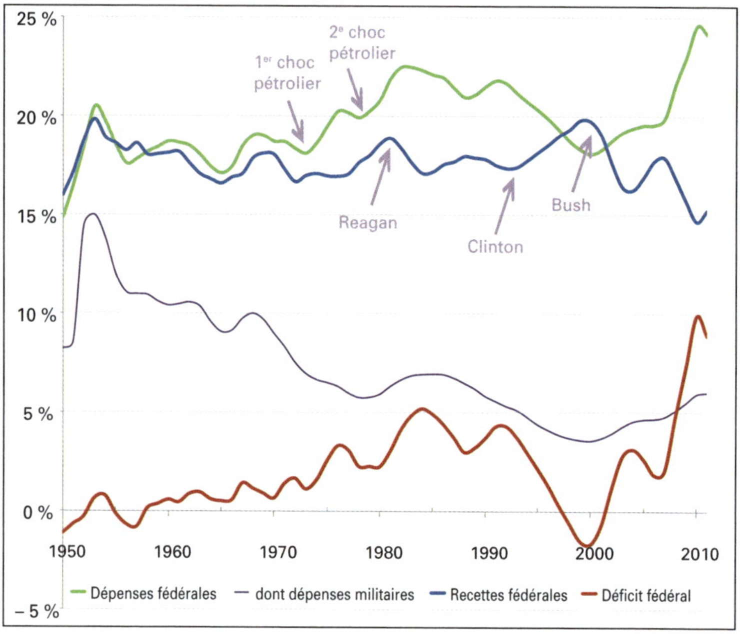

Le problème est que Ronald Reagan a décidé de diminuer les impôts lorsque la croissance fut revenue, ce qui n'est pas le meilleur moyen pour rembourser des dettes. De ce point de vue, le financiarisme est une sorte de « keynésianisme pour les imbéciles », à savoir qu'il génère des déficits quand l'économie est prospère – l'argent étant toutefois capté par les plus riches, tant au niveau des dépenses (directes ou intérêts versés) que des baisses d'impôts.

L'évolution de la dette publique depuis la guerre est particulièrement éloquente :

Détention cumulée de la dette publique fédérale américaine, 1945-2011 (en Md$ constants 2012) [Source : Fed]

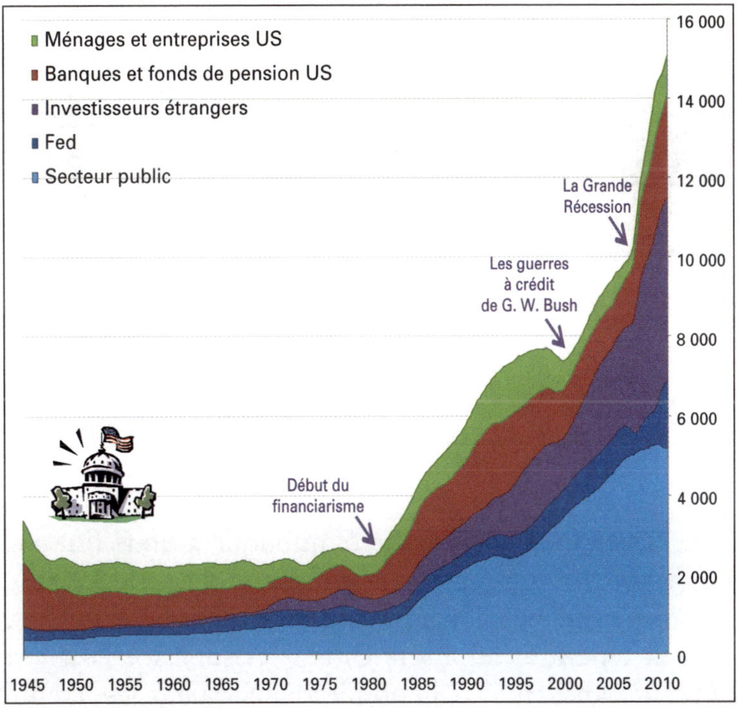

La crise a fini par survenir après près de quarante années de dérive des finances publiques, sans aucun budget à l'équilibre. C'est d'autant plus frappant que les États-Unis ont ainsi pu financer la guerre de Corée puis du Vietnam sans hausse de leur dette, mais qu'ils n'ont pu absorber le reaganisme…

Si on s'intéresse à l'évolution de la dette publique totale, exprimée en dollars constants, on se rend compte de l'étendue du problème :

Évolution de la dette publique totale américaine, 1850-2012
(en Md$ constants 2012, correction faite de la hausse de population)
[Sources : Fed et CBO]

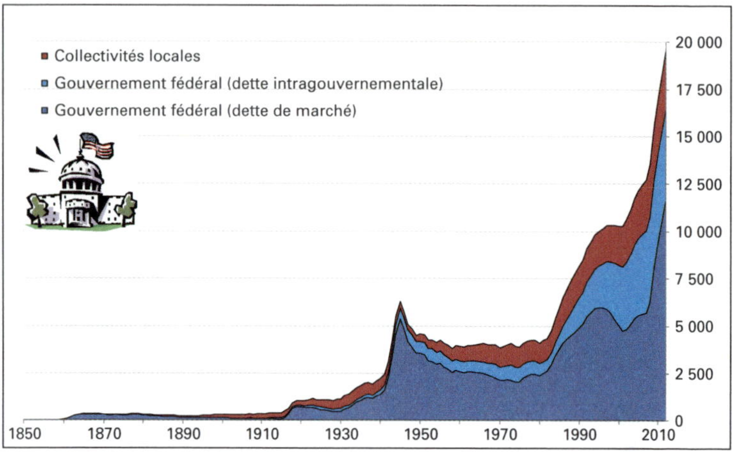

Le niveau actuel de la dette publique a donc fini par dépasser très largement celui de la Seconde Guerre mondiale (même en tenant compte de la hausse du PIB).

Bien entendu, les États-Unis s'en sont sortis il y a soixante ans, mais à l'époque démarraient les Trente Glorieuses ; ils produisaient la moitié du PIB mondial et possédaient 70 % du stock d'or mondial. L'avenir s'annonce malheureusement plus sombre, et il est plus que probable qu'intervienne prochainement un douloureux retour à la réalité – à savoir que toute dette doit être remboursée un jour ou l'autre, ou annulée.

> John Adams, deuxième président des États-Unis : « Il y a deux manières de conquérir et d'asservir une nation. L'une par l'épée, l'autre par la dette. »

L'exemple français

La dette publique de la France a suivi un parcours assez proche, passant de 20 % à 90 % du PIB en quarante ans :

Dette publique totale française, 1975-2012

(en % du PIB) [Sources : Bercy et OFCE puis INSEE]

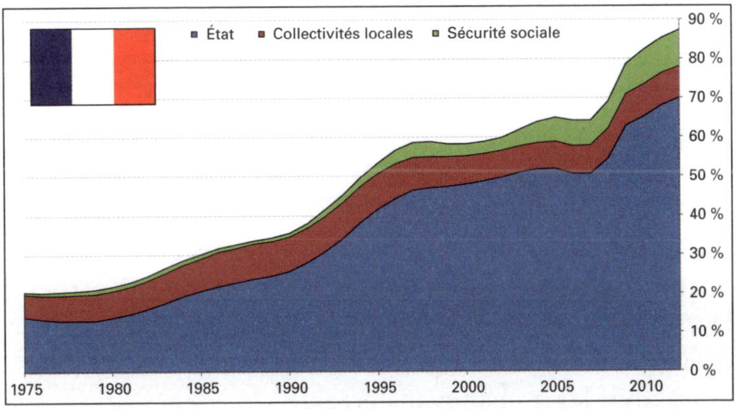

La dette publique est essentiellement constituée de la dette de l'État, les collectivités locales n'ayant pas le droit de vivre à crédit.

On constate un phénomène édifiant dans la période : la constitution d'une dette au titre de la Sécurité sociale, qui est une pure hérésie, qui se devrait d'être interdite comme c'est le cas pour les collectivités locales. S'endetter pour financer de la pure consommation courante est scandaleux. Le vieillissement de la population et les progrès médicaux font que le coût de la santé va augmenter en permanence, et pour longtemps. Et c'est une chance. Une chance pour la santé des citoyens, et même une chance pour l'économie – voilà au moins un secteur de l'économie qui connaîtra une belle croissance.

Mais comme nous avons choisi de financer collectivement ce secteur, cela implique qu'il nous faudrait augmenter la CSG tous les ans un petit peu. De la même façon que les mutuelles augmentent d'ailleurs tous les ans leurs tarifs. Bien sûr, cela obligera à diminuer la part des revenus consacrés à la consommation dans d'autres secteurs – c'est ainsi. Mais y a-t-il beaucoup à mégoter entre supprimer une heure de communication téléphonique par mois ou mal soigner son cancer ?

Intéressons-nous au budget des administrations centrales et locales (en raison de la décentralisation, il faut regarder la somme des deux, sinon on arrive à la conclusion largement diffusée dans les médias, bien qu'erronée, que l'État aurait « perdu » des recettes, alors qu'il les a juste transférées) :

Évolution des dépenses et recettes des administrations centrales et locales en France, 1978-2011 (en % du PIB) [Source : INSEE]

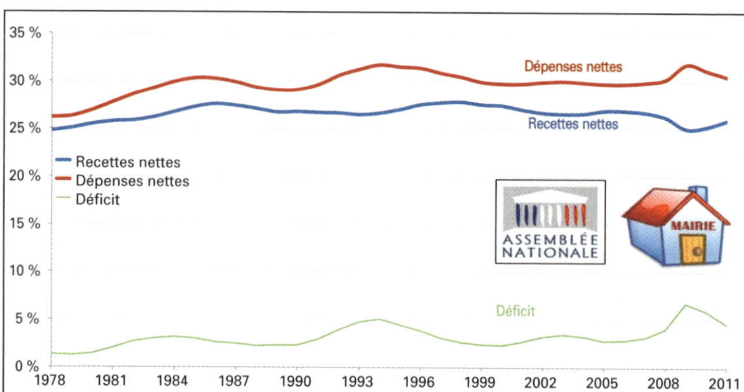

On note une nette stabilité budgétaire de l'administration; le problème est qu'il y a stabilité dans un déficit permanent, qui fluctue au gré de l'activité économique... La corrélation entre les deux est d'ailleurs plus qu'impressionnante :

Évolution des dépenses et des recettes de l'État en France, 1978-2012

(moyenne sur trois ans, en % du PIB) [Source : INSEE]

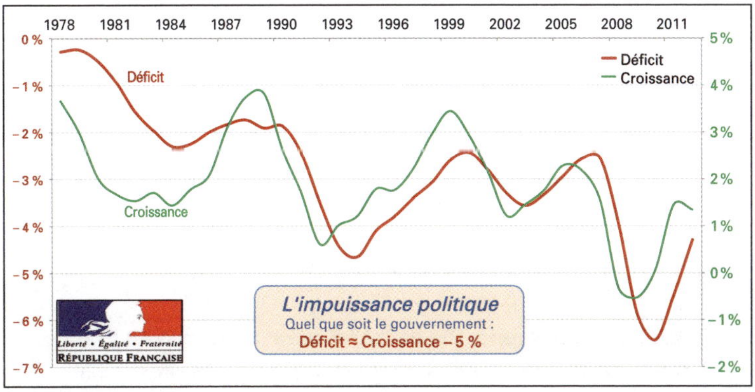

Ainsi, depuis trente ans, le pays est en pilotage automatique « Déficit = Croissance – 5 % », quel que soit le gouvernement en place. Au passage, cela coupe court à ce sempiternel débat sur « la gauche / la droite gère mieux ! ». Non, ils ont tous été lamentables, car ils ne gèrent pas, tout simplement, mais courent après la croissance.

Et comme la croissance baisse continûment, les déficits augmentent continûment, et la dette tout autant.

Si on ne la représente plus avec le critère sans grand sens de « Dette / PIB » mais avec celui, beaucoup plus pertinent, de « Dette / Recettes » comme n'importe quel agent économique, on mesure l'ampleur de la dérive :

Dette de l'État en France, 1978-2012

(en années de ses recettes nettes) [Sources : INSEE et PLF 2012]

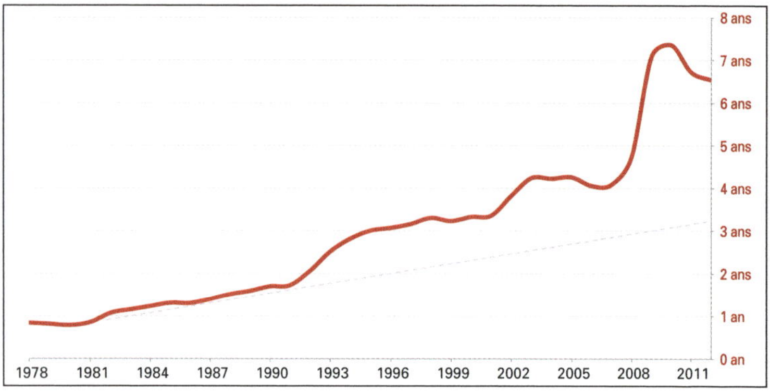

La dette représente ainsi plus de six années de recettes, ce qui est colossal. Plus concrètement, voici ce que représente cette dette pour les ménages :

Dette publique rapportée au nombre de ménages en France pour 2011 (en € par ménage, sous trois hypothèses) [Source : INSEE]

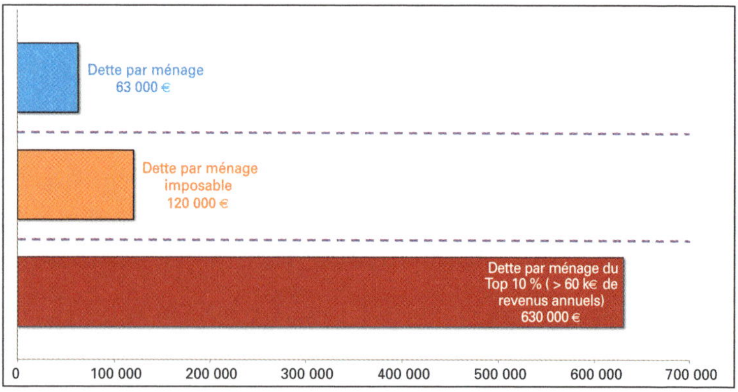

La dette, c'est donc concrètement 120 000 euros par ménage imposable, ou plus pertinemment, 630 000 euros par ménage relativement aisé, qui possède une masse importante de patrimoine, donc une ressource taxable. Imagine-t-on lever de tels impôts même à long terme ?

Cet endettement a été grandement facilité par la baisse des taux que nous avons évoquée avec les ménages, mais dont ont également bénéficié les États :

Évolution du taux d'intérêt de l'emprunt d'État à dix ans de pays de la zone euro 1955-2010

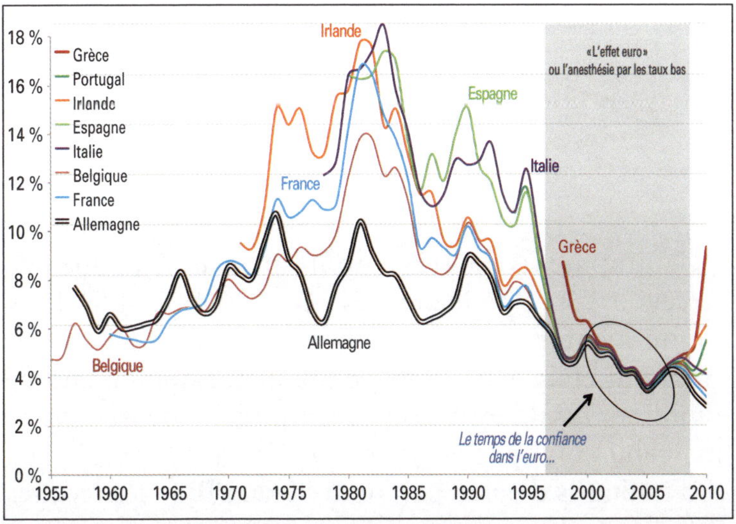

Cette baisse historique (les taux n'ont pratiquement jamais été aussi bas dans l'histoire) a permis de stabiliser le coût de la dette, alors que l'encours explosait. Malheureusement, cela a joué comme un puissant anesthésiant, suivant une stratégie bien connue des dealers : offrir la drogue gratuitement – au début. La divergence « Dette / Intérêts » est ainsi frappante :

Dette et charge d'intérêts de l'État en France, 1978-2012

(en Md€ constants 2012) [Sources : INSEE et PLF 2012]

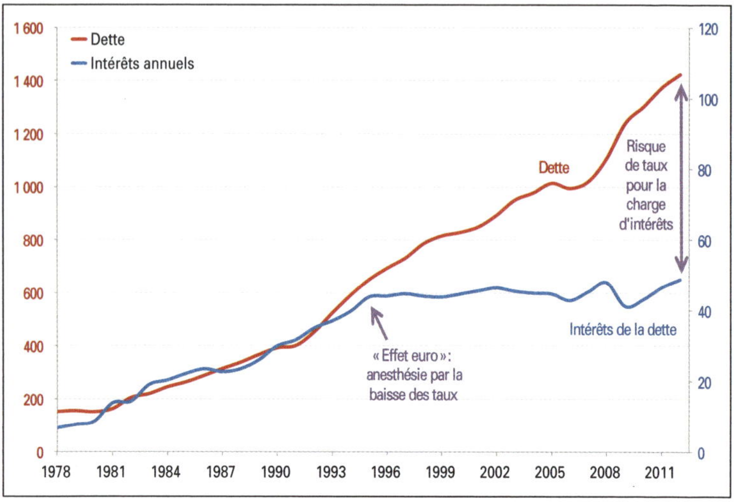

Ce graphique est très important, car il permet de percevoir l'épée de Damoclès sur nos têtes : si les taux remontaient et rejoignaient leur valeur des années 1990 qui était dans la moyenne historique, la charge d'intérêts doublerait pour atteindre le même niveau que celui suivi par la dette, soit le chiffre de plus de 100 milliards d'euros par an (5 % du PIB) – les recettes nettes actuelles n'étant que de 200 milliards d'euros par comparaison. Une hausse des taux d'intérêt augmenterait ainsi mécaniquement les dépenses publiques, et donc les déficits.

On perçoit mieux les déséquilibres en réalisant une analogie avec la situation d'un individu qui aurait 2 000 euros de revenus et serait dans la même situation que l'État :

Si l'État était un individu…

[Source : Budget 2011]

… chaque mois en 2011 :			
(1)	son salaire serait de	2 000 €	
(2)	ses dépenses courantes seraient de	2 500 €	
(3)	et il paierait en intérêts sur sa dette	500 €	
(4)	ses dépenses seraient donc de	3 000 €	(2)+(3)
(5)	son déficit serait donc tous les mois de	1 000 €	(4)-(1)
(6)	et sa dette accumulée vaudrait	200 000 €	
(7)	dont il devrait amortir tous les mois	3 000 €	
(8)	ses dépenses totales seraient donc de	6 000 €	(4)+(7)
(9)	il devrait donc emprunter tous les mois	4 000 €	(8)-(1)

L'État n'étant finalement qu'une sorte de super-association, il n'y a aucune raison que sa gestion financière diffère grandement d'une autre personne morale du point de vue de la soutenabilité. Les objections classiques entendues à ce point (« L'État peut lever tous les impôts qu'il veut » par exemple) sont simplement démenties par de nombreuses décennies de réalité – mais qui s'en soucie, seules priment désormais les idéologies…

On note que le déficit est tel qu'il est très difficile de réduire les dépenses pour revenir à l'équilibre. Voilà par exemple le chemin à faire avec le budget français :

Équilibrer le budget 2011 par les dépenses ?

[Source : ministère du Budget]

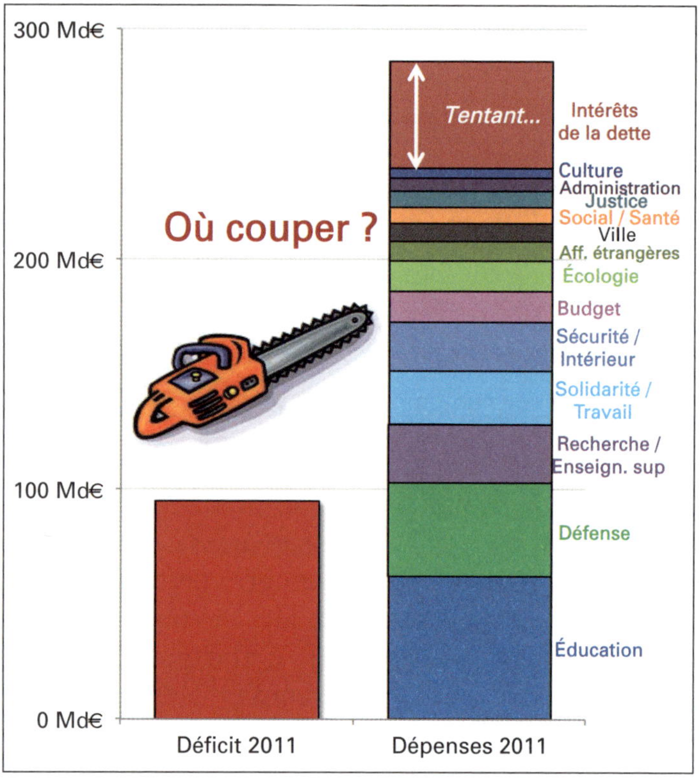

On voit mal le Parlement supprimer l'Éducation nationale et la Défense nationale pour retrouver l'équilibre – ce genre de décision étant d'ailleurs autopénalisante (un euro de dépense publique, c'est un euro de PIB et un euro de salaire pour quelqu'un au final) et contribuant paradoxalement à augmenter les déficits, comme on l'a vu en Grèce, en Angleterre ou en Espagne par exemple où les plans d'austérité ne marchent pas...

Augmenter les impôts sera tout autant contre-productif car, diminuant le pouvoir d'achat, cela diminuera la croissance et accentuera les difficultés.

Finalement, une partie de la croissance passée a été réalisée à crédit, et comme tout crédit, nous subirons une forme de « remboursement de la croissance ». On ne peut pas dépenser le même argent deux fois pendant longtemps – une fois au niveau du consommateur qui garde et dépense de l'argent censé être payé en impôt, et une fois au niveau de l'État, qui promet qu'un jour, il récupérera l'impôt pour rééquilibrer de manière comptable la situation.

Le danger de la fuite des prêteurs

Mais le gros problème à court terme de la dette publique n'est pas le risque de taux d'intérêt, dont la croissance déclencherait un cercle vicieux d'augmentation des déficits (c'est le gros problème de moyen terme). C'est que, comme pour tout système de cavalerie, le financeur s'en rende compte et ferme l'indispensable robinet à argent nouveau.

On l'a vu dans notre exemple chiffré : le danger pour l'individu n'est pas que sa charge d'intérêt passe de 500 euros à 1 000 euros (au point où il en est...), c'est qu'il ne trouve plus de prêteurs pour financer l'incroyable besoin mensuel de 4 000 euros qu'il génère avec un simple salaire de 2 000 euros.

On observe ainsi que les émissions annuelles de dette par l'Agence France Trésor sont de l'ordre de 600 milliards d'euros, alors que le déficit n'est que de 100 milliards d'euros, et les recettes nettes de 200 milliards d'euros.

Émissions annuelles du Trésor en France, 2005-2011

(en Md€) [Source : AFT]

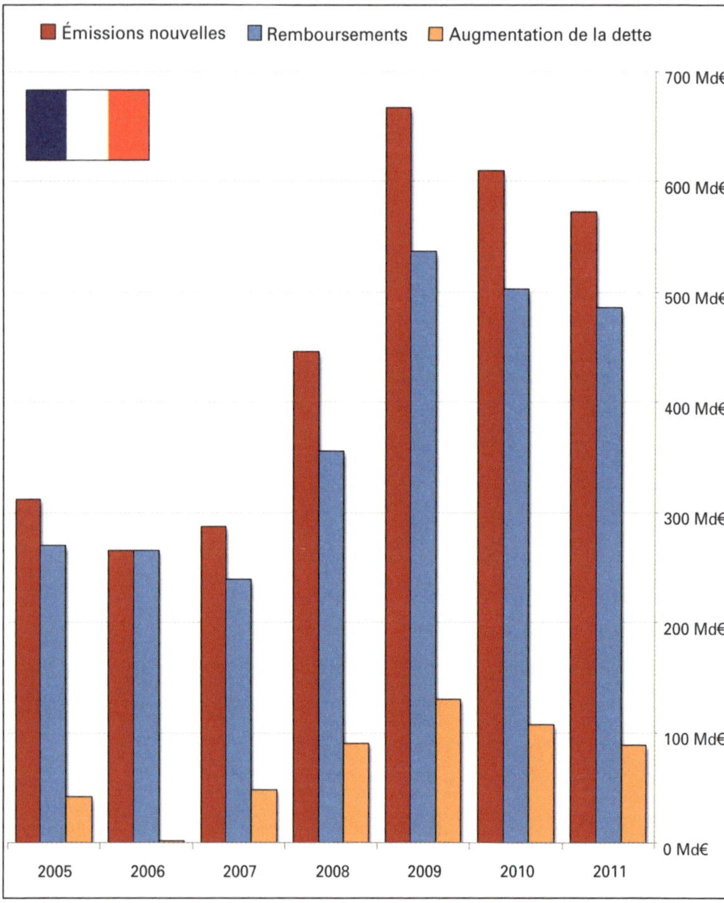

C'est là que réside le premier danger présenté dans cette conclusion : une perte de confiance des prêteurs devant des dettes perpétuellement croissantes. Ces prêteurs, fuyant, couperaient ainsi les vivres et mettraient de fait l'État en immédiate cessation de paiement.

Évolution du taux d'intérêt de l'emprunt d'État à dix ans de pays de la zone euro 07/2008-04/2012

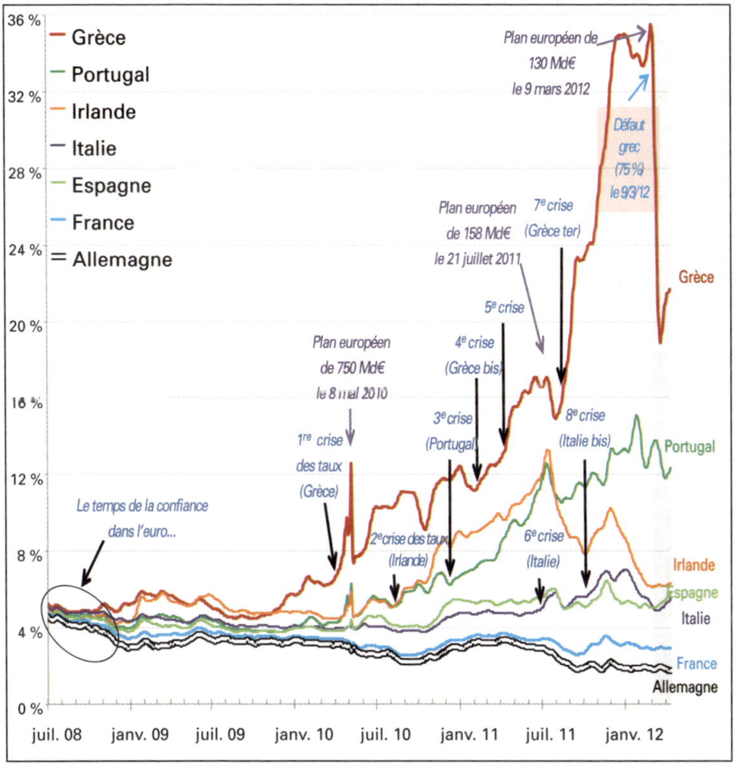

Or on observe depuis 2010 que les prêteurs ont de moins en moins confiance, comme le montre la hausse des taux d'intérêt de nombreux pays.

Les agences de notation – qui ne sont que le thermomètre et nullement la maladie – ne font d'ailleurs que suivre l'évolution des marchés. Mais la tendance de leurs notations nous permet d'anticiper assez clairement des problèmes sérieux, probablement en 2013-2014, si la situation ne se redresse pas fortement.

Notation des dettes souveraines, janv. 2008-juin 2012
[Source : minimum des trois agences US]

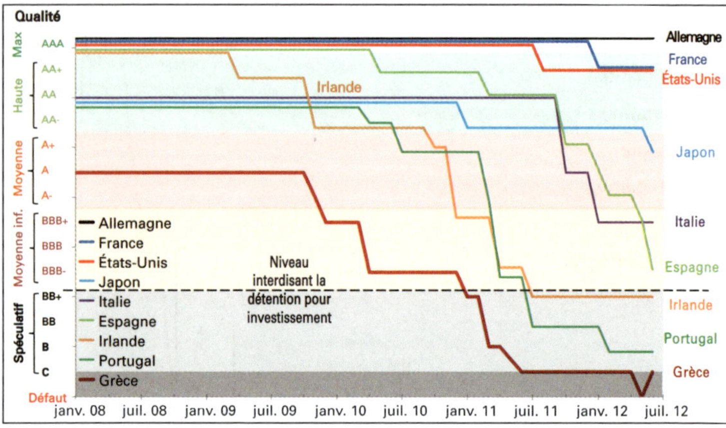

Le seul reproche, et sérieux, que méritent les agences, est d'accorder des notations beaucoup trop hautes aux plus grands pays occidentaux, dont la situation, comme nous venons de l'analyser, est bien plus proche d'une phase terminale désespérée après quarante ans d'incurie que d'un avenir radieux. Ne pas les avoir dégradés plus tôt et plus fort n'aura pas été un cadeau, car cela aura maintenu l'addiction à la drogue de la dette.

La loi de 1973

Arrivés à ce stade, nous allons faire une parenthèse sur un point qui défraie la chronique sur Internet, et désormais dans les médias : « Le mythe de la loi de 1973 ».

Ce mythe, généré d'abord par l'extrême droite, puis repris par l'extrême gauche (sans la tonalité d'antisémitisme) se résume ainsi : en 1973, le président Pompidou, ancien dirigeant de la banque Rothschild, a fait voter une loi qui a interdit à l'État d'emprunter gratuitement à la Banque de France. Du coup, après la fin d'une période de cocagne de financement gratuit, l'État a été obligé de se tourner vers les banques, et de leur payer de lourds intérêts, gonflant la dette au détriment de l'intérêt général, à cause de cette « loi scélérate » dite « Pompidou-Rothschild-Giscard ».

Ce mythe n'est plus confiné à Internet, au moins six candidats à la présidentielle l'ont évoqué :

> Jean-Marie Le Pen : « Le Front national a sa propre solution sur le sujet : tout cela est né de la loi Pompidou-Giscard de 1973 qui a retiré à la Banque de France le monopole d'émission de la monnaie française. Depuis ce temps-là, nous empruntons sur le marché financier, avec des intérêts extrêmement lourds[1]. »

> Nicolas Dupont-Aignan : « Il faut abroger la loi de 1973, pour retrouver la liberté de création monétaire, pour, notamment, financer nos investissements d'avenir [*sic*], pas pour financer un déficit de fonctionnement, bien sûr – il ne s'agit pas de renouer avec l'inflation [*sic*][2]. »

> Jacques Cheminade : « Le monétarisme étant de règle, en 1973, le Trésor français ne peut plus présenter ses effets à l'escompte de la Banque de France : dès lors, l'État doit se financer sur les marchés, c'est le début de la bulle de la dette publique[3]. »

1. Jean-Marie Le Pen, YouTube, 2010.
2. Nicolas Dupont-Aignan, Dailymotion, 2011.
3. Jacques Cheminade, conférence, 22 octobre 2008.

> Philippe Poutou : « Cela veut dire qu'il faut pour la France revenir sur les lois de 1973 et 1993 interdisant à la Banque de France de financer les déficits budgétaires[1]. »

> Jean-Luc Mélenchon : « [Réduire les déficits] ne présente aucune espèce de difficulté ! Si vous demandez aux États d'aller se réapprovisionner pour payer, pour financer leur dette auprès des banques privées, c'est-à-dire de renoncer à la possibilité qu'ils avaient autrefois de recevoir de l'argent de leur banque nationale, vous mettez un différentiel [de taux] de 3, 4, 5, 6 points[2]. »

> Marine Le Pen : « Parce que si nous arrivons au pouvoir, nous allons tourner le dos à la décision mortifère de 1973 qui a obligé la France à aller emprunter sur les marchés financiers internationaux. [...] Et là, on nous a forcés, "ils" nous ont forcés, à aller emprunter sur les marchés financiers. On a d'ailleurs gavé ces marchés financiers d'argent. [...] C'est peut-être la décision la plus essentielle, la plus immédiate quand nous arriverons au pouvoir[3]. »

Comme aujourd'hui, près de cent cinquante mille sites Internet mentionnent cette loi, nous allons démonter simplement ce mythe, qui illustre les manipulations qui peuvent surgir férocement dans ces périodes de crise – alors qu'une simple analyse des faits suffirait à clore le sujet.

La loi du 3 janvier 1973 a toiletté les statuts de la Banque de France ; c'est une loi très technique. Au cours des débats parlementaires, le président de la commission des lois a fait voter un amendement qui n'était

1. Philippe Poutou, http://npa-legislatives.org, 23 octobre 2011.
2. Jean-Luc Mélenchon, Europe 1, 1er juin 2010.
3. Marine Le Pen, RTL, 1er novembre 2010.

pas dans le projet initial, et qui indique dans l'article 25 : « Le Trésor public ne peut être présentateur de ses propres effets à l'escompte de la Banque de France. » Jargon qui signifie simplement que l'État n'a pas le droit de vendre directement ses bons du Trésor à la Banque de France.

Or, la législation de 1973 vient modifier la précédente qui datait de 1936. Et que disait l'article 13 de la loi du 24 juillet 1936 ? « Tous les effets de la dette flottante émis par le Trésor public [...] sont admis sans limitation au réescompte de l'institut d'émission, sauf au profit du Trésor public. » Jargon qui signifie exactement la même chose. Mensonge n° 1 : il ne s'est strictement rien passé de nouveau en 1973 par rapport à 1936.

Il y a mieux. Que dit l'article 19 de la loi de 1973 ? « Les conditions dans lesquelles l'État peut obtenir de la Banque des avances et des prêts sont fixées par des conventions passées entre le ministre de l'Économie et des Finances et le gouverneur. » Traduction : il faut, comme avant, une convention quand la Banque de France prêtera à l'État. Mensonge n° 2 : l'État a parfaitement conservé sa capacité à emprunter auprès de la Banque de France – c'est écrit noir sur blanc.

Il faut savoir que le compte en banque de l'État est géré par la Banque de France. En tant que banquier d'un client qui n'a guère de trésorerie (au vu de ses déficits permanents), la Banque a toujours accordé de légers découverts à l'État, afin qu'il puisse payer les salaires le temps que les impôts rentrent. L'État a aussi emprunté des sommes plus importantes, mais dans des circonstances dramatiques : les deux guerres mondiales.

Dette publique de la France, avec le concours de la Banque de France, 1815-2012 (en Md€ constants 2012)
[Source : O. Berruyer, d'après INSEE]

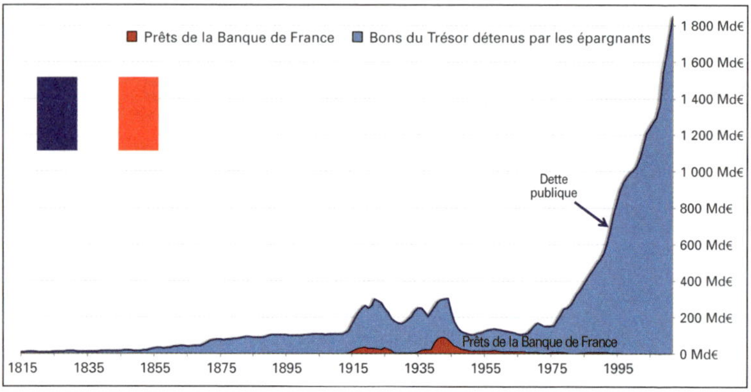

Financement de la dette publique de la France, 1815-2012
(en % du total de la dette) [Source : O. Berruyer d'après INSEE]

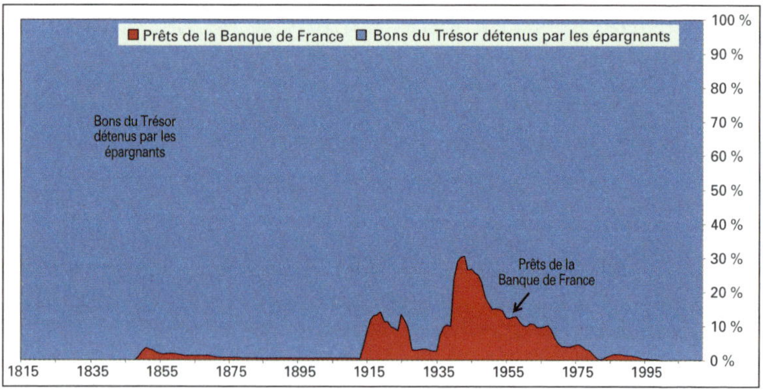

On note, outre le montant délirant de la dette publique, que la Banque de France n'a jamais financé plus de 30 % de la dette publique, pour des périodes très limitées; c'était plus une énorme avance de trésorerie. Mensonge n° 3 : l'État n'a jamais utilisé la

Banque de France comme banquier pour financer à long terme ses déficits.

À l'attention de ceux qui semblent « démangés » par l'utilisation de la planche à billets, signalons que la dernière fois que l'État a été contraint de le faire (pour payer les sommes astronomiques réclamées par l'occupant allemand puis reconstruire le pays), les conséquences ont été douloureuses pour la population : l'inflation est située entre 30 % et 60 % plusieurs années de suite, soit 2 000 % d'inflation en dix ans, ce qui a induit une baisse réelle des patrimoines financiers de 94 % :

Prêts de la Banque de France à l'État et inflation, 1900-2012

(en % de la dette publique et en %) [Source : O. Berruyer d'après INSEE]

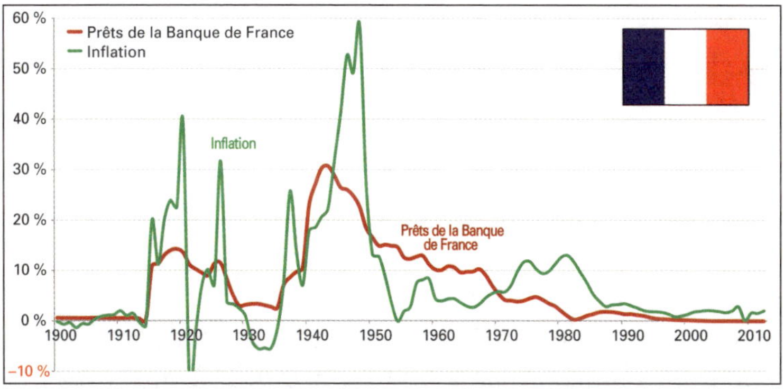

Mensonge n° 4 : l'utilisation de la planche à billets n'a jamais été une promenade de santé et a quasiment toujours eu des conséquences dramatiques pour toute la population. C'est à la suite de ces désastres financiers que des règles saines ont été mises en place.

De plus, dans le système actuel, ce n'est pas le métier des banques de prêter aux États. Elles le font peu : elles détiennent dans la zone euro moins de 10 % de l'encours total de dette publique. C'est uniquement pour disposer de collatéral « de qualité » à donner à la Banque centrale pour se refinancer. Ce sont les épargnants qui prêtent aux États, généralement indirectement *via* des Sicav ou des fonds de pension. Mensonge n° 5 : les banques privées ne prêtent pratiquement pas aux États et ne s'enrichissent donc pas des intérêts.

Depuis 1993, le traité de Maastricht interdit pour de bon tout emprunt direct auprès de la Banque centrale. Mais la solution de contournement est simple et fait sourire tout gestionnaire de l'administration du Trésor, car elle est régulièrement appliquée. Il suffit au Trésor de demander à une banque privée ou à une autre structure d'acheter des bons du Trésor et de les escompter immédiatement auprès de la Banque de France, contournant ainsi l'interdiction du financement direct. Mensonge n° 6 : les États ne sont nullement privés totalement de capacité de placer leur dette publique *via* la Banque centrale.

Dernier point pour clore le sujet : le président Pompidou n'est jamais intervenu dans cette loi, qui a été instamment demandée par le gouverneur de la Banque de France à Valéry Giscard d'Estaing. Il n'y a aucune raison que son nom soit cité (ou alors il faut donner son nom à toutes les lois de son quinquennat), et encore moins de l'accoler au nom Rothschild. Mensonge n° 7 : le président Pompidou et la banque Rothschild ne sont strictement pour rien dans la loi de 1973.

Les défauts souverains

On observe que, devant la défiance croissante des investisseurs, le monde occidental court ainsi le risque de plus en plus prégnant de devoir faire défaut sur une partie de sa dette – ce qui est vieux comme le monde :

Proportion de pays en défaut ou en restructuration de leur dette extérieure, 1800-2008

(pondérée par leur poids dans le PIB mondial) [Source : Reinhart & Rogoff]

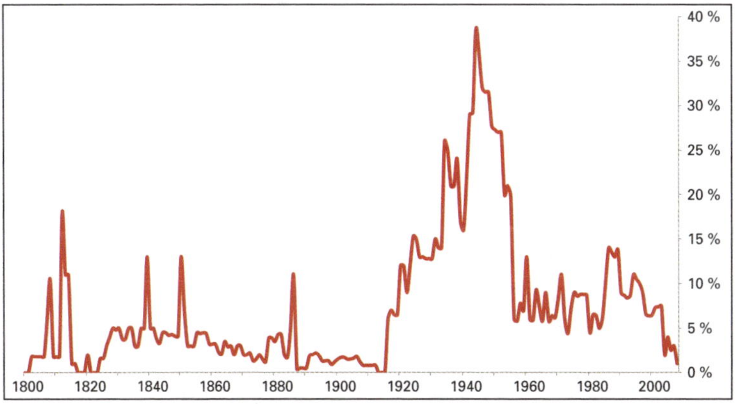

Nombre de défauts d'États par décennie, 1900-2008

[Source : Reinhart & Rogoff]

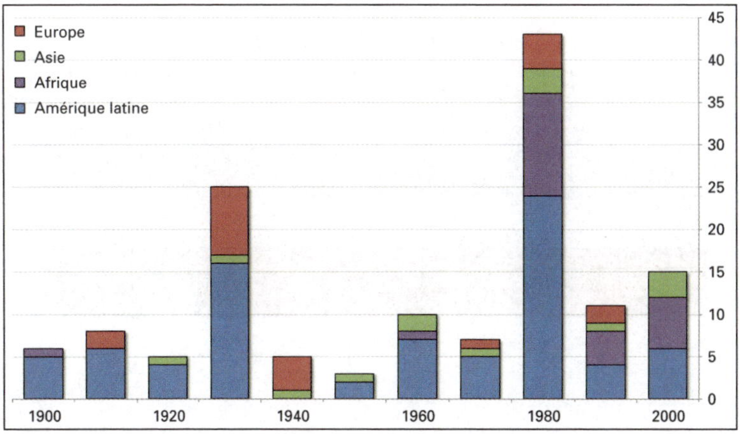

La différence est que, jusqu'à présent, c'étaient l'Afrique, l'Amérique latine ou l'Asie qui étaient contraintes de restructurer leurs dettes. Il est fascinant de voir que, placé dans des situations bien pires, alors que les premiers défauts sont déjà survenus en Europe – Islande ou Grèce –, l'Occident refuse de voir ce tsunami qui se dirige vers lui.

Précisons cependant que, même en cas de cessation de paiements de l'État par fuite des prêteurs, il continuerait évidemment à payer les fonctionnaires et les retraites, mais il serait contraint de faire un défaut partiel sur sa dette, c'est-à-dire de cesser de payer les intérêts, puis de négocier avec les prêteurs un abandon d'une partie de leurs créances.

Tous les investisseurs ne seront pas forcément traités de la même manière. En effet, il convient de savoir que la détention de la dette est très concentrée. On peut estimer que, globalement, environ 75 % des dettes publiques sont détenus par les 10 % des ménages les plus aisés – et ne représentent d'ailleurs qu'une fraction de leur patrimoine.

Détenteurs de la dette publique française mi-2012

(en Md€) [Source : estimation O. Berruyer d'après la Cour des comptes]

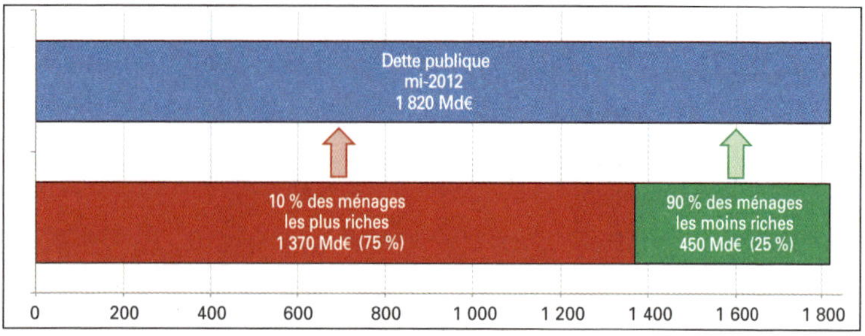

Il est donc tout à fait possible de restructurer la dette sans impacter 90 % des épargnants. Rappelons enfin que les patrimoines ont fortement augmenté depuis quinze ans, et que la perception d'un taux d'intérêt, même faible, en contrepartie du prêt de son épargne, comprend la rémunération correspondant au risque de non-remboursement.

Comparaison de la dette publique et du patrimoine de la France en 2010 (en Md€ constants 2010) [Source : INSEE]

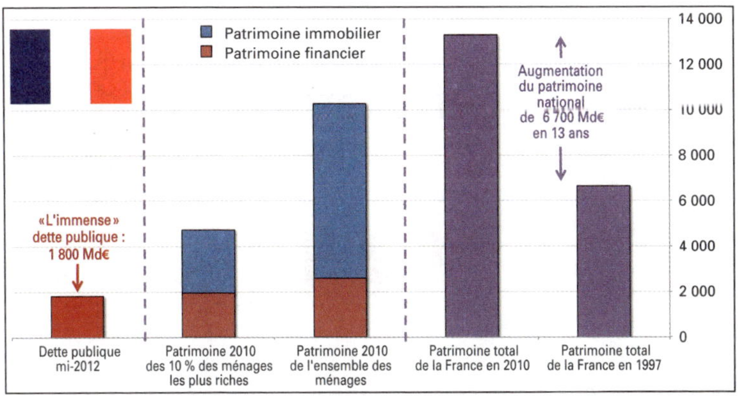

Nous conclurons enfin cette partie par quelques considérations sur la dette publique.

Soulignons tout d'abord son injustice viscérale, puisqu'elle consiste à emprunter de l'argent à des détenteurs d'épargne contre rémunération au lieu de prendre cet argent au titre de l'impôt. Cela implique de lever des impôts sur toute la population (et nous avons vu que le taux d'imposition est même dégressif) pour payer des intérêts aux détenteurs de patrimoine. La distribution de l'impôt sera donc corrélée à la distribution des revenus, alors que la distribution des intérêts sera corrélée à la distribution des patrimoines financiers.

Or, nous avons également vu que la seconde est bien plus inégalement répartie que la première – le Top 10 % possédant environ 75 % de l'épargne financière et ne percevant « que » 25 % des revenus. Au final, la dette publique, c'est donc un impôt à l'envers, où l'on prend clairement aux pauvres pour donner aux riches :

Charge nette de la dette publique par décile de population en France en 2010 (en Md€) [Source : estimation O. Berruyer, d'après Piketty, www.revolution-fiscale.fr]

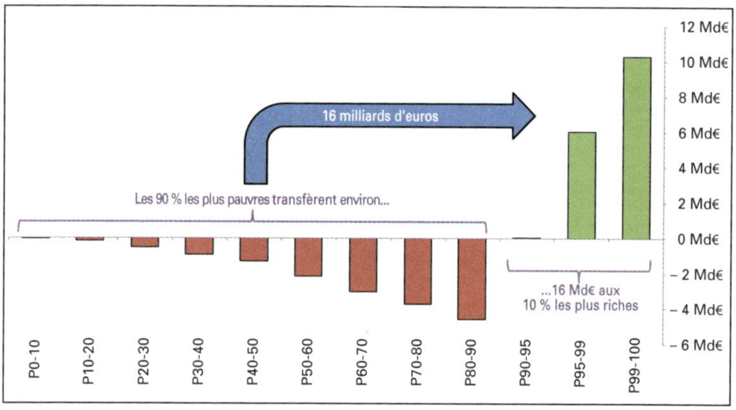

Charge nette de la dette publique en France en 2010

(en % des revenus) [Source : O. Berruyer, d'après Piketty *et al.*, www.revolution-fiscale.fr]

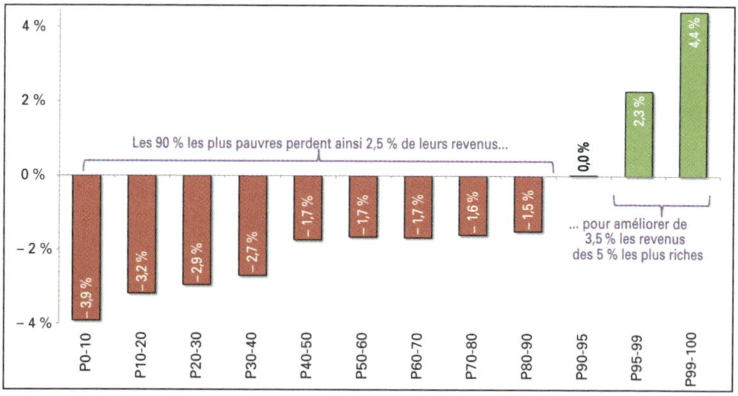

On peut donc estimer que près de 1 % du PIB est ainsi transféré, diminuant les revenus des 90 % les moins riches de la population de 2,5 %, pour augmenter de 3,5 % les revenus des 5 % les plus riches. « Justice sociale » ?

© Manuel Lapert

Il est d'ailleurs piquant de voir beaucoup de personnes, à gauche, défendre le principe de budgets en déficit. Pourtant, de nombreux penseurs ont bien vu le problème :

> Karl Marx : « La dette publique, en d'autres termes l'aliénation de l'État, qu'il soit despotique, constitutionnel ou républicain, marque de son empreinte l'ère capitaliste. La seule partie de la soi-disant richesse nationale qui entre réellement dans la possession collective des peuples modernes, c'est leur dette publique. [...]. Le crédit public, voilà le credo du capital[1]. »

1. Karl Marx, *Le Capital. Critique de l'économie politique*, Livre 1, huitième section, 1867.

On observe également que les déficits finissent toujours par servir de prétexte au démantèlement de l'État et aux politiques les plus régressives – quand on aime une structure, la logique est quand même de la vouloir dans la meilleure situation financière possible... Imaginer ainsi qu'on arrivera demain à lever des impôts qu'on n'arrive pas à lever aujourd'hui est d'ailleurs particulièrement naïf.

Détail amusant, relevé en particulier par André-Jacques Holbecq et Philippe Derudder[1], le niveau actuel de la dette publique (donc des sommes à rembourser aux prêteurs) est pratiquement égal au cumul des intérêts déjà versés depuis les prêts : les créanciers ont prêté à l'État environ 1 300 milliards d'euros, que nous leur devons, mais ils ont déjà perçu 1 200 milliards d'euros d'intérêts.

État : dette et intérêts cumulés, 1978-2012

(en Md€ constants 2012) [Sources : INSEE et Budget 2012]

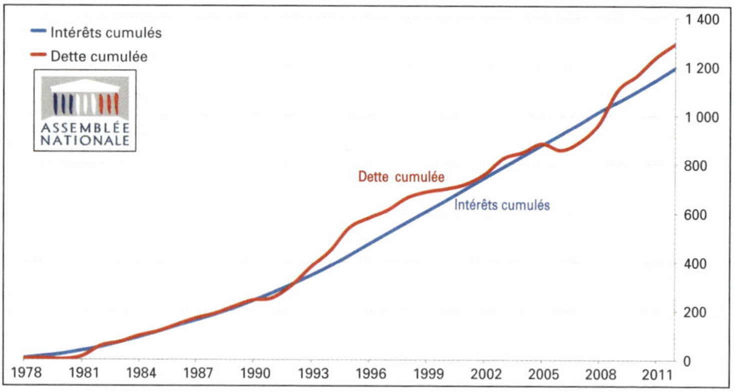

1. André-Jacques Holbecq, Philippe Derudder, *La Dette publique, une affaire rentable*, 2008.

Cependant, il faut se garder de conclusions trop hâtives. Cela démontre simplement que s'endetter longtemps coûte très cher, tout comme lors de l'achat d'un bien immobilier. Alors oui, si l'État s'était endetté à 0 %, il n'y aurait pas de dette publique aujourd'hui, en théorie ; en pratique, gageons que cela aurait été un prétexte pour dépenser plus et générer quand même une dette publique élevée, par facilité et irresponsabilité. Mais ces raisonnements façon « si ma tante en avait eu » sont généralement vaseux : en particulier, il ne faut nullement en conclure qu'il aurait été mieux d'emprunter gratuitement à la Banque de France, car en augmentant la masse monétaire, cela aurait forcément déclenché une inflation supérieure, qui est un impôt totalement injuste, en particulier pour les plus pauvres.

Autre point. On signale souvent que la France fait partie des pays qui paient le plus d'impôts. C'est vrai. Mais ces comparaisons internationales sont viciées, car nous avons également plus de services en contrepartie de ces coûts additionnels. Notre spécificité est ainsi d'avoir une des plus fortes socialisations des dépenses de Sécurité sociale au monde – et les plus fortes prestations, que les contribuables des autres pays doivent acheter à des mutuelles hors de prix.

Il est donc beaucoup moins manipulatoire de comparer les pays en excluant les impôts destinés au système de protection sociale. On voit ainsi que la France, avec 26,3 % d'impôts « d'administration », est à peine supérieure à la moyenne OCDE, et dépense moins que l'Angleterre ou l'Italie (les écarts s'expliquant là aussi par des services différents bien plus que par du gaspillage ou une mauvaise gestion).

Revenu fiscal d'administration de différents pays en 2010
(hors Sécurité sociale, en % du PIB) [Source : OCDE]

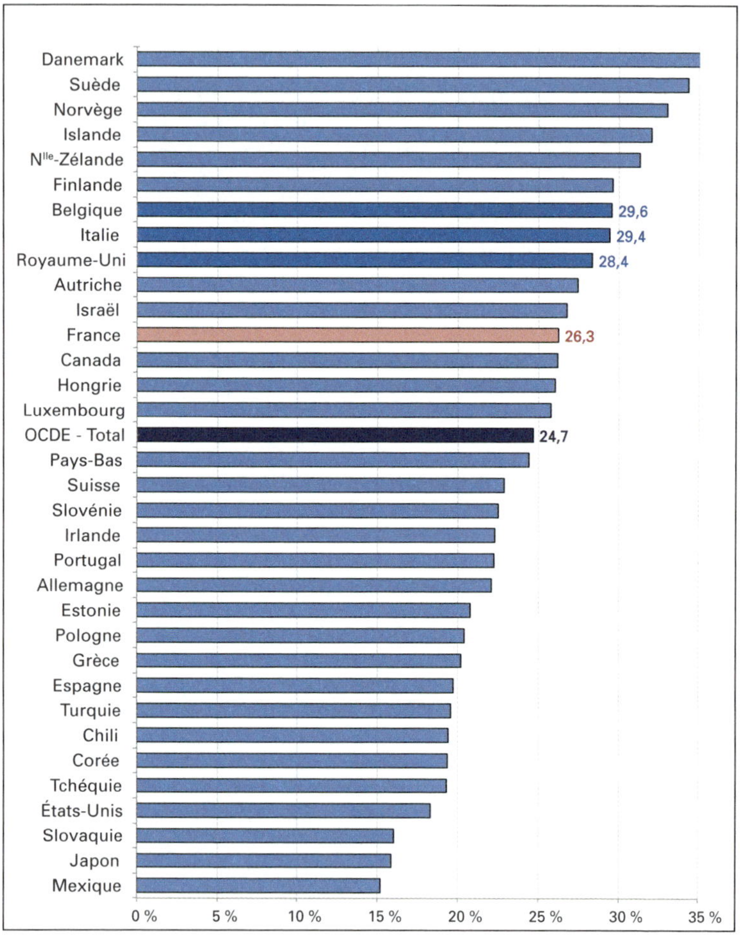

Le malheur est dans le prêt

Au final, il est très étonnant de voir « la droite » défendre le principe d'une règle d'or interdisant les déficits, et « la gauche » se battre contre.

La vérité est intermédiaire. Le principe de la règle d'or constitutionnelle est parfaitement sain, juste et souhaitable. Nous souffrons actuellement du fait que cela n'ait pas été voté dans les années 1970, comme le souhaitait le général de Gaulle :

> Charles de Gaulle : « Il est fâcheux de légaliser un supplément de déficit. [...] Tout le monde doit s'apercevoir qu'un jour, il faut payer. [...] Le budget [1965] doit être équilibré ! [...] L'État doit veiller aux équilibres ; à plus forte raison, il ne doit pas lui-même mettre en danger l'équilibre par sa propre masse. [Interdire le déficit par la loi ?] Pourquoi pas ? Dans les anciens budgets, il n'y avait pas [de déficit]. Un budget de stabilité [...] il faut que ça devienne la règle. [...] Ce qui fait que, pour les jeunes, c'est-à-dire pour l'avenir, c'est énorme, c'est révolutionnaire[1] ! »

On observe également que des voix s'élèvent pour dénoncer le caractère antidémocratique de cette règle :

> Jean-Luc Mélenchon : « Cette règle d'or est [...] un véritable garrot ! L'équilibre budgétaire à perpétuité ! [...] La souveraineté budgétaire est le cœur de la souveraineté populaire. [En votant la règle d'or en Espagne], une coalition de députés vient d'abandonner sa souveraineté budgétaire et de graver dans le marbre constitutionnel un dogme imbécile[2]. »

> Nicolas Dupont-Aignan : « La règle d'or, c'est la fin de notre démocratie budgétaire[3]. »

1. Charles de Gaulle, cité par Alain Peyrefitte, *C'était de Gaulle,* tome II, 1963-1964.
2. Jean-Luc Mélenchon sur son blog, 2 septembre et 11 décembre 2011.
3. Nicolas Dupont-Aignan, France Info, 10 août 2012.

Mais on peut au contraire soutenir que c'est l'absence de règle d'or qui est antidémocratique. Car qui dit déficit aujourd'hui dit dette, et donc impôts, demain. Or, en quoi les députés actuels sont-ils légitimes pour voter des impôts qui concerneront les citoyens dans dix ou trente ans ? Où sont les représentants des générations futures à l'Assemblée, à qui nous voulons ainsi léguer, en plus d'une planète dégradée sur tous les fronts, des masses de dettes, pour qu'elles financent demain notre confort actuel ? On assiste ainsi à un sévère effondrement des principes éthiques et de responsabilité.

> George Washington en 1789 : « Aucune génération n'a le droit de contracter des dettes qui ne pourront pas être remboursées durant sa propre existence. »

Rappelons bien que le propos ne consiste pas ici à vouloir limiter les dépenses – c'est pour le coup au débat démocratique de les fixer. Mais une fois fixées, il faut simplement lever les impôts correspondants – le niveau des patrimoines permettant une grande créativité en l'espèce.

En revanche, il est parfaitement irresponsable de vouloir voter une règle d'or en 2012. Car il est tout bonnement impossible de la respecter, au vu du niveau de la dette et des déficits – même avec la « meilleure volonté austéritaire » du monde. Toute tentative se soldera probablement par des phases de récession et donc de hausse des déficits – sans même parler du démantèlement de notre modèle social et des troubles qui le ponctueront.

Mais plus probablement, il s'agit de nouveau d'une belle promesse qui ne sera jamais respectée quand nous serons au pied du mur, tout comme les 3 % de déficit définis dans le traité de Maastricht qui n'ont pas empêché un déficit de 8 % en 2010, ou encore l'interdiction faite à la BCE de prêter aux États qui a été foulée aux pieds en 2011 et 2012.

Une restructuration de la dette se traduira par un mouvement inverse et correspondra finalement à une forme de perception rétroactive des impôts qui auraient dû être levés dans le passé pour équilibrer les budgets. Nous essayons actuellement de nous battre contre la comptabilité, mais elle gagnera, car un euro de dette, c'est forcément un euro d'impôts futurs, et ces impôts-là ont donc déjà été votés et seront perçus.

En théorie, ils pourront l'être sous forme d'impôts classiques (donc de prélèvements), mais en pratique, ils le seront probablement sous forme d'abandons de créances forcés lors d'un défaut. Des siècles d'histoire économique montrent que, quand on laisse suffisamment de temps à un État, il finit par faire défaut, préférant toujours diminuer le patrimoine d'une poignée de créanciers plutôt qu'appauvrir toute sa population par des impôts massifs, une cruelle austérité ou une inflation injuste.

Originellement, c'est l'altération monétaire qui était utilisée par les princes, qui abusaient ainsi de leur privilège d'émission de la monnaie – et on observe tous les jours que la tentation est toujours là. Pourtant, la monnaie est un bien public, elle est la base du contrat social économique. Raison pour laquelle les peuples ont fini par se rebeller, et les princes par se montrer raisonnables en cessant d'utiliser la planche à billets. Ce contrat historique entre un peuple et ses dirigeants perdure avec l'interdiction présente dans les traités européens.

> Jean II le Bon : « Nous ferons faire bonne et forte monnaie d'or et d'argent [...]. Nous garderons monnaie stable qui puisse demeurer en un état le plus longtemps que l'on pourra bonnement et qui ne grèvera point tout notre peuple comme peut le faire la mutation de notre monnaie[1]. »

Mais comme souvent, nous préférons penser que nous sommes plus intelligents que nos ancêtres et céder à la facilité de l'instant, au court terme, plutôt que de tirer de prudentes leçons de l'histoire. Jusqu'à quand ?

> « Dans son essence, le syndrome “cette fois, c'est différent” est simple. Il trouve ses racines dans une conviction solide : les crises financières sont des choses qui arrivent à d'autres peuples, dans d'autres pays, à d'autres moments – mais pas à nous, ici et maintenant. Nous faisons les choses mieux, nous sommes plus intelligents, nous avons tiré les leçons du passé[2]. »

1. Jean II le Bon, ordonnance de Compiègne créant le franc, 5 décembre 1360.
2. Carmen M. Reinhart, Kenneth S. Rogoff, *Cette fois, c'est différent*, 2010.

EN SYNTHÈSE

• Le premier défi de l'Occident est la gestion des conséquences de quarante années de déficits.

• Ces déficits sont survenus à une période où aucun élément exceptionnel ne les justifiait. Ils ont simplement servi à maintenir des niveaux de vie mis en difficulté par la fin des années de croissance élevée – rien n'ayant été fait pour adapter le système économique à cette nouvelle donne.

• Poussée par une capacité d'emprunt boostée par des taux historiquement bas, la dette publique a largement dépassé le niveau de la Seconde Guerre mondiale – notre problème étant que les Trente Glorieuses ne sont pas devant nous...

• En France, la couleur politique des gouvernements n'a eu aucune influence sur les déficits, qui épousent la croissance.

• Avec plus de 120 000 euros par ménage français imposable, le remboursement de la dette publique est inconcevable.

• Les gouvernants sont à la merci d'une hausse des taux d'intérêt en cas de défiance accrue des prêteurs; celle-ci les pousserait en quelques mois au défaut de paiement.

• Il est probablement trop tard pour maîtriser les budgets publics. L'augmentation des recettes ou la baisse des dépenses ont le même impact : baisser le pouvoir d'achat, donc diminuer la croissance, donc augmenter les déficits.

• La planche à billets serait une solution dramatique.

• L'histoire montre qu'en cas de dettes élevées, le défaut de paiement est la règle.

• La restructuration des dettes publiques occidentales est le scénario probable. Bien géré, il limiterait les dégâts sociaux.

Chapitre 2
DEUXIÈME DÉFI : LA PROBLÉMATIQUE BANCAIRE ET MONÉTAIRE

Nous avons vu que les banques sont en situation difficile du fait de leur exposition dans des opérations passées du stade juteux au stade mortifère, le tout restant souvent maquillé par des règles comptables dangereuses et intellectuellement malhonnêtes, et de dirigeants qui ne répondent jamais de leurs actes, et cela sous le regard de régulateurs paralysés. Bref, le système bancaire est profondément fragilisé, et plusieurs grandes banques menacent toujours de sombrer, rien n'ayant été fait depuis 2008 pour corriger les problèmes. Mais la réalité apparaît mois après mois sous nos yeux.

Le secteur bancaire de la zone euro souffre cependant d'une tare supplémentaire, de laquelle il n'est pratiquement pas responsable : le vice fondamental de l'euro.

Le lancinant problème de la balance des paiements

C'est le titre d'un brillant livre de Jacques Rueff, paru en 1965, qui alertait sur l'inexorabilité de la fin des accords de Bretton Woods si les déséquilibres persistaient. Il indiquait, quatre ans auparavant, que :

> « Il n'est pas actuellement, pour l'Occident, de tâche plus urgente que de reconnaître le danger qui le menace et, en y parant, de rétablir dans le monde libre un système monétaire générateur d'équilibre et de durée[1]. »

Les déséquilibres n'ayant pas été corrigés, le système monétaire international a sombré en 1971, et les conséquences ultimes ont donc mis quarante années à apparaître cruellement. Les déséquilibres mondiaux persistent, mais nous avons assisté depuis dix ans à un formidable déséquilibrage supplémentaire dans la zone euro :

Balance des paiements de pays de l'eurozone, 1990-2011

(en Md€) [Source : EuroStat]

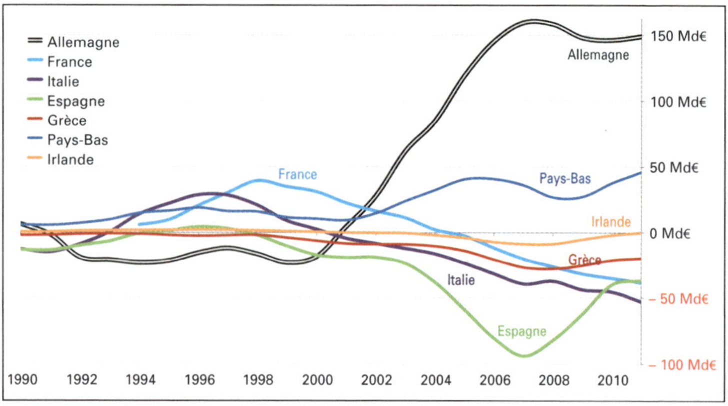

1. Jacques Rueff, *Le Monde*, 1961.

On remarque que le problème de la zone euro, ce n'est pas la Chine, c'est l'Allemagne ! Elle accumule en effet les excédents – tout comme les Pays-Bas, lesquels bénéficient simplement de leur rôle de plate-forme maritime de l'Europe.

Le modèle économique allemand est donc à l'évidence très compétitif. Michel Albert, ancien commissaire au Plan et ex-président des AGF, a analysé dans son excellent livre de 1991 (dont nous recommandons la lecture pour son acuité prophétique)[1] les forces de cette forme originale de capitalisme qu'il a qualifié de « rhénan » : non financier, décourageant la spéculation, privilégiant le long terme, la cogestion, la protection des salariés. Il soulignait aussi le paradoxe qu'il soit en train d'être battu par le capitalisme anglo-saxon, court-termiste :

> Michel Albert : « Au fond, si je devais ramasser en une seule phrase ce qui fait la différence entre ces deux variantes du capitalisme, je dirais ceci : le modèle néo-américain sacrifie délibérément l'avenir au présent. [...] J'ai pour ma part tendance à penser que la frontière qui sépare un pays en progrès d'un pays en déclin recouvre, dans une large mesure, la préférence pour la construction de l'avenir d'un côté, la jouissance du présent de l'autre. [...] Le combat entre les deux capitalismes se situe là précisément : c'est un combat du court terme contre le long terme, du présent contre l'avenir[2]. »

1. Michel Albert, *Capitalisme contre capitalisme,* 1991.
2. *Ibid.*

> Frédéric Lordon : « Ce n'est que par une aberration idéologique qu'on a donné capitalisme et libéralisme économique pour des synonymes : le régime fordien rappelle que le capitalisme peut s'organiser sous des formes qui encadrent et réduisent l'exercice de la concurrence – les capitalismes rhénan et japonais ont eux aussi montré dans les années 1980 non seulement la viabilité mais l'efficacité de ces configurations "non concurrentielles"[1]. »

Triste bilan de constater qu'au moment où le diagnostic affûté de M. Albert des vices fondamentaux a été écrit, il y a plus de vingt ans, le monde était encore en train de libéraliser et de financiariser à tous crins son économie. Et nous ne pouvons que reconnaître la victoire du capitalisme anglo-saxon sur la planète, qui a fini par contaminer le capitalisme rhénan. Notons que ce dernier résiste encore, et ce n'est pas pour rien que l'Allemagne reste aujourd'hui le pays le plus avancé dans la lutte pour la re-régulation financière et contre les marchés financiers.

Le combat était pourtant très difficile, car on ne peut soutenir que le capitalisme rhénan était plus efficace *dans l'absolu* – la preuve étant d'ailleurs qu'il a perdu.

Il est en effet nécessaire de préciser le critère d'analyse. C'est comme si on observait une course avec deux athlètes, l'un sprintant et l'autre étant dans un pas de course mesuré. L'un des deux a forcément une stratégie stupide, mais on ne peut savoir lequel est le plus « efficace » si on ne sait pas si on regarde un 100 mètres ou un marathon.

1. Frédéric Lordon, « Violences néolibérales », *Mouvements,* n° 23, 2002.

Le problème, d'ailleurs très bien décrit, est que le capitalisme néoaméricain est le plus efficace à court terme pour distribuer des bénéfices financiers, et le capitalisme rhénan évidemment le plus efficace à long terme, pour produire efficacement, contenter sa population et, accessoirement, survivre.

Comme la dérégulation caractérise le financiarisme (analyse des résultats à court terme, hyperrémunérations immédiates asymétriques et grille d'analyse qui est « le court terme, c'est un mois ; le moyen terme, un trimestre ; le long terme, un an »), le capitalisme rhénan ne pouvait pas gagner. C'est le drame, car la victoire à la Pyrrhus du capitalisme néoaméricain a signé sa faillite programmée, qui se déroule sous nos yeux sans même que nous agissions.

L'exploitation du peuple allemand

Toutefois, après ce panégyrique de l'Allemagne – où ont été soulignés de réels avantages de son modèle, rarement mis en avant, puisqu'ils sont à total rebours des intérêts du secteur financier –, il nous faut critiquer durement ses décisions des années 2000, qui correspondent finalement à une soumission au modèle américain et au renforcement de la guerre économique dans la zone euro. Au nom de la sacro-sainte « compétitivité », les salaires ont été bloqués, abaissant nettement le pouvoir d'achat des Allemands :

Évolution relative du coût de la main-d'œuvre en zone euro, 1999-2011 (évolution par rapport à l'évolution moyenne de la zone euro)
[Source : INSEE]

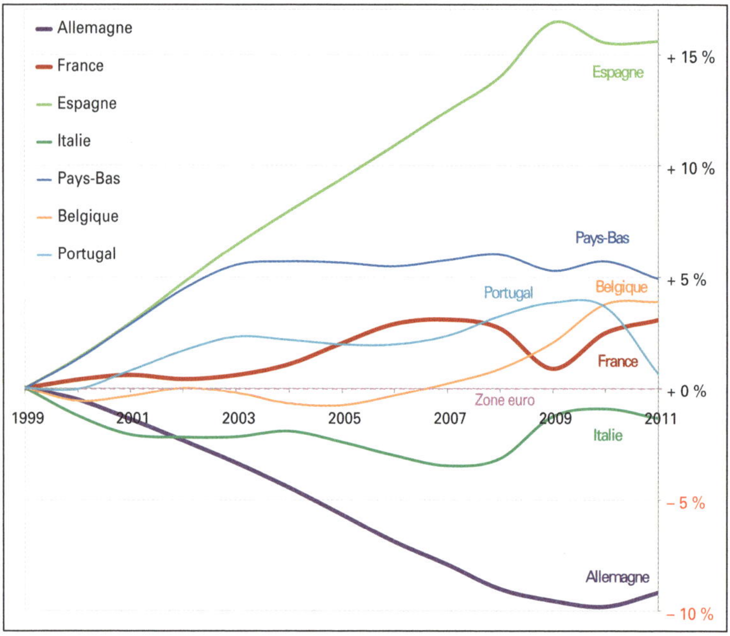

Ce graphique présente l'évolution relative du coût de la main-d'œuvre dans différents pays par rapport à l'évolution moyenne de la zone euro, depuis 1995. Si on observe bien le mantra habituel de la perte de compétitivité de la France par rapport à l'Allemagne, la vision de la zone euro montre que, en fait, c'est surtout l'Allemagne qui est atypique, la France étant restée dans la moyenne de la zone euro, alors que d'autres pays, comme l'Espagne, connaissaient une perte de compétitivité importante.

L'étude de l'évolution des salaires en Allemagne indique bien d'où est venu le problème :

Revenu salarial réel moyen en Allemagne par décile, 2000-2010
(en € constants 2005) [Source : DIW]

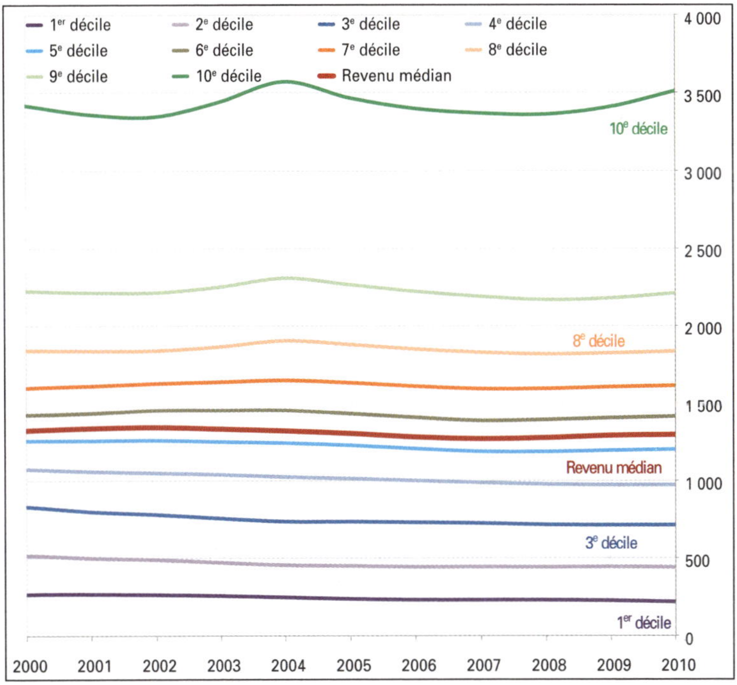

Corrigé de l'inflation, le pouvoir d'achat n'a connu aucune augmentation. Il saute aux yeux une caractéristique de l'Allemagne (qui ne possède pas de salaire minimal) : 20 % des salariés allemands gagnent moins de 500 euros par mois, et au total 40 % gagnent moins de 1 000 euros par mois. Ces chiffres sont éloquents, même s'ils s'expliquent en partie par le fait que beaucoup de femmes recourent au travail à temps partiel.

Afin de mieux visualiser, voici l'évolution en pourcentage depuis 2000 :

Évolution du revenu salarial réel moyen en Allemagne par décile, 2000-2010 (en %) [Source : DIW]

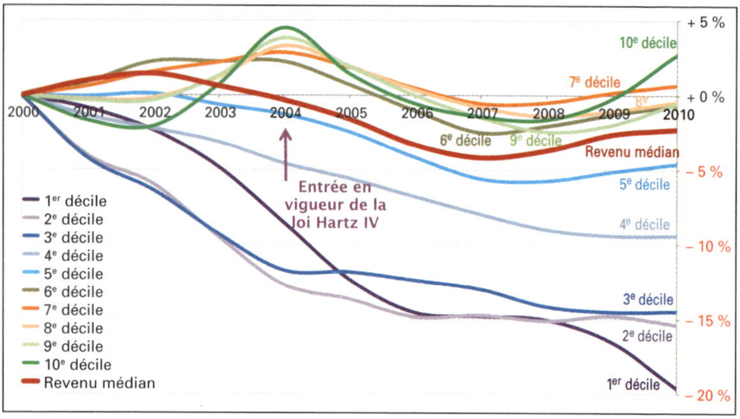

On constate ainsi que les 10 % des salariés allemands les plus pauvres gagnent 20 % de moins qu'en 2000 en termes réels, et que 80 % des Allemands gagnent toujours moins qu'en 2000. Le pays doit ce fabuleux résultat aux lois Hartz, que le chancelier socialiste Gerhard Schröder a fait voter entre 2003 et 2005. La loi Hartz IV a, entre autres, grandement réduit les allocations et forcé les gens à accepter des petits boulots moins bien payés que leur précédent emploi. Son effet délétère sur le pouvoir d'achat des Allemands est particulièrement visible.

Signalons au passage un effet très fréquent du financiarisme : le pillage du 9e décile. De façon surprenante, ce décile de revenu a été moins bien traité que quatre autres déciles, dont évidemment le 10e. En fait, on constate cela dans beaucoup de pays. Le phénomène est simple : les P.-D.G. ont en quelque sorte « phagocyté » la part de leurs cadres supérieurs et dirigeants. Ou pour parler « 1789 », la haute aristocratie a « volé » une part des revenus de la haute bourgeoisie. Il est assez piquant de constater que, comme à l'époque, bien loin d'essayer de s'acheter le soutien de la branche sur laquelle ils se reposent, ils se l'aliènent par rapacité. Et il faut rappeler qu'en général les révolutions éclatent quand la bourgeoisie ne soutient plus l'élite dirigeante.

Ainsi, on peut dire que les Allemands ont été exploités par leur gouvernement, qui les a forcés à être plus compétitifs en baissant leurs salaires et en délocalisant une partie de la production dans les anciens pays de l'Est.

Le modèle parasitaire de l'Allemagne

La concurrence est le moteur du capitalisme. Elle doit s'opérer sur la qualité, les modes de production, l'innovation, etc. Mais baisser les salaires pour devenir plus compétitif est la dernière des choses à faire en régime capitaliste, car, à l'échelle d'un pays, c'est une décision totalement destructrice pour deux raisons :

- Cela réduit évidemment la demande, les consommateurs ayant moins de salaires, et donc fait baisser le PIB (qui est égal à la somme des revenus).
- La baisse des coûts a tendance à se répercuter sur les prix, afin que les entreprises en concurrence gagnent des parts de marché intérieur. Cette décision a donc un effet déflationniste. Et la déflation casse la machine économique, car le consommateur n'achète plus que le strict indispensable, tout produit étant moins cher le mois suivant ; cela peut plonger le pays en dépression.

Dans le schéma habituel, si un État baisse ses salaires, sa consommation diminue, mais son économie devient plus compétitive, et ses exportations augmentent, ce qui compense en partie la baisse du PIB. Mais ses excédents commerciaux augmentant, sa monnaie s'apprécie mécaniquement, augmentant ses prix à l'export, et diminuant ses excédents, donc son PIB. Au final, c'est bien une stratégie perdante.

Mais l'Allemagne a été un cas particulier pour une raison : l'euro. Ses excédents commerciaux, dont 75 % sont réalisés en Europe, n'ont pas entraîné une hausse de sa monnaie, puisqu'elle partage la même que ses proches clients. Du coup, ses excédents perdurent, et la stratégie est gagnante non pas tant pour « les Allemands » que pour les actionnaires allemands qui bénéficient des profits générés. On observe en effet depuis 2004 une nette hausse de l'indice de Gini en Allemagne. En revanche, c'est une stratégie totalement neutre au niveau de l'Europe, et donc perdante pour les voisins de l'Allemagne.

Par analogie à un échelon inférieur, il s'est passé exactement la même chose que si, en France, la région Alsace avait choisi de fixer son SMIC à 800 euros par mois. Dans cette hypothèse, les coûts de production y baissent, les entreprises y deviennent plus compétitives, augmentent leurs exportations vers les autres régions, elles embauchent, le chômage baisse en Alsace ; la consommation baisse aussi, puisque les salariés ont moins d'argent, mais les excédents de la balance commerciale interrégionale compensent. C'est positif pour l'Alsace – même si ça l'est beaucoup moins pour les Alsaciens les plus pauvres.

Cependant, aucune magie : la conséquence de cette politique est une hausse du chômage dans le reste du pays – puisqu'il n'y a aucune création d'activité, juste des transferts interrégionaux de la production. Un tel

« modèle alsacien », fondamentalement parasitaire, car exploitant sa population et ses voisins, ne marche qu'à la condition de ne pas être dupliqué. Si le reste des régions de la France baissait leur SMIC à 800 euros, il n'y aurait plus aucun effet positif nulle part et il ne subsisterait qu'une colossale récession, la consommation chutant fortement.

En synthèse, dans notre exemple, l'Alsace aura simplement « aspiré » une partie du PIB du reste du pays et y aura exporté son chômage. C'est ce qui s'est passé avec l'Allemagne.

D'un côté, il y a une forme de logique dans le choix allemand, chaque pays utilisant au mieux ses avantages compétitifs. Or, disposer d'une population besogneuse et soumise, comme l'a montré Emmanuel Todd[1], en est un.

Cette stratégie de « guerre économique » n'a donc rien de bien nouveau ; ce qui l'est, c'est qu'a disparu à cause de l'euro le frein naturel de ces déséquilibres : l'épuisement des réserves de change du pays déficitaire qui conduisait à une dévaluation.

En fait, le gros problème est que cette politique n'est pas compatible avec le maintien d'une monnaie unique, pour une raison certes sociale (exporter son chômage n'est pas une idée pérenne), mais surtout bancaire.

La problématique bancaire

Pour comprendre le problème majeur, il nous faut comprendre comment se passe un paiement international. La balance commerciale entre l'Allemagne et

1. Emmanuel Todd, *La Diversité du monde,* 1999.

l'Espagne étant déséquilibrée, nous simplifierons en considérant :

• que tout se passe comme s'il n'y avait que des achats par l'Espagne de produits allemands, pour un montant égal au déficit commercial, et aucune importation allemande depuis l'Espagne ;

• que toutes les entreprises espagnoles importatrices ont leur compte courant chez Bankia, et toutes les allemandes à la Deutsche Bank.

Que se passe-t-il au niveau bancaire quand une entreprise E espagnole achète une machine-outil de 1 000 euros à l'entreprise allemande A ?

Évidemment, Bankia baisse le compte de E de 1 000 euros et Deutsche Bank augmente celui de A de la même somme, c'est trivial. Toutefois, s'il ne se passait que cela, Bankia serait plus riche et la Deutsche Bank plus pauvre – un compte courant étant en fait une dette de la banque envers son client. En réalité, il faut que Bankia donne aussi 1 000 euros à la Deutsche Bank.

Bankia possède principalement trois types d'actifs : des créances sur ses clients emprunteurs immobiliers, des titres (bons du Trésor, obligations…) et un compte à la Banque centrale, qui contient une forme monétaire particulière dite « monnaie Banque centrale », comptée aussi en euros. Cette monnaie ne circule qu'entre les banques commerciales et la Banque centrale, et, pour ne pas tomber dans la profonde erreur d'analyse généralement faite, nous proposons de nommer pour cet exemple cette monnaie « écu », avec une valeur de 1 écu = 1 euro.

Les banques ne transfèrent pas leurs créances sur clients, donc, en général, elles se paient entre elles

les soldes correspondant aux transactions des clients (après compensation réciproque) par des échanges de titres sur le marché interbancaire, en simplifiant. Avant la crise, Bankia aurait ainsi donné 1 000 euros de bons du Trésor espagnols qu'elle possède à la Deutsche Bank, ce qui aurait clôturé simplement les opérations comptables liées à l'achat de la machine-outil : transferts entre comptes courants pour les clients / transferts de titres entre banques.

Malheureusement, la crise est arrivée, et le marché interbancaire s'est figé, les banques ne se faisant plus confiance entre elles depuis 2008 et n'ayant plus confiance dans les bons du Trésor depuis 2010.

Le marché interbancaire de la zone euro, 1999-2012

(montant des dettes des banques commerciales envers d'autres banques commerciales ; en Md€ constants 2011) [Source : BCE]

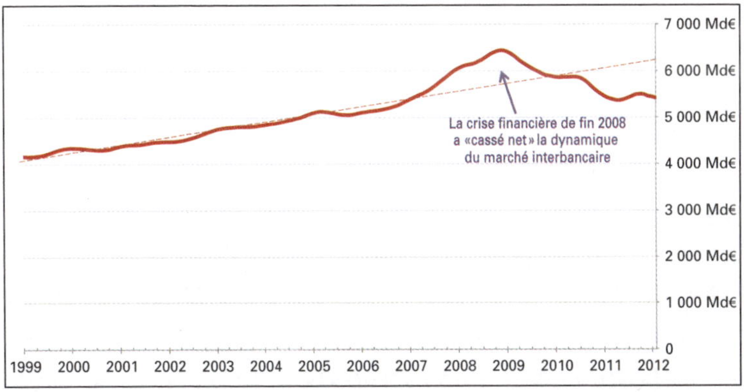

On constate ainsi qu'il manque au moins 1 000 milliards d'euros dans le système interbancaire.

Poursuivons notre exemple. La Deutsche Bank refuse désormais les bons du Trésor espagnols de Bankia. Celle-ci n'a plus le choix, et doit donc transférer

1 000 écus de son compte à la Banque centrale vers le compte de la Deutsche Bank à la Banque centrale. Rappelons que ces écus tournent schématiquement en circuit fermé, et que la Deutsche Bank ne peut, en gros, rien en faire d'autre que les laisser sur son compte courant. Il faut noter que ce n'est pas très différent d'un compte courant classique – mis à part le convertir temporairement en billets, que faire de la monnaie de son compte si ce n'est au final la transférer sur le compte de quelqu'un d'autre ? En schéma normal, la Deutsche Bank aurait d'ailleurs pu aussi prêter à une autre banque commerciale les écus de son compte, mais elle s'en garde bien dans le contexte actuel.

Le problème apparaît clairement : l'Allemagne étant structurellement plus compétitive, il y a un déficit espagnol tous les ans, et donc Bankia doit tous les ans transférer des écus à la Deutsche Bank, qui siphonne son compte – qui ne se remplit jamais, et ne peut donc que finir un jour à zéro…

Cerise sur le gâteau, pour compliquer encore, les comptes en écus ne sont pas gérés par la BCE, mais par les banques centrales nationales, qui composent l'Eurosystème. En l'espèce, le compte de Bankia est débité à la Banque d'Espagne et le compte crédité Deutsche Bank est à la Bundesbank. Les banques centrales transfèrent les écus, mais il se passe pour elles exactement la même chose que pour les banques commerciales : il faut en théorie que la Banque d'Espagne transfère des écus à la Bundesbank.

Au moment où Bankia paie la Deutsche Bank en écus, il se produit une écriture au niveau de l'Eurosystème, qui matérialise la créance de la Bundesbank dans ce qu'on appelle dans le jargon technocratique un « solde Target2 », dont la presse parle souvent.

Or, il n'existe pas de « supermonnaie Banque centrale » qui permettrait de faire cela. Les banques centrales ne pourraient se payer qu'en transférant entre elles soit des titres (mais elles en ont peu), soit des créances sur les banques commerciales (elles en ont beaucoup). Mais en pratique, il ne se passe rien, il n'a étrangement pas été prévu de solder les « soldes Target2 » alors que la Fed aux États-Unis le fait. Cela étant, ce transfert au niveau des banques centrales n'a strictement aucune utilité tant que l'euro existe, puisque toutes les banques centrales sont en « quasi-fusion ».

L'évolution des soldes depuis 2009 est colossale :

Soldes TARGET2 de banques centrales de l'Eurosystème, 2007-2012 [Source : BCN]

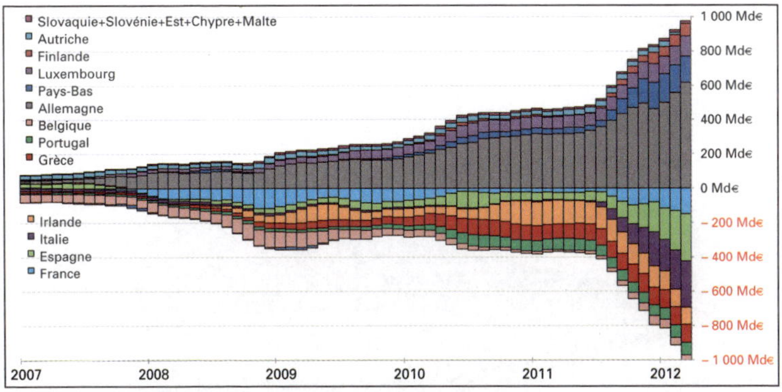

Le cumul des soldes allemands et luxembourgeois face aux soldes des pays du Sud montre le transfert qui s'opère à l'intérieur de la zone euro.

Soldes TARGET2 de banques centrales de l'Eurosystème, 1999-2012 [Source : BCN]

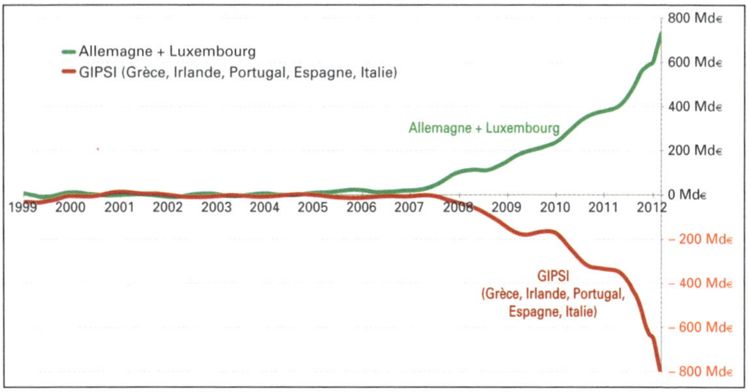

Il est éclairant de constater que le solde allemand de 600 milliards d'euros correspond, logiquement, peu ou prou au cumul de ses soldes commerciaux depuis 2007 :

Soldes des balances des paiements de l'eurozone, cumulés depuis 2007 (= solde commercial + solde de capital = capacité/besoin de financement du pays) [Source : EuroStat]

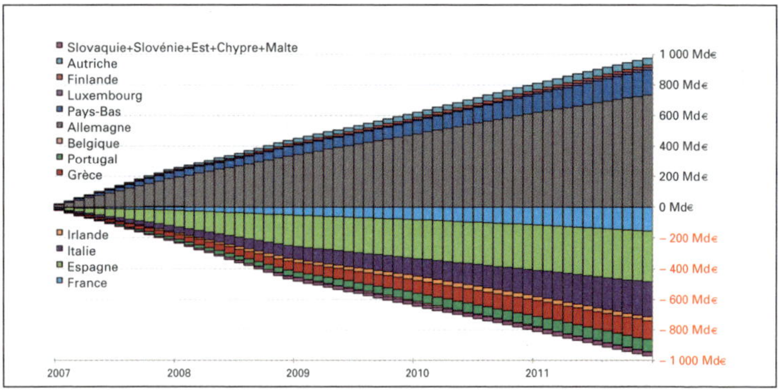

Sauf qu'au début de la période, les banques commerciales se payaient *via* le marché interbancaire avant de basculer sur des paiements *via* la BCE.

En synthèse, ces soldes Target2 sont les équivalents de ce que seraient des soldes entre banques centrales régionales, s'il prenait l'idée un peu stupide de scinder la Banque de France en vingt-deux sous-banques régionales. Forcément, la Banque d'Île-de-France serait créditrice des banques des régions moins dynamiques. Mais au final, rien n'aurait vraiment changé par rapport à aujourd'hui, on aurait créé fictivement des problèmes en fragmentant le système bancaire central.

En revanche, il faudrait réellement solder les comptes Target2 en cas d'explosion de l'euro mais, contrairement aux fantasmes propagés, cela ne poserait aucune difficulté de résolution (on peut le faire demain), car il suffirait de réaffecter internationalement les créances sur les banques commerciales, qui sont par nature toujours supérieures aux soldes Target2. Bref, les soldes Target2 ne posent pas de difficulté aux banques centrales.

Cependant, leur existence montre qu'il y a de sérieux déséquilibres entre banques de différents pays, et donc aussi très probablement entre banques d'un même pays – mais le montant du solde généré par une banque en particulier est tenu secret, car il dévoilerait les banques les plus fragiles… En fait, les banques souffrent beaucoup de rester nationales alors que la monnaie ne l'est plus.

Terminons notre exemple. Ainsi, le compte de Bankia se dégarnit perpétuellement – et forcément, il finit par être vide. Le seul moyen pour Bankia d'obtenir des écus consiste à emprunter des titres à la BCE contre garanties en titres.

C'est pour cela que la BCE a réalisé deux opérations géantes de refinancement en décembre 2011 et février 2012 – ce sont les 1 000 milliards d'euros prêtés à 1 % de ce qu'on a appelé les LTRO (opérations de refinancement à long terme). En fait, la BCE a simplement créé des écus pour alimenter les comptes, afin que cette monnaie circule, et que les banques puissent solder leurs dettes d'un point de vue comptable. Mais ces opérations ont été mal interprétées. Rappelons :

• qu'il est parfaitement normal que les 1000 milliards d'écus empruntés à la BCE aient été déposés par les banques à la BCE – elles ne peuvent pratiquement rien en faire d'autre ;

• que les banques ne peuvent pas les prêter aux clients dans des opérations normales, car il ne s'agit que de monnaie centrale. Donc non, elles n'empruntent pas de l'argent à 1 % pour le re-prêter à 5 % – ou alors très marginalement. Aucun scandale là-dedans. De toute façon, les banques ne manquent évidemment jamais de monnaie à prêter !

La monnaie créée a, en fait, immédiatement été utilisée. On ne le voit pas en regardant les comptes de la BCE, car ils agrègent les comptes nationaux, mais on le voit en décortiquant lesdits comptes :

Emprunts et dépôts des systèmes bancaires nationaux auprès de la BCE entre mai 2011 et mars 2012 [Source : BCE]

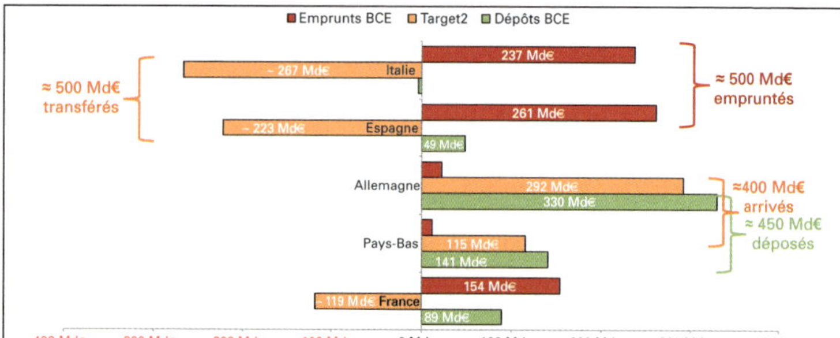

On constate que les banques commerciales d'Espagne et d'Italie ont emprunté 500 milliards d'écus à la BCE, qu'elles ont immédiatement transférés à des banques commerciales allemandes et néerlandaises, qui les ont du coup forcément redéposés à la BCE.

Bien entendu, si les flux commerciaux entre l'Espagne et l'Allemagne ne s'inversent pas, ces banques ne pourront pas rembourser la BCE à l'issue des prêts – ce qui va occasionner quelques difficultés de crédibilité (la BCE re-prêtera probablement les mêmes sommes pour ne pas laisser apparaître l'insolvabilité des banques commerciales, cavalerie classique).

Nous avons développé cette partie, un peu complexe (mais qui s'éclaire si on comprend bien la différence entre euros et ce que nous avons nommé « écus »), car elle est fondamentale pour la suite de la crise. Nous ne développons pas plus ce sujet et renvoyons le lecteur intéressé vers le remarquable livre d'André Chaineau, *Mécanismes et politique monétaires*[1].

Le problème se résume simplement : les déficits commerciaux permanents à l'intérieur de la zone euro, avec des banques nationales, sont de nature à entraîner plus ou moins rapidement la faillite du système bancaire – en plus des difficultés liées à l'exportation parallèle du chômage…

Maintenir l'euro en tant que monnaie unique dans la zone impliquerait forcément, et très rapidement, de ramener les soldes commerciaux entre pays de la zone à l'équilibre. Une telle « règle d'or commerciale » aurait d'ailleurs dû être intégrée dans les traités dès le début.

1. André Chaineau, *Mécanismes et politique monétaires,* 2000.

Ce principe – « Tu commerceras avec tes voisins, mais ne chercheras pas à les exploiter par des excédents commerciaux » – est un principe de bon sens, indispensable à la survie des systèmes monétaires, mais cela fait un siècle que nous refusons de le mettre en œuvre, et que nous finissons, à long terme, par payer des factures démesurées. Répétons-le encore une fois : « Un excédent commercial, c'est mal », car on ne cesse de valoriser les économies chinoises, japonaises et allemandes, alors qu'elles précipitent l'Occident dans l'abîme.

> John Maynard Keynes : « Le problème du maintien de l'équilibre des balances de paiement entre pays n'a jamais été résolu, depuis que les méthodes de troc ont permis l'émergence de la monnaie et de lettres de change. [...] L'échec à résoudre ce problème a été une cause majeure de l'appauvrissement et du mécontentement social, voire de guerres et de révolutions[1]. »

> Jacques Rueff : « Le but est de restaurer un système international de paiement qui ne viole pas le plus élémentaire bon sens ; en d'autres termes, il s'agit d'obtenir que le pays débiteur perde ce que gagne le pays créancier. [...] Puissions-nous, avant qu'il soit trop tard, rendre aux mécanismes monétaires les tâches que les faibles mains et l'esprit vacillant des hommes ne sont pas, dans l'état actuel des choses, en mesure d'assumer[2]. »

La folie des grandeurs bancaires

Nous avons vu que le système bancaire est en grande difficulté. Au moment de la crise de 2008, les banques

1. John Maynard Keynes, *Post-War Currency Policy,* 1941.
2. Jacques Rueff, *Le Péché monétaire de l'Occident,* 1971.

ont atteint des tailles gigantesques ; nombreuses sont celles qui disposent même d'un bilan d'une taille supérieure ou proche de la taille du PIB de leur pays :

Classement des banques en fonction du poids de leurs actifs dans le PIB de leur pays au 31/12/2007 (en % du PIB et en Md$)

[Sources : Rapports annuels et OCDE]

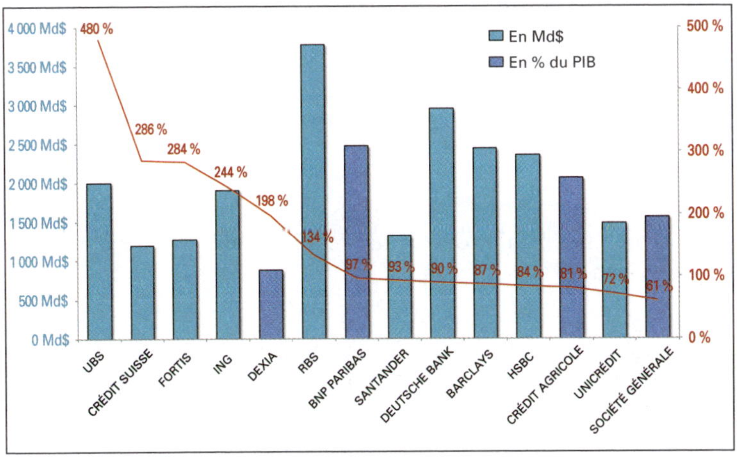

Il est dès lors évident qu'une banque qui pèse 1 000, 2 000 ou 3 000 milliards de dollars d'actifs est *too big to fail*, trop grosse pour qu'on puisse la laisser partir en faillite.

Les quatorze banques citées représentaient le total incroyable de près de 28 000 milliards de dollars de dettes ; elles ne disposaient alors, pour garantir leurs clients et créanciers, que de 870 milliards de dollars de capitaux propres, soit 3 % des dettes. On dit que la banque opère avec un levier de 32. Si seulement 3 % des actifs sont perdus ou si 3 % des crédits ne sont pas remboursés, la banque sera en faillite.

Face à ces diplodocus, le G20 de Cannes a publié en 2011 la liste de vingt-neuf banques (dont quatre françaises + Dexia) qu'il a qualifiées « d'importance systémique » – bref, ce sont des bombes atomiques qui menaceraient l'édifice financier mondial en cas de grosse difficulté :

FSB FINANCIAL STABILITY BOARD

4 November 2011

Policy Measures to Address
Systemically Important Financial Institutions

Annex

G-SIFIs
For which the resolution-related requirements will need to be met by end-2012[1]

Bank of America
Bank of China
Bank of New York Mellon
Banque Populaire CdE
Barclays
BNP Paribas
Citigroup
Commerzbank
Credit Suisse
Deutsche Bank
Dexia
Goldman Sachs
Group Crédit Agricole
HSBC
ING Bank
JP Morgan Chase
Lloyds Banking Group
Mitsubishi UFJ FG
Mizuho FG
Morgan Stanley
Nordea
Royal Bank of Scotland
Santander
Société Générale
State Street
Sumitomo Mitsui FG
UBS
Unicredit Group
Wells Fargo

Depuis trois années, ces banques ont commencé, avec difficultés, à se recapitaliser. Mais les ratios de levier restent désespérément trop élevés – à l'exception des banques américaines :

Leviers des banques mondiales à risque systémique fin juin 2012

(en multiple des fonds propres) [Source : J.-P. Chevallier d'après comptes sociaux]

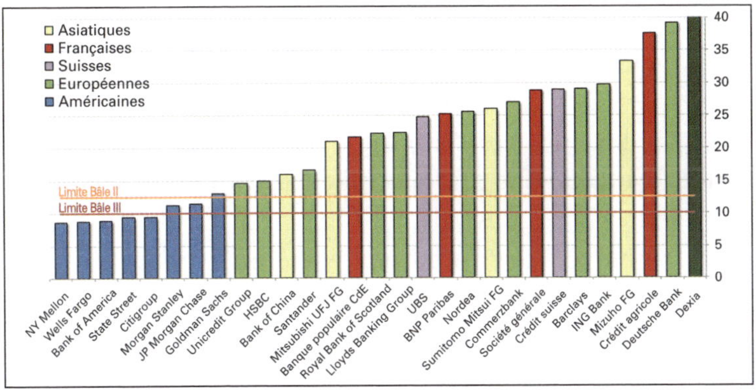

D'autant que les prochaines normes des accords dits de Bâle III limiteront le levier à dix fois d'ici à quelques années. On constate que bon nombre de banques devront doubler, voire tripler, leurs fonds propres pour respecter les normes – ou diminuer leurs dettes.

Mais un point laisse pantois. S'il est compliqué et long de revenir à des ratios un minimum prudents, on ne peut que déplorer le fait que le G20 se soit limité à faire une liste, alors que le simple bon sens consisterait à découper ces mastodontes en plusieurs banques, pour que des difficultés éventuelles restent gérables.

Cela aurait également l'avantage de remettre de la concurrence dans le secteur, comme la scission de la Standard Oil de Rockfeller par le gouvernement américain en 1914 l'a fait pour le secteur pétrolier, à l'avantage tant des clients que des actionnaires et de la société.

Une vraie solidarité ?

« L'Europe, c'est la paix », tel est le mantra répété en boucle depuis des décennies. On pourrait objecter aussi que « le Canada, c'est la paix », « l'Océanie c'est la paix », « l'Amérique du Sud, c'est la paix ». Mais nous dirons simplement que, comme la nommait très pertinemment Maurice Allais, « l'Organisation de Bruxelles, c'est la guerre – économique ». Une guerre impitoyable, qui a mis tous les États européens en situation de concurrence féroce, avec un esprit finalement totalement antieuropéen. Cette guerre fait des morts tous les mois, suicidés, et des millions de miséreux et chômeurs.

Disons-le clairement : quand on étudie de près le sujet économico-politico-monétaire, il apparaît comme une évidence que l'euro est une erreur gravissime. Une espèce de pari fou, tenté par des dirigeants imprudents, pour essayer de forcer, par la monnaie, la constitution d'une fédération européenne en quelques années, et dont personne et surtout pas ses dirigeants, ne veut assumer les conséquences.

L'euro peut-il survivre ? En théorie oui, mais en pratique cela semble impossible. Il y a trois possibilités, qui impliquent toutes de mettre fin aux déséquilibres ou de les compenser.

La première consiste à équilibrer les balances commerciales « par le bas ». C'est la solution qui est tentée en vain depuis trois ans. Elle consiste à baisser les salaires dans les pays du Sud, à commencer par la Grèce. Cela échoue lamentablement au vu du niveau des énormes écarts de compétitivité. Les programmes d'austérité sont si violents qu'ils font s'écrouler l'économie et détruisent la société.

Et même si ces plans avaient marché, l'Europe serait alors entrée en dépression – pour reprendre notre exemple, c'est le scénario « le SMIC alsacien pour toute la France ». Rappelons une évidence : cesser les déficits dans le Sud implique évidemment de cesser les excédents dans le Nord. Or, ce sont eux qui y tiennent l'économie en vie, vu les baisses de pouvoir d'achat constatées. Pour imager la pensée de Keynes, pleine de bon sens, on pourrait dire que dans un 100 mètres entre Usain Bolt et un « petit gros », on est en train de demander au « petit gros » de courir plus vite – l'infarctus est en vue.

La deuxième solution est plus simple : c'est le rééquilibrage « par le haut », où on exige des pays excédentaires qu'ils cessent le parasitage en diminuant leur compétitivité, par le biais de politiques de prodigalité – augmentations de salaire, baisse du temps de travail, etc. Ici, on remet le SMIC alsacien au niveau du reste du pays, ou on demande à Usain Bolt de ralentir. Mais dans ces conditions, les pays du Nord se retrouveront en difficultés, et il est difficile d'abandonner un avantage chèrement acquis. Mais on ne peut toutefois avoir le beurre (l'euro) et l'argent du beurre (les excédents).

La dernière solution suppose de compenser les conséquences des écarts de compétitivité. Il faudrait construire une Europe fédérale, bref en faire un vrai pays. Mais attention, les conséquences sont lourdes. Tout comme on n'imaginerait pas avoir en France un SMIC à 800 euros en Alsace ou les 40 heures en Aquitaine, une « Europe fédérale », c'est, en gros, un seul SMIC, un seul temps de travail, une seule protection sociale – bref, un seul pays. Et bien entendu, comme en

France, pour compenser les inévitables écarts locaux, un seul vrai budget et des transferts entre régions. Pour situer, le budget européen c'est 1 % du PIB, le budget fédéral américain, 25 %.

Bien entendu, le rêve secret de beaucoup de « fédéralistes » pour l'Europe, surtout néoconservateurs, c'est évidemment, au nom de la « compétitivité », le SMIC slovaque, le temps de travail anglais et la protection sociale polonaise. On comprend que les peuples, échaudés et plus lucides que leurs « élites », refusent ce fédéralisme-là, voie royale vers la misère.

Un vrai budget européen, c'est forcément plus d'impôts dans le Nord, à destination des pays du Sud. Cependant, le niveau actuel de solidarité intraeuropéen est d'environ 120 euros par an et par habitant. Un Allemand paie donc en moyenne 140 euros d'impôts de plus en net (le tout représentant 11 milliards d'euros), qui permettent par exemple à un Grec de toucher une subvention de plus de 300 euros. Rappelons que l'Allemagne est un pays qui a une longue expérience d'une solidarité avancée entre ses régions.

> Michel Albert : « Les Français demeurent en majorité persuadés que, parce qu'elle est un pays centralisé, la France est évidemment le pays de la plus grande égalité dans la répartition des richesses, au plan géographique comme au plan social. En réalité, tout démontre le contraire. [...]
> Le budget de l'État [allemand] est ainsi de 280 milliards de Deutsche Mark contre 270 pour les Länder. [... Ce modèle] impose une concertation permanente et une redistribution des moyens financiers. Les ressources des Länder subissent d'ailleurs une égalisation afin d'éviter qu'aucun d'entre eux ne dispose d'un revenu par habitant inférieur

de 5 % à la moyenne d'ensemble. 5 % seulement ! Alors que, entre les régions françaises, l'écart correspondant est de l'ordre de 20 % à 30 %. Aux États-Unis, l'écart entre l'État "le plus riche" et l'État "le plus pauvre" est de 50 %[1]. »

Au niveau de la zone euro, les écarts en 2012 sont de plus ou moins 30 %, compte tenu des différences de pouvoir d'achat (entre Pays-Bas – Allemagne et Grèce – Slovaquie).

Cependant, le problème est que, au vu du déficit allemand, et si un rééquilibrage diminuant la compétitivité allemande n'intervenait pas, il faudrait que ce pays transfère environ dix fois les sommes actuelles – et rapidement.

Est-ce crédible ?

Les Allemands sont-ils prêts à un tel saut de solidarité ? Et les Français sont-ils prêts à payer dans quelques semaines plus d'impôts pour les autres, alors que cela fait quarante ans qu'ils n'en payent pas assez pour eux-mêmes ?

Nous ne réalisons pas ici une promotion de l'égoïsme ou de l'euroscepticisme. Nous soulignons le fait que nous quittons à ce stade le terrain économique pour le terrain politique et géopolitique, et souhaitons rappeler que, l'Histoire le montre, on ne joue pas avec les ressentiments populaires sans conséquences graves.

Vouloir construire un pays fédéral en quelques années alors que les peuples n'en veulent pas, forcer

1. Michel Albert, *Capitalisme contre capitalisme,* 1991.

une colossale solidarité (dont on se demande si les promoteurs acharnés ont bien compris quelles en étaient les réelles implications financières) en quelques mois au prix d'une misère sociale, risque de rapidement détourner les masses du rêve européen et de détruire les acquis.

Construire une monnaie unique est très simple, et à la portée du premier venu : il suffit de signer un traité et de lancer les planches à jolis nouveaux billets. Les premières années, tout se passe bien : l'économie est libérée du risque de change, les voyageurs voient leur vie simplifiée.

Mais une monnaie n'est pas un jouet. Elle a une fonction vitale d'irrigation de l'économie et elle possède des mécanismes d'ajustement automatique par les taux de change qui sont très utiles, voire indispensables. C'est pourquoi dans l'histoire, près de 100 % des unions monétaires sans création d'un « vrai pays » ont fini par échouer en quelques années ou décennies.

Avec l'euro, dans un premier temps tout a semblé très bien se passer. Mais en profondeur, les déficits et les promesses de payer plus tard rongeaient insidieusement le système bancaire.

Quant à construire un « vrai pays », on le résume souvent en « saut fédéral ou fin de l'euro », mais l'honnêteté oblige à dire que « saut fédéral » doit s'entendre comme « code du travail unique », « Sécurité sociale unique », probablement « budget unique » et transformations de Parlements nationaux en grands conseils régionaux.

Cela implique des transferts budgétaires massifs, où des impôts massifs levés sur la zone compétitive compensent le soutien et l'adaptation de la seconde zone

– comme entre la France et la Guadeloupe par exemple. De tels transferts financiers massifs entre pays ont d'ailleurs été réalisés pour la Grèce, sauf qu'ils ont été présentés comme des prêts – et nous allons bientôt voir qu'ils étaient en réalité des dons, avec des conséquences politiques imprévisibles quand la réalité apparaîtra...

La question est donc : les peuples y sont-ils vraiment prêts, sachant que les alignements ne se feront jamais sur les niveaux plus protecteurs des salariés, et qu'il y aura donc des régressions dans beaucoup de pays ?

Avec l'euro, nous nous sommes privés de la possibilité de dévaluer dans la zone. Pourquoi pas, mais cela implique de bâtir le pays qui va avec. Bref, de transformer la zone euro en un pays de dix-sept régions. Or nous avons voulu réaliser une construction éminemment politique avec un instrument éminemment économique.

Ce n'est pas une chose impossible en soi, mais réunir dans une même zone monétaire l'Allemagne, la France, la Grèce et la Slovaquie entraîne dès lors des conséquences que les gouvernements et les peuples se doivent d'accepter si on veut que la monnaie survive.

Or, nous avons eu de très beaux discours sur ce sujet, de belles promesses de solidarité. Malheureusement, chacun des cinq mille jours d'existence de l'euro a démontré qu'il n'y avait que dix-sept pays férocement concurrents, sans la moindre volonté d'une réelle coopération ni de solidarité avancée. C'est sans doute un peu triste, ce n'est pas illogique, et c'est en tout cas la réalité. Mais il y a alors un gros problème : cette option est incompatible avec le maintien d'une monnaie unique.

Nous voyons tous les jours la puissance des égoïsmes nationaux – et le traitement que nous avons réservé à la Grèce devrait suffire à éclairer la réalité de la « solidarité européenne » face à ce peuple attachant qui souffre atrocement. L'Organisation de Bruxelles est ainsi responsable de l'entrée au Parlement grec de 7 % de députés, non pas d'extrême droite, mais véritablement néonazis, si les mots ont un sens. Brillant succès de « l'Europe c'est la paix » – slogan auquel on pourrait désormais ajouter « mais plus pour longtemps si on continue ainsi ». Certes, beaucoup de Grecs ont commis des excès en l'absence de contrôles, mais il ne revient pas à nous, citoyens d'un pays approchant 2 000 milliards d'euros de dette publique, de donner des leçons de bonne gestion financière à qui que ce soit...

Il est dramatique que le débat intellectuel soit à ce point sclérosé par l'incapacité à accepter la critique et à briser l'escalade d'engagement en reconnaissant honnêtement que des erreurs ont été commises par le passé, ce qui est pourtant un signe de grande intelligence et de responsabilité pour un dirigeant. Cela empêche de prendre de salvatrices décisions correctrices, de bâtir des stratégies efficaces. Par exemple, il pourrait être viable de conserver un euro en tant que monnaie commune, mais d'introduire trois ou quatre monnaies dans la zone afin de permettre des semblants de dévaluations régulières si les déficits ne se corrigeaient pas. Ou au pire de reconnaître l'échec monétaire et de revenir à dix-sept monnaies (en gardant ou pas un euro en tant que monnaie commune comme entre 1999 et 2001), mais, pour ne pas rester sur un échec, de lancer immédiatement une initiative européenne, correspondant aux attentes des peuples.

Car oui, c'est par une bien étrange manipulation qu'on assimile des critiques de la monnaie unique à une position « antieuropéenne » ; les néoconservateurs peuplant l'Organisation de Bruxelles ont ainsi kidnappé à leur seul profit le projet de coopération européenne, qui est indispensable dans le monde plus instable dans lequel nous entrons, face à des blocs continents.

L'idée d'intégration européenne et de solidarité transnationale est une belle et grande idée. Mais cela ne veut pas dire accepter n'importe quelle ânerie proposée par des technocrates sautant sur leur chaise en criant « Europe, Europe, Europe », pour mieux nous faire accepter d'imbéciles politiques régressives à rebours de nos intérêts. Là encore, par une analogie d'échelon inférieur, cela voudrait dire que, si on pense qu'il vaut mieux avoir un État central avec des pouvoirs en France, plutôt que des politiques non coopératives décidées dans nos vingt-deux régions, on devrait accepter sans broncher n'importe quelle politique régressive et non démocratique décidée par l'Assemblée nationale. Folie.

Mais intégration ne veut pas dire fusion. Et l'intégration n'implique pas la précipitation, bien au contraire. Qui dit projet exceptionnellement ambitieux dit stratégie à long terme en béton et non pas tactiques d'amateurs, désordonnées et à courte vue. Le premier devoir d'un bâtisseur de l'Europe consiste à respecter les peuples, dont la mobilisation de 2005 a bien montré qu'ils pouvaient s'intéresser au sujet et en débattre. Leur rejet de l'Organisation de Bruxelles ne signifie nullement leur rejet d'un idéal européen.

Encore faudrait-il qu'on leur en propose un qui corresponde à leurs attentes.

Il est logique d'avoir réalisé un espace de libre circulation des biens et des personnes, pour disposer d'un espace de commerce libre, mais il n'est pas logique de ne pas disposer d'une fiscalité commune pour les entreprises de la zone. Il est par exemple scandaleux que l'Irlande, bénéficiaire de plans d'aide européens, continue à réaliser un dumping fiscal sur le taux de l'impôt sur les sociétés.

Comme nous l'avons lu, il est suicidaire d'avoir réalisé un espace de libre circulation des capitaux, à tout le moins des capitaux spéculatifs.

En revanche, on reste stupéfait, au vu des efforts réalisés dans les domaines précédents, de l'absence de politiques communes concernant tant de secteurs fondamentaux qui auraient pu rationaliser les moyens et bâtir un vrai esprit européen : enseignement supérieur, police, justice, défense, sports, environnement...

Malheureusement, nous manquons de débats démocratiques et de confrontation intellectuelle indispensables à la construction de telles politiques, ambitieuses, raisonnables et efficientes.

> Augustin de Romanet : « Ainsi, nous sommes entre deux mondes. Les repères du christianisme sont abandonnés et s'estompent sans qu'une alternative se présente et que la "nouvelle sagesse" que certains appellent de leurs vœux se précise. Pour Élisabeth Badinter, cela peut prendre du temps. Regrettant la médiocrité philosophique de sa génération postsoixante-huitarde, elle affirme : "Mon regard d'historienne m'aide à prendre du recul ; il existe de nombreuses périodes, dans l'histoire, de désert de talent et de pensée. Cela peut durer un demi-siècle ou plus."[1] »

1. Augustin de Romanet, *Non aux 30 douloureuses*, 2012.

En conséquence, des idéologies quasi religieuses remplacent tout pragmatisme de bon sens. Mais il ne sert à rien de vouloir avoir raison tout seul, *a fortiori* contre les faits. Une monnaie unique n'est pas une fin en soi, c'est juste un moyen au service d'une politique, et l'aveuglement idéologique actuel détériore de plus en plus les comptes de la Banque centrale et risque d'altérer l'avenir même de l'Union européenne, bien précieux, en accumulant les mauvaises décisions. Alors qu'il serait possible de reculer pour mieux sauter, en sauvant un euro monnaie commune avec deux ou trois monnaies physiques dans la zone, afin de retrouver une capacité de dévaluation pour ajuster les économies. Tout le monde aurait signé pour un tel progrès en 1989-1993. *Errare humanum est, perseverare diabolicum.*

Malheureusement, les élites gouvernantes sont prêtes à sacrifier le présent pour une illusoire promesse de futur radieux. Cela arrive parfois, comme en Angleterre dans les années 1920, où le peuple a été sacrifié par ses gouvernants au veau d'or de l'étalon du même nom. Et actuellement, on comprend à demi-mot qu'on veut nous sacrifier au nom d'un illusoire sauvetage de l'euro, expérience monétaire absurde, lancée avec une inconséquente légèreté. Or, s'il est un magnifique symbole pour un « rêve » européen, son sauvetage n'est malheureusement ni possible ni même souhaitable au vu des conséquences de nature à attenter à la notion même de démocratie.

> Peter Ustinov : « Malheureusement, une surabondance de rêves se paie par une augmentation proportionnelle de cauchemars. »

EN SYNTHÈSE

- Le deuxième défi de l'Occident est la gestion des conséquences de l'incroyable amateurisme ayant conduit à la création de l'euro dans une zone économique profondément divergente et sans aucun esprit réel de coopération et de solidarité avancées.
- Les pays de la zone euro ont persisté à agir dans le cadre d'une véritable guerre économique, non compatible avec l'existence d'une monnaie unique.
- Le gouvernement allemand a choisi une politique profondément parasitaire en compressant les salaires des travailleurs allemands, dont tous les niveaux ont subi des pertes de pouvoir d'achat, surtout les plus pauvres ; s'en sont suivis une exportation du chômage allemand chez ses voisins et de gigantesques déséquilibres des balances des paiements.
- Le siphonnage des systèmes bancaires des partenaires européens de l'Allemagne, consécutif à ces déséquilibres, non résorbables par des taux de change, a mis en danger l'ensemble.
- Un système ne peut vivre avec 100 % de parasites : le modèle allemand n'est nullement reproductible ; le faire déclencherait une spirale dépressive.
- L'équilibre des balances commerciales devrait être un objectif de toute relation commerciale.
- Cet équilibre est probablement un impératif pour la survie de l'euro ; celle-ci nécessiterait toutefois une profonde harmonisation de nombreux paramètres qui semblent hors de portée – sans même parler de leur désirabilité.
- L'euro ne doit être qu'un moyen au service d'une politique, pas un objectif nécessitant des sacrifices inacceptables.

Chapitre 3
TROISIÈME DÉFI : PRÉSERVER LA DÉMOCRATIE

Ce dernier chapitre conclusif sera volontairement très court, car il est en train de s'écrire sous nos yeux, et nous pouvons encore en guider la plume.

Le recul démocratique que nous vivons depuis le début de la crise est permanent et de plus en plus inquiétant. Nous avions vu en 2005 la totale absence de considération que certaines élites avaient pour l'avis du peuple. L'auteur de ces lignes en parle avec grand détachement, car il avait voté oui au référendum, ce qu'il regrette bien amèrement; mais la crise a donné de formidables occasions d'ouvrir les yeux sur la farouche volonté de, certes, construire une Europe fédérale (mais sans s'en donner les moyens...), mais surtout de construire une Europe fédérale laisser-fairiste, financiarisée, régressive, non démocratique, dans un état d'esprit dont la meilleure qualification est peut-être : néoféodal.

Car quoi de pire que des gouvernants qui foulent aux pieds les traités et bafouent les lois – faits justement pour servir en cas de problèmes ? Et ils ne s'en cachent même plus :

> Nicolas Sarkozy : « Je n'ai rien obtenu de l'Allemagne ? Quand la BCE prête à 1 %, vous en parliez tout à l'heure, en violation de la lettre des traités, je l'ai obtenu au sommet de Strasbourg, avec M. Monti, de l'Allemagne[1]. »

Le phénomène touche la plupart des pays :

> Mario Monti : « Si les gouvernements doivent se laisser complètement brider par les décisions de leurs Parlements sans préserver leur espace de négociation, l'Europe risque davantage d'éclater que de renforcer son intégration[2]. »

Heureusement, face à un tel mépris envers le peuple, certains journalistes « veillent » :

> Erik Izralewicz : « Mario Monti [...] ose l'Europe. [...] Il regrette que les gouvernements soient les otages des Parlements au moment d'agir sur l'euro. [Il a] l'audace des vrais Européens. Bravo[3]. »

« Bravo », oui... Tout cela rejoint le discours maintes fois entendu sur « les peuples inconséquents » ou « cédant à la démagogie » (surtout quand ils votent mal...), « l'impossibilité de réformer », ou, bien entendu, le fabuleux « le temps des marchés n'est pas

1. Nicolas Sarkozy, débat présidentiel, 2 mai 2012.
2. Mario Monti, *Der Spiegel,* 6 août 2012.
3. Erik Izralewicz, Éditorial du *Monde,* 12 août 2012.

le même que celui de la démocratie »[1], dont, malgré les dénégations, on comprend bien que, en cas de survenance de problèmes sérieux, il faudra en sacrifier un, et que cela ne sera pas les marchés...

Cependant, certains esprits un tant soit peu « lucides » ont bien analysé le phénomène, même chez les libéraux :

> Ludwig von Mises : « À la base de toutes les doctrines totalitaires se trouve la croyance que les gouvernants sont plus sages et d'un esprit plus élevé que leurs sujets[2]. »

La dérive est telle que notre modèle sert même en partie de repoussoir à certains pays émergents :

> Paul Jorion : « M. Zheng Bijian, l'un des conseillers politiques du président chinois Hu Jintao, se trouvait à Taïwan. [...] Les faits, disait-il en substance, permettent de trier entre les pratiques qui marchent et celles qui ne marchent pas. S'il est vrai que le régime de la Chine continentale doit continuer d'évoluer, concédait-il, Taïwan de son côté doit prendre conscience que sa démocratie parlementaire doit elle aussi se modifier pour échapper aux tentations de la démagogie et du populisme, défauts habituels de ce système politique[3]. »

Plus largement, le financiarisme est un défi pour la démocratie. Comment celle-ci peut-elle réguler des capitaux capables de passer instantanément d'un pays

1. François Baroin, *Le Point,* 28 août 2011 ou Christian Noyer, *Le Point,* 9 août 2012.
2. Ludwig von Mises, *Le Gouvernement omnipotent,* 1944.
3. Paul Jorion, *La Chine a essayé le capitalisme, hélas ça ne marche pas !* http://www.pauljorion.com/blog/?p=5568.

à l'autre ? Comment répondre dans ces conditions aux attentes de la population ? Et gérer le défi environnemental ? Répondre à ces questions sera un des grands défis du siècle.

Conclusion
QUE FAIRE ?

Une crise totalement prévisible – et totalement prévue !

On pourrait affirmer sans provocation que, globalement, **les choses sont assez simples**, et que tout s'est déroulé avec une **effroyable logique**. Car tout le cadre de fonctionnement et de prise de décisions économiques est dirigé uniquement à **court terme**, agrémenté d'une **absence de sanction** favorisant l'irresponsabilité. La suite, c'est le fonctionnement de l'être humain. Toute cette crise était donc largement prévisible.

Malheureusement, si cette crise a été largement prévue, la société n'a pas voulu écouter ses plus grands esprits, de « toutes chapelles », car ils s'opposaient à l'air du temps laisser-fairiste.

Ainsi, dans un passé lointain, toutes les racines du problème ont été analysées par Keynes :

« Lorsque, dans un pays, le développement du capital devient le sous-produit de l'activité d'un **casino**, celui-ci risque de s'accomplir dans des **conditions défectueuses**[1]. »

« L'échec à résoudre ce problème [de l'équilibre des balances de paiement entre pays] a été une **cause majeure** de l'appauvrissement et du mécontentement social, voire de guerres et de révolutions[2]. »

Plus proche de nous, le libéral Jacques Rueff déclarait dans les années 1960 :

« Il n'est pas actuellement, pour l'Occident, de **tâche plus urgente** que de reconnaître le danger qui le menace et, en y parant, de rétablir dans le monde libre un système monétaire générateur d'équilibre et de durée[3]. »

Plus récents et plus détaillés quant à la source réelle des problèmes à venir, les avertissements en 1991 de Michel Albert sont restés lettre morte :

« Le combat entre les deux capitalismes se situe là précisément : **c'est un combat du court terme contre le long terme, du présent contre l'avenir**[4]. »

Ceux de Claude Bébéar en 2003 dans son remarquable livre, que « le parrain du capitalisme français » a quand même osé titrer *Ils vont tuer le capitalisme* (ce qu'on pourrait résumer en « Le financiarisme va tuer le capitalisme ») :

1. John Maynard Keynes, *Théorie générale de l'emploi, de l'intérêt et de la monnaie,* 1936.
2. John Maynard Keynes, *Post-War Currency Policy,* 1941.
3. Jacques Rueff, *Le Monde,* 1961.
4. Michel Albert, *Capitalisme contre capitalisme,* 1991.

> « [Les entreprises subissent les coûts] d'un management exclusivement focalisé sur **le gain de profits immédiats sur lesquels sont alignées la rémunération du P.-D.G. et sa réputation,** actif essentiel dans le star-system **au détriment des intérêts à long terme de l'entreprise**[1]**.** »

Bien évidemment, les économistes discrédités ne reconnaissent jamais ce point et continuent à se répandre sur le thème de « l'imprévisibilité » de cette crise. Plus fascinantes encore sont les « prévisions » régulièrement démenties par les faits et qui n'entament ni la détermination ni, pire, la crédibilité des auteurs, et encore moins ne remettent en cause la pertinence des choix défendus. C'était vrai sur Maastricht en 1992, par exemple[2] :

> Jean-Marc Sylvestre : « Si la monnaie unique a un mérite, et un seul, c'est d'obliger les pays à se **conduire correctement**[3]**.** »

> Jacques Delors : « [Les partisans du « non »] sont des apprentis sorciers. [...] Moi je leur ferai un seul conseil : Messieurs, **ou vous changez d'attitude, ou vous abandonnez la politique.** Il n'y a pas de place pour un tel discours, de tels comportements, dans une **vraie démocratie qui respecte** l'intelligence et le bon sens des citoyens[4]. »

C'était il y a vingt ans, *errare humanum est.* Mais on n'a fait que **persévérer** dans les erreurs d'analyse, comme par exemple lors de l'introduction de l'euro.

1. Claude Bébéar, *Ils vont tuer le capitalisme,* 2003.
2. Tirés du *Bêtisier de Maastricht,* de Jean-Pierre Chevènement, 1997.
3. Jean-Marc Sylvestre, France Inter, 18 septembre 1992.
4. Jacques Delors à Quimper, 29 août 1992.

De même, peu de cassandres quant au devenir de notre ex-Triple A, perdu le 13 janvier 2012 :

> François Baroin : « Cette note de triple A nous permet de financer nos projets. Et nous conserverons cela. **Il n'y a aucun doute, il n'y a aucun risque**[1]. »

> François Fillon : « Je n'ai pas **d'inquiétude** sur la notation de la France[2]. »

Enfin, cela a également été le cas pour le défaut de la Grèce survenu en avril 2012 :

> Christine Lagarde : « Une restructuration de la dette n'est **pas à l'ordre du jour** au sein de la zone euro[3]. »

Et ces ridicules prévisions, preuves de la volonté de ne pas regarder la réalité en face, continuent : nouvelles promesses comme quoi nous ne serons pas re-dégradés ; la Grèce ne poursuivra pas dans la voie du défaut, nous créerons une magnifique solidarité financière entre pays européens qui sauvera l'euro, et, bien entendu, nous ne restructurerons jamais notre dette...

On dira qu'il est facile, après coup, de faire un tel florilège. C'est vrai. Mais, pour en revenir à toutes les annonces de la crise en gestation, le but est de montrer que, si on n'a pas entendu, ce n'est pas parce que personne n'a rien dit, c'est que, alors que ces **propos pertinents** ont été tenus, par nos plus grands économistes ou

1. François Baroin, BFM, 29 novembre 2010.
2. François Fillon, TF1, 24 août 2011.
3. Christine Lagarde, *De Tijd,* 19 décembre 2010.

« grands patrons » (entendus ici comme développeurs d'activité et créateurs de richesse, pas comme joueurs de Monopoly financier dans un conglomérat ou une « entreprise sans usines »), **ils n'ont atteint ni nos oreilles, ni nos cerveaux.** Pire, généralement, ce n'est même pas que les arguments n'ont pas porté dans le débat, c'est qu'il n'y a **jamais eu de débat.**

En effet, aucun économiste n'a réellement apporté **d'arguments solides** à opposer à ceux de Maurice Allais ou de Joseph Stiglitz. Et donc cela interroge de nouveau sur la problématique de l'absence d'espaces de réels débats, de la prise en compte des lanceurs d'alertes, de l'unicité de pensée des conseillers des politiques, bref du **cloisonnement mental généralisé.**

Résumons notre propos

Arrivée au terme d'une fabuleuse période de développement, portée par d'énormes gains de productivité, la croissance de notre pays **diminue régulièrement** depuis quarante ans.

Refusant cette réalité, les gouvernants ont fait des choix stratégiques qui se sont révélés dramatiques. En particulier, le choix, comme dans la plupart des autres nations, de lancer le pays dans la voie du **financiarisme** (développement à outrance du secteur financier, spéculation massive, énorme dérégulation, valorisation de la cupidité cohérente avec le culte de l'argent, principe généralisé du « pile je gagne, face je ne perds rien », inégalités croissantes, etc.) a été **tragique** : après avoir rongé les fondements du système économique pendant des décennies, celui-ci est en train de **s'écrouler sous nos yeux**, lentement mais sûrement.

Il n'y a eu aucun complot, et seulement très peu de malhonnêteté dans le système. Surtout, et cette idée est à dénoncer violemment, **il n'y a pas eu la moindre « folie »** dans la finance. Parler de folie revient à dédouaner les structures – car un fou est irresponsable, et on ne peut jamais prévenir ses actions, c'est toujours « la faute à pas de chance, mais que voulez-vous, il est fou, on ne pouvait savoir qu'il allait faire cela ».

Bien au contraire, **la finance regorge d'intelligence, et elle en a même beaucoup trop** – qu'elle a d'ailleurs détournée de l'économie réelle qui manque du coup d'ingénieurs, de très hauts profils, qui n'ont pas envie d'aller gagner trois fois moins en se fatiguant plus –, mais comment justifier un cursus de finance à Polytechnique ? Et c'est d'ailleurs bien parce qu'il n'y avait **aucune folie** que tant de personnes ont correctement prédit la crise.

C'est le **triste paradoxe** de notre époque : le système financier va **s'écrouler** car il y a eu trop d'intelligence dedans, qui a développé des pratiques trop risquées, fondées sur des **théories trop compliquées,** dans des cadres que plus personne ne comprenait ni ne maîtrisait, le tout reposant sur des bases trop fragiles, assises sur des hypothèses simplificatrices, intellectuellement séduisantes mais **grossièrement erronées** (efficience des marchés, libre concurrence, honnêteté et rationalité des opérateurs, information équitablement partagée, absence de fraudes, etc.).

Un dirigeant du secteur financier dont l'entreprise a eu de graves difficultés a avoué en off : « Que voulez-vous, un jour j'ai eu cinq polytechniciens dans mon bureau qui m'ont expliqué qu'il était bête d'acheter des obligations allemandes qui rapportaient 4 % alors que les obligations grecques rapportaient 6 % sans risque. Alors, je les ai finalement suivis… » Comment de brillants esprits ont-ils pu se convaincre de l'existence d'un « 6 % sans risque », que seul le Père Noël peut fournir, restera un beau sujet d'étude pour les futurs sociologues. Mais cet exemple illustre les dégâts d'une **scientisation à outrance par hyperintelligence**, où l'ego finit par se persuader d'avoir toujours raison et perd tout bon sens.

Ainsi, de lourdes erreurs ont été commises, en particulier la voie choisie du surendettement public. Le même argent a dès lors été dépensé deux fois, et quand la législature de 2007, celle de « l'État en faillite »[1], a néanmoins réalisé plus de **500 milliards d'euros de dette nouvelle**, elle a *ipso facto* **déjà voté** une baisse du patrimoine des Français équivalente dans le futur. On ne peut plus l'empêcher, **c'est déjà fait**, comptablement ; cette baisse correspondra aux impôts que nous avons refusé de lever dans le passé et que nous lèverons donc dans le futur.

Seuls les naïfs et les ignorants de l'histoire des dettes publiques peuvent penser que la dette montera jusqu'au ciel et qu'elle ne se remboursera jamais, dans une forme de cavalerie perpétuelle.

Il n'y a que deux inconnues : comment et quand. Ce rééquilibrage pourra se faire de différentes façons :

• Par des **levées d'impôts limitées** mais très longues – hypothèse favorite dans les discours, mais très peu probable au vu des gouffres actuels de dette.

• Par des **levées d'impôts massives** et brutales – politiquement difficile et pratiquement sans équivalent dans l'histoire.

1. François Fillon, discours en Corse, 21 septembre 2007.

• Par une voie résolue d'**hyperinflation** en utilisant la planche à billets – difficilement imaginable et particulièrement injuste et destructrice pour le pays. Mais qui peut se produire au vu des âneries sans nom que la BCE réalise, et « nous n'avons encore rien vu », comme l'a annoncé Mario Draghi en août 2012.

• Par la voie de la **restructuration des dettes** – qui a été la voie la plus pratiquée dans l'histoire, largement devant la précédente.

Or, toutes ces voies sont évidemment **douloureuses** – mais pas pour les mêmes personnes –, puisqu'il s'agit de lever « **enfin** » les impôts correspondant aux dépenses déjà réalisées par le passé. On comprend dès lors qu'il est inimaginable que des gouvernements prennent la moindre initiative pour sortir de la cavalerie actuelle.

Ce sera donc, comme dans le cas de toutes les faillites privées, le financeur (ici, « les marchés ») qui **fera cesser logiquement cette cavalerie, ayant perdu confiance** dans l'emprunteur. Il est bien entendu impossible de prédire quand la confiance disparaîtra – nous avons simplement démontré que cette confiance ne devrait pas être présente. Cependant cette anomalie, comme tout équilibre instable, peut durer longtemps, les marchés étant **totalement irrationnels.** On voit toutefois chaque mois se dissiper une partie du voile de l'autoaveuglement.

La rupture risque d'être brutale, et sans doute déclenchée par un événement externe totalement imprévisible : bombardement de l'Iran, faillite d'une grande banque française, vente par la Chine de ses réserves de bons du Trésor américains, pertes faramineuses dues au 347e trader irresponsable et non contrôlé, action terroriste majeure contre les États-Unis, révolution intégriste au Pakistan, tremblement de terre massif en Californie ou, pire, un nouveau Fukushima polluant le pays, etc. L'histoire est riche en rebondissements, et l'un d'eux finira par se produire, mettant le feu aux poudres – peu importe lequel finalement, comme l'a rappelé Galbraith :

> John Kenneth Galbraith : « En 1929, l'économie allait vers des difficultés. Finalement, ces difficultés furent brutalement reflétées à Wall Street. [...] **Il est dans la nature de la hausse spéculative que presque n'importe quoi puisse la faire retomber.** [...] Qu'est-ce qui a provoqué initialement ces doutes [ayant mis fin à la hausse en 1929] ? **Nous ne le savons pas ; mais il n'est pas très important que nous le sachions**[1]. »

C'est alors qu'il faudra faire preuve **de calme et de responsabilité** pour en gérer les conséquences. Le pire sera réellement possible, mais limiter au mieux les conséquences et préserver 90 % de la population le sera également ; **un contrat social devra alors être renégocié** quant à une partie du patrimoine financier des 10 % les plus aisés. L'histoire regorge d'exemples de brutales restructurations des hauts patrimoines financiers : 1797, 1870, 1914, 1940... Ce sera toutefois la première fois que cela se produira en démocratie et en l'absence d'une guerre perdue.

Il ne s'agit nullement ici d'être pessimiste de nature, ni de vouloir susciter des peurs, mais de regarder la réalité

1. John Kenneth Galbraith, *La Crise économique de 1929*, 1954.

en face en sortant du triste « **syndrome Bisounours** » dont nous sommes atteints, véritable insulte à l'intelligence : « Tout le monde il est beau, tout le monde il est gentil, tout le monde il veut notre bien, tout ira toujours bien demain. »

La situation est beaucoup plus grave et fragile que l'on ne pense. Il nous faut nous préparer à gérer des risques et des scénarios, non certains mais désormais probables, pour éviter l'irréparable par manque de préparation mentale, comme en 1940.

> Claire Booth Luce, députée américaine : « **La différence entre un optimiste et un pessimiste tient au fait que le pessimiste est généralement mieux informé.** »

Cela étant, après cette phase difficile, mais finalement aux conséquences limitées par rapport aux exemples passés, il n'y a aucune raison pour que nous ne retrouvions pas le **chemin de la prospérité**, dans un **cadre refondu**. Nous avons même tendance à penser que ce retour brutal à la réalité est désormais indispensable, pour que notre civilisation remette **les pieds sur terre**, comme les ont souvent eus nos ancêtres – la plupart de nos arrière-arrière-grands-parents, paysans, n'auraient jamais laissé leurs terres se dégrader en raison d'une surexploitation, ni ne se seraient surendettés pour aller spéculer sur le cours de la cacahuète en Bolivie. Nous constatons en effet, dépités, que nous sommes désormais incapables de gérer collectivement des problèmes de moyen ou long terme.

Après cette phase, nous nous donnerons les moyens collectifs de gérer prudemment et intelligemment notre capital environnemental, économique et social. Nous privilégierons probablement plus l'être que l'avoir, et nous pensons qu'il est fort possible que nous soyons plus heureux, bien plus heureux. Avec peut-être un peu moins de biens, mais beaucoup mieux partagés, et surtout beaucoup plus de **fraternité et de relations humaines.**

Utopie ? Peut-être. Mais ambition, assurément.

Tout reste en effet à construire, et notre avenir demeure toujours, dans une grande partie, entre nos mains. Saurons-nous l'utiliser ? Et saurons-nous nous rappeler que beaucoup de peuples sont plus heureux que nous (et particulièrement en Amérique du Sud), en possédant nettement moins – magie fabuleuse de la psyché humaine... Alors : travailler plus pour gagner plus et être heureux moins ?

Bonheur ressenti en fonction du niveau de vie en 2010

(satisfaction globale de vie en fonction du PIB PPA par habitant) [Source : WDH]

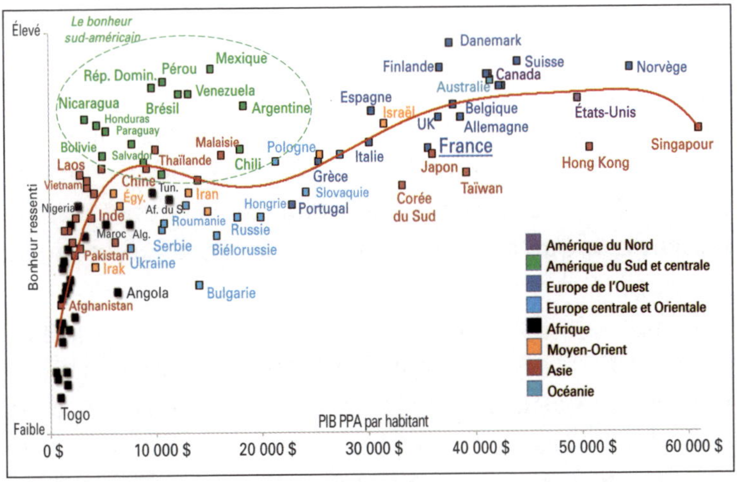

Un Péruvien est beaucoup plus heureux qu'un Français, bien que disposant d'un pouvoir d'achat quatre fois inférieur...

Agir !

Dernière illustration : lequel d'entre nous voterait de gaieté de cœur dans une assemblée générale de copropriétaires le remplacement d'une chaudière vétuste mais encore opérationnelle, lui coûtant 10 000 euros, sachant qu'il aura déménagé avant l'hiver ? Tout est là :

- On ne gère pas une copropriété de la même façon selon qu'on gardera l'appartement un an ou trente ans.

- On ne dirige pas une entreprise de la même façon selon qu'on est salarié pour encore un an, hyper-intéressé au cours de l'action, ou qu'on la possède dans le but de la transmettre à ses petits-enfants.

- On n'exige pas la même gestion d'une entreprise selon qu'on est actionnaire pour trente minutes, trente jours ou trente ans.

Chacune des gestions induites par ces horizons différents a sa forme de rationalité, même quand elle aboutit à la faillite finale de la structure. Car où est la « folie » si on n'a plus de lien avec la structure le jour de la faillite ou des gros problèmes ? C'est un comportement cynique et non éthique, mais malheureusement logique.

Beaucoup de financiers seront toujours cupides, beaucoup de traders voudront toujours prendre des risques démesurés. Tel le scorpion de la fable, c'est dans leur nature. Et c'est d'ailleurs, positivement, le moteur du système. Comme souvent tout réside dans l'excès et l'absence de limites. N'est-il pas particulièrement tartuffe de se plaindre du « manque d'éthique » du renard face aux poules, quand on l'a sciemment fait entrer dans le poulailler ?

Partant de là, ou bien nous attendons que l'humain change en oubliant ses habitudes d'ancien singe où la gestion du long terme consistait à ne pas se faire manger par un lion dans l'heure suivante – mais cela risque d'être aussi efficace que les « bains de pieds rituels » décrits par Galbraith...

Ou bien, à rebours de l'intégrisme laisser-fairiste, nous acceptons cette réalité et changeons plutôt le cadre de fonctionnement de nos structures pour tenir compte de la réalité telle qu'elle est, et pas telle que nous la rêvons. **Ou bien nous nous décidons à écouter les géants de l'histoire, ou bien nous continuons à écouter les nains contemporains. Le choix nous appartient encore** – pour peu de temps.

Ce livre n'ayant pas pour ambition de se borner à la réalisation d'analyses, nous le conclurons par une série de propositions de réformes, pour amortir les chocs à venir, et en différer certains. La plupart sont **simples** et réalisables à l'échelle de notre unique pays – toute proposition extraordinaire mais nécessitant, « hélas », l'accord de 20 ou 192 pays n'étant évidemment qu'une escroquerie intellectuelle pour **justifier l'inaction** – type utopie de la « taxe sur les transactions financières ».

La plupart seront présentées sommairement, car elles découlent clairement des analyses précédemment réalisées. **Beaucoup sont l'exact contraire des desiderata clairement revendiqués en permanence par le secteur financier ; ce n'est nullement une coïncidence.**

À peu près toutes se résument à ce leitmotiv :

> **« Halte à l'intégrisme idéologique, retrouvons le pragmatisme, la simplicité et l'équilibre, privilégions la démocratie, le long terme et l'intérêt général. »**

Bref, retrouvons le bon sens.

Que faire ?

> Albert Einstein : « Les problèmes à résoudre ne peuvent être résolus avec les mêmes modes de pensée qui les ont créés. »
>
> André Gide : « Tout a déjà été dit, mais comme personne n'écoute, il faut sans cesse recommencer. »
>
> Jacques Semelin : « On n'est pas seulement responsable de ce que l'on fait mais aussi de ce qu'on laisse faire. »
>
> Sénèque : « Ce n'est pas parce que les choses sont difficiles que nous n'osons pas, c'est parce que nous n'osons pas qu'elles sont difficiles. »
>
> John Stuart Mill : « Aux grands maux, les petits remèdes n'apportent pas de petits soulagements, ils n'apportent rien. »

Démembrer les banques

La France a été un des premiers pays à déréglementer le cloisonnement des activités bancaires, entre les activités de la banque de dépôts et de financement de l'économie (gestion des comptes en banque et distribution des crédits) et les activités spéculatives de la banque d'affaires (la partie « casino »). Elle a ainsi incité d'autres pays à faire la même chose, pour des raisons de distorsion de concurrence.

Ayant montré le mauvais exemple, il ne serait pas illogique que ce soit elle qui montre le bon, en **interdisant de nouveau l'exercice simultané des deux activités**. Il convient d'ailleurs de ne pas jouer sur les mots : séparer, c'est séparer, donc démembrer. Une grande banque actuelle sera donc coupée en deux, avec deux structures, dans des groupes différents, avec interdiction d'entretenir la moindre relation commerciale. Il sera bien entendu ensuite possible, et souhaitable, de fusionner certaines banques de même type pour réaliser des économies d'échelle, en veillant à garder des tailles acceptables et à préserver la concurrence. La sécurité des dépôts et de l'épargne des Français est à ce prix. Prix infime d'ailleurs : une étude du cabinet AlphaValue[1] a montré que les seuls perdants d'une séparation seront les P.-D.G. des banques et les traders. Tous les autres, des 98 % des salariés aux actionnaires en passant par les clients et les contribuables, tous seront gagnants.

> Michel Rocard : « Gauche ou droite n'a plus grand sens maintenant, le vrai clivage c'est régulateur ou non régulateur. Et il reste une **force de la pensée dérégulatrice**. La crise ne l'a pas fait complètement disparaître.
> Il nous faut ainsi revenir vers plus de prudence. Par exemple, je suis complètement pour la séparation des activités bancaires. D'abord parce que l'histoire parle : durant les soixante années où elle a été opérationnelle, il n'y a eu **aucune grande crise bancaire**, c'est quand même fabuleux. Et aussi parce que cela me paraît être un moyen de préserver

1. Christophe Nijdam, *Libérons les banques !*, juin 2012.

l'économie réelle, en cas d'explosion, de crash dans l'économie financière. Dans cette hypothèse, si les capitaux des dépôts des entreprises et des ménages sont embarqués dans le crash financier, l'économie réelle est immédiatement en péril. Les protéger, c'est laisser une espèce de sphère arbitraire où s'expliquera la crise financière, où les actionnaires perdront leur chemise, mais sans trop impacter l'économie réelle. Et là, il peut rester un petit aspect local : je suis donc partisan de **l'unilatéralisme** pour commencer[1]. »

Mervyn King, gouverneur de la Banque d'Angleterre : « Si l'on pense que certaines banques sont trop grosses pour faire faillite [...] alors c'est qu'elles sont trop grosses. Il n'est pas raisonnable de permettre aux grandes banques de combiner la banque de détail avec la banque d'investissements ou de financements à risques, et de leur fournir une garantie implicite de l'État contre la faillite. Il faut changer les choses [2]. »

Anticiper la restructuration des dettes publiques

Nous n'échapperons probablement pas à une forme de **restructuration des dettes publiques occidentales,** qui permettra que cesse enfin le transfert permanent des pertes de la crise entre personnes morales (banques, États, BCE...) et qu'elles soient enfin refacturées aux personnes physiques (contribuables, prêteurs obligataires...), ce qui arrivera dans tous les cas.

Michel Rocard : « **J'affirme qu'une grande partie des dettes publiques n'est pas remboursable** et qu'au lieu

1. Michel Rocard, entretien avec l'auteur, 2012.
2. Mervyn King, discours du Lord Mayor's Banquet for Bankers and Merchants of the City of London at the Mansion House, 17 juin 2011.

d'euthanasier les peuples, ce sont les actionnaires et les investisseurs qu'il faut euthanasier. Cela me paraît limpide. C'est d'ailleurs, en partie, ce qu'avait fait Roosevelt aux États-Unis. **Je trouve qu'on met trop de temps à arriver à cette conclusion.** Parce que toute l'Europe entre en récession et que celle-ci va se propager par contagion, par excès de paiement de la dette d'une certaine façon. À la limite, je ne comprends pas comment les marchés ne le comprennent pas eux-mêmes. Ils sont sûrs qu'on continuera à payer les dettes, mais cela dépend justement de ce qu'on n'en paie pas trop[1]. »

Pour ce faire, il conviendrait également de **connaître précisément l'identité des détenteurs** de la dette publique, ce qui n'est pas le cas aujourd'hui. Il s'agirait simplement de ressusciter le registre des détenteurs d'obligations d'État créé à la Révolution française et tombé depuis en désuétude.

Après cette restructuration, il faudra **voter une règle d'or interdisant les déficits publics** sur une période glissante, hors catastrophe. En revanche, la voter aujourd'hui est **inconséquent**, car il est désormais probablement impossible de la respecter au vu du nouveau déficit et de la fragilité du roulement de la dette, surtout en période de taux très bas qui ne peuvent que monter.

Enfin, il est scandaleux, face à ce problème de dettes publiques, de ne pas **traiter sévèrement le problème des paradis fiscaux** (tels que définis par exemple par le Tax Justice Network, et non pas par les listes « surréalistiquement » vides du G20), allant de pénalités financières à l'interdiction de toute relation commerciale avec eux. Autoriser évidemment l'administration

1. Michel Rocard, entretien avec l'auteur, 2012.

fiscale à poursuivre sur la base d'informations obtenues à l'étranger, **même illégalement** aux yeux de la réglementation locale du paradis fiscal (et uniquement pour les informations stockées à l'étranger, bien entendu), afin de ne plus voir la justice française protéger les fraudeurs. De même, il conviendrait simplement **d'appliquer** les sanctions **pénales** du code des douanes (article 459) quant à la non-déclaration d'un compte à l'étranger (article 1649 A du CGI).

Règles comptables : retrouver le principe de prudence

Ce sujet, qui semble complexe, est fondamental. Le système déraille en raison d'une hypercupidité recherchant du profit à court terme, mais ledit profit est calculé par des règles comptables fondées désormais sur un principe d'imprudence.

La réforme est simple : **il faut annuler les principales réformes comptables réalisées depuis vingt ans, destinées à favoriser la distribution de dividendes fictifs et laissant trop d'espaces de « créativité » aux entreprises.** Il suffit d'en revenir simplement aux principes comptables de prudence du XXe siècle, ayant accompagné les Trente Glorieuses.

Il conviendrait d'ailleurs de développer également des indicateurs fiables **alternatifs au PIB**, avec une forme de comptabilité patrimoniale complète.

Remettre la prudence au centre du jeu

Les dégâts potentiels d'un écroulement du système financier et bancaire sont incommensurables. Il n'y a qu'à s'imaginer les conséquences sociales d'une évaporation subite de la monnaie bancaire, ne laissant aux gens que la monnaie qu'ils ont dans les poches...

Du fait de conséquences finalement assez proches, il faut logiquement appliquer au domaine de la sécurité financière les mêmes règles que pour la sécurité nucléaire, modèle intéressant de gestion des risques cataclysmiques à probabilité très faible.

En conséquence, il conviendrait de créer **une Autorité de sûreté financière**, indépendante, ayant pour **seul objet** la sécurité et la pérennité du système, à l'image de l'Autorité de sûreté nucléaire. Il faut également lui donner, pour son périmètre, autorité sur la Banque centrale – dont il est stupéfiant de naïveté de croire qu'elle puisse exercer seule ce rôle, au vu de ses engagements colossaux envers les banques, qui la rendent donc juge et partie. Le scandale du Libor a d'ailleurs montré les relations incestueuses entre le système bancaire et la banque centrale anglaise.

Dotée de larges moyens de prévention et de contrôle, elle pourra dès lors interdire toute pratique ou tout produit financier qu'elle jugera trop dangereux.

On pourra aller plus loin en **limitant la taille des bilans bancaires** à 10 % ou 20 % du PIB, en scindant les banques dépassant ces seuils, tant pour plus de sécurité que pour une concurrence plus efficace permettant de faire baisser les profits (donc les prix) d'un niveau désormais quasi monopolistique.

> Alan Greenspan, ancien président de la Fed : « Si elles sont trop grandes pour faire faillite, c'est qu'elles sont trop grandes. {*If they're too big to fail, they're too big.*} En 1911, nous avons démantelé Standard Oil. Eh bien,

qu'est-il arrivé ? Les parties ont eu plus de valeur que le tout. Peut-être que c'est ce que nous devons faire[1]. »

Plus généralement, une **culture de prudence**, de débat, de confrontations apaisées d'avis divergents devrait devenir la règle, comme le rappelait Allais :

> Maurice Allais : « Si utiles et si compétents que puissent être les experts, si élaborés que puissent être leurs modèles, tous ceux qui les consultent doivent rester extrêmement prudents. **Tout organisme** qui emploie une équipe pour l'établissement de modèles prévisionnels ou décisionnels serait sans doute avisé **d'en employer une autre pour en faire la critique**, et naturellement de recruter cette équipe parmi ceux qui ne partagent pas tout à fait les convictions de la première[2]. »

Sortir du financiarisme en remettant la finance à sa place

Il ne s'agit pas de dénoncer ici idéologiquement « la finance » ou « les banquiers ». Ils sont indispensables, et l'immense majorité sont des gens brillants, dévoués et honnêtes. Mais le cadre est vicié, et il faut le changer.

Cela passera d'abord par la **séparation des activités bancaires**, comme nous l'avons vu, qui marquera le début de la fin du financiarisme.

Cela passera ensuite par une **interdiction des produits et des activités spéculatifs à risque** permettant de réaliser de simples paris sur les prix – à commencer par le *flash trading*.

1. Alan Greenspan, Council of Foreign Relations, 15 octobre 2009.
2. Maurice Allais, *L'Économique en tant que science*, conférence du 23 octobre 1967.

Claude Bébéar : « Je pense que **la technologie**, qui pourrait être la meilleure des choses, **nous permet de faire des monstruosités**. Par exemple les *flash orders* : cela devrait être interdit, cela n'a pas de sens ! On est tellement soumis à des masses d'informations instantanées que l'on n'a pas le temps d'analyser. Alors on confie les décisions d'investissement à un ordinateur, et l'on s'étonne des comportements **moutonniers** des marchés.
On trouve toujours de très bonnes raisons pour justifier des comportements injustifiables. Sous prétexte que l'économie a besoin de liquidités, **on fait une religion de la liquidité des marchés**. Encore le court terme !
On est dans le casino et le casino c'est l'ennemi de l'économie. Je répète : pour bâtir quelque chose, il faut pouvoir **jouer sur le moyen et le long terme** dans une certaine **tranquillité**[1]. »

John Kenneth Galbraith : « Il est évident que la capacité des gens de finance à ne pas tenir compte de la preuve que des difficultés s'accumulent, et même à **souhaiter** pieusement qu'elles puissent continuer sans qu'on en parle, est aussi grande que jamais. Cela mérite une attention particulière. [...] Le sens de la responsabilité chez les gens de finance envers les gens en général n'est pas mince, il est **presque nul**. Peut-être est-ce inhérent à leur nature[2]. »

Pour donner du temps à l'économie, au lieu d'une illusoire « taxe sur les transactions financières » (usine à gaz peu réaliste, surtout au niveau international), pourrait être introduite une **taxe sur les bénéfices**

1. Claude Bébéar, entretien avec l'auteur, 2012.
2. John Kenneth Galbraith, *La Crise économique de 1929*, 1954.

financiers, allant, en décroissant, de 100 % sur tout profit financier réalisé en moins d'une journée, à 0 % sur ceux réalisés après douze ans – voire éventuellement négative après vingt ans, en s'autofinançant. Des capitaux spéculatifs partiront – tant mieux, qu'ils s'en aillent couler d'autres pays ; contrairement aux investissements, ils ne servent qu'à créer des rentes indues et à semer le malheur ici.

Plus ambitieux. On a beau être partisan de l'économie de marché, de la création de richesse par les entreprises, il n'en reste pas moins que, quand on creuse le sujet, on ne peut comprendre que le secteur bancaire ait été confié au privé, dans le cadre de structures à but lucratif. La monnaie et la distribution de crédit sont objectivement un service public. De son bon fonctionnement dépend la santé de toute l'économie, la monnaie étant son sang. Si les futures banques d'affaires se doivent d'être privées, il en va autrement pour les banques de dépôt et de crédit.

Cela ne signifie nullement leur nationalisation – l'État n'est pas meilleur gestionnaire de banques que le privé.

Nous défendons ici l'idée de la **socialisation des banques**, à savoir leur gestion par le corps social qui dépend d'elles. Très concrètement, cela voudrait dire remplacer dans une banque les douze administrateurs actuels, P.-D.G. d'autres entreprises choisis par le P.-D.G. actuel, par un groupe constitué, par exemple, d'un représentant du Medef, d'un de la CGPME et des artisans, d'un de la CFDT, d'un de la CGT, d'un des chambres de commerce et d'industrie, d'un représentant des clients, de deux représentants du personnel, d'un député, d'un économiste universitaire spécialiste du secteur et de quelques personnalités qualifiées. Bref avoir un groupe d'administrateurs **représentant la société**, dont les intérêts divergents aboutiraient à un compromis solide. Ce modèle est une forme d'extension du simple modèle mutualiste. **Il ne coûte rien à mettre en œuvre.** Obtenir des comptes sincères des banques en appliquant les anciennes règles comptables de prudence montrera qu'une grande quantité sont en fonds propres négatifs ; leur confiscation ne coûtera donc rien, ce sera la sanction pour les actionnaires des dérives de gestion qu'ils n'ont pas su prévenir – ils ont en fait **déjà** perdu leur argent, d'une façon ou d'une autre.

Une autre idée, plus utopique – quoique –, que nous lançons, serait d'aller plus loin en séparant les banques de dépôt et les banques de crédit, en **fusionnant toutes les banques de dépôt en un service bancaire universel.** Il n'y a aucun avantage à avoir de la concurrence sur un simple service de gestion des moyens de paiement – c'est-à-dire débiter le compte de M. X à sa demande pour créditer celui de M. Y, puis ensuite débiter M. Y, etc. Bien au contraire, cela permettrait de mettre fin au risque de liquidité des banques de dépôt, où les clients qui craignent la faillite d'une banque la provoquent en voulant retirer leurs dépôts. Bien entendu, la concurrence sera de mise pour les banques de crédit, socialisées.

Refonder notre capitalisme

> Nicolas Sarkozy : « La crise actuelle doit nous inciter à **refonder le capitalisme.** […] Le capitalisme, ce n'est pas la

> primauté donnée au spéculateur. C'est la primauté donnée à l'entrepreneur, le capitalisme c'est la récompense du travail, de l'effort et de l'initiative[1]. »

Chiche ! Il convient donc de **décourager la volatilité** de l'actionnaire, toujours recherchée au nom de la sacro-sainte « liquidité », comme si c'était un droit absolu de pouvoir revendre dans la minute l'action d'une entreprise achetée il y a un quart d'heure. Il faut casser la prééminence prise par les marchés financiers spéculatifs.

Ainsi, la **cotation en continu à la Bourse devrait être supprimée.** Ne sera organisé qu'un fixing par jour – comme dans les années 1980 – voire deux ou une fois par semaine ensuite. Pour éviter toute dérive, les règles comptables préciseront que toute action achetée ou vendue hors marché sera obligatoirement comptabilisée à cette valeur du jour. Des règles comptables simples peuvent résoudre bien des problèmes.

La **taxe décroissante sur les bénéfices financiers** supprimera de fait tout trading haute fréquence.

Il faut **récompenser les actionnaires fidèles**, et traiter les autres pour ce qu'ils sont : de simples apporteurs de capitaux sans *affectio societatis*. Il pourrait ainsi être prévu comme pour le vote politique, « un **âge de majorité actionnariale** » : le droit de vote ne s'exercera ainsi qu'après deux ans d'ancienneté, et pourrait même être ensuite proportionnel à la durée. De même, le **dividende versé pourrait être majoré** de 50 % pour les actionnaires de plus de deux ans, et de 100 % pour

1. Nicolas Sarkozy, discours de Toulon I, 25 septembre 2008.

ceux de plus de cinq ans. Enfin, il faut imposer des **statistiques précises sur l'ancienneté de l'actionnariat** dans les rapports annuels.

> Claude Bébéar : [Les actionnaires de très court terme] ne sont pas des capitalistes ! **Ces capitalistes-là ne devraient pas avoir le pouvoir dans les entreprises** : ce sont des voyageurs, ils viennent et ils s'en vont. Or, ils sont les patrons des entreprises ! **On voit bien que le système est fou et qu'il faut complètement le changer.** Les entreprises ont besoin d'un capital relativement fixe.
> On pourrait développer les actions sans droit de vote. Dans ce système, l'essentiel des actions est constitué d'actions non votantes. Il n'y a qu'un petit groupe d'actions qui sont votantes, qui assurent la stabilité du groupe car elles sont détenues à long terme.
> On pourrait imaginer que **le nombre de droits de vote ainsi que les dividendes perçus dépendent de la durée de détention de l'action**, parce que si je veux des actionnaires fidèles qui restent longtemps avec moi, il est normal que je leur donne plus qu'à ceux qui ne font que passer.
> Il faut que les systèmes comptables, les systèmes de régulation, permettent de constituer des fonds propres pérennes. Le fait qu'il y ait des variations erratiques sur les cours de Bourse ne devrait pas avoir d'importance. **La valeur de l'action à court terme ne doit pas être une obsession qui guide les comportements des chefs d'entreprise**[1]. »

De même, il convient de redonner à l'État un rôle **d'éclairage** de la société ; pour cela, il serait pertinent de ressusciter le **Commissariat au Plan**, qui a accompagné la reconstruction puis le développement de la France,

1. Claude Bébéar, entretien avec l'auteur, 2012.

en lui donnant un rôle d'éclairage, de prospective, pour donner du sens à l'action.

Responsabiliser les pilotes

Pas de capitalisme durable sans responsabilité des pilotes. **La responsabilité personnelle, civile et pénale, des dirigeants mais surtout des administrateurs** doit pouvoir être engagée systématiquement en cas de fautes lourdes de gestion ; ils veilleront ainsi à mettre en place les structures adéquates pour limiter les risques et contrôler les dirigeants. Ce conseil responsabilisé devrait également être doublé d'un organisme chargé du contrôle de la gestion, à l'image du corps de censeurs défendu par Claude Bébéar :

> « Je suggère effectivement que l'on élise, à côté des administrateurs, des **censeurs**. [...] Demander aux administrateurs d'être également responsables de l'audit, donc du contrôle du fonctionnement de l'entreprise, revient à leur demander de faire un exercice de **schizophrénie** ! En effet, puisqu'ils participent aux grandes décisions stratégiques, on ne peut pas, ensuite, leur demander de les critiquer ! [...] Je suggère que l'on nomme un corps de censeurs : l'assemblée générale élirait, d'une part, le conseil d'administration qui a pour mission de diriger l'entreprise, et, d'autre part, des censeurs chargés de choisir les auditeurs et de définir leur mission. De ce fait, l'assemblée générale se verrait remettre deux rapports : outre celui du conseil d'administration, elle recevrait également celui des censeurs. [...] Il me semble donc que l'on a tout intérêt à **séparer l'audit**, afin qu'il soit réellement indépendant[1]. »

1. Claude Bébéar, audition par la mission d'information de l'Assemblée nationale sur la réforme du droit des sociétés, 8 octobre 2003.

Il convient également de limiter sévèrement le **cumul des mandats** d'un même administrateur, quitte à mieux le rémunérer pour le lourd travail à effectuer. Se pose également la question de la capacité à administrer une grande entreprise quand on en **dirige** déjà une autre. Enfin, la **féminisation** est également indispensable, avec la règle scandinave : « au moins 40 % de chaque sexe ».

De même, les **modalités de vote** à l'assemblée générale doivent être revues, en particulier celles du vote par correspondance et des procurations pour limiter les pouvoirs donnés en blanc au management.

La mise en place **d'actions de groupe des consommateurs**, comme pour les *class actions* américaines, avec des dommages et intérêts punitifs, remettra de la morale dans le système.

Enfin, piste intéressante à long terme, imposer que les représentants élus des **salariés entrent dans les conseils d'administration** des entreprises de plus de deux mille salariés, exactement comme en Allemagne, dont la **cogestion** est un des piliers. Il faudrait bien entendu y aller par étapes, pour changer les mentalités et pratiques syndicales. Plusieurs décennies de bilans positifs seraient sans doute nécessaires pour arriver à 50 %. Révolution pour la France, mais aussi confiance dans l'intelligence et la responsabilité des partenaires sociaux.

> Michel Rocard : « Les salariés dans les conseils [d'administration], c'était en d'autres temps un **rêve** révolutionnaire. C'est devenu une **condition de survie du système**[1]. »

1. Michel Rocard, *Le Nouvel Observateur,* 1er avril 2010.

Mais bien entendu, rien ne sera possible sans plus **d'éthique et de morale**, qu'il faut encourager.

> Joseph Stiglitz : « Nous avons créé une société **où le matérialisme l'emporte sur l'engagement moral.** [...] Il y a beaucoup plus difficile à pardonner : la **dépravation morale** – l'exploitation des Américains pauvres et même de la classe moyenne par le secteur financier. [...] À long terme, une société ne peut pas fonctionner correctement si les gens n'assument **pas la responsabilité des conséquences de leurs actes.** "Je n'ai fait que mon travail" n'est pas une excuse[1]. »

Nous en sommes encore loin. Ainsi, en 2011, Robert Diamond, P.-D.G. de Barclays, a pris fermement la parole pour demander qu'on laisse les banques tranquilles :

> « Ce fut une période de remords et de justification pour les banques. Je pense que cette période doit cesser[2]. »

Malheureusement, au moment même où il prononçait cette phrase, il manipulait toujours le Libor, causant des milliards d'euros de préjudice aux épargnants. Il a été licencié pour avoir couvert cette fraude le 3 juillet 2012.

Avec 2,5 millions d'euros d'indemnités...

Limiter la cupidité

Si à petite dose, la cupidité est bénéfique, à haute dose elle entraîne les pires problèmes. Il existe pourtant quelques méthodes qui pourraient améliorer les choses.

1. Joseph Stiglitz, *Le Triomphe de la cupidité,* 2010.
2. Robert Diamond, *Financial Times,* 21 janvier 2011.

Plafonner la distribution actionnariale permettrait de corriger le déséquilibre flagrant qui s'est opéré dans le partage des bénéfices à l'avantage des actionnaires. Cela pourrait se faire par un prélèvement fiscal **à 100 % des revenus distribués** aux actionnaires dépassant un seuil rémunérant de manière juste le risque pris, mais pas plus. Ce niveau dépendrait évidemment du secteur d'activité de l'entreprise (cela correspond d'ailleurs à des outils d'analyse financière déjà existants) et n'empêcherait pas celle-ci de réaliser plus de profits, lesquels seraient forcément distribués aux salariés ou réinvestis.

Il faut également promouvoir, pour l'épargne à court terme, les **placements sur livrets**, et plus généralement encourager les placements de « bon père de famille ».

Taxer les revenus des dirigeants d'entreprises cotées à 75 % au-delà de 500 000 euros par an serait une excellente chose pour mettre fin à des dérives intolérables depuis plus de dix ans, comme le préconisait le grand Peter Drucker. Pour paradoxalement « forcer » ces dirigeants à **retrouver l'estime** de leur propre encadrement. Il est scandaleux d'entendre parler de « taxation confiscatoire non conforme aux droits de l'homme » – car c'est finalement cet argent qui a été confisqué à la société en général et à l'entreprise en particulier. D'ailleurs, si on met les droits de l'homme par là, on devrait aussi dire que gagner moins de 1 000 euros par mois est indigne des droits de l'homme en terme de conditions de vie. On notera au passage que le dirigeant qui gagne cinq millions d'euros se garde bien de donner, comme il se devrait, trois millions d'euros à chacun de ses collaborateurs N-1, deux millions d'euros à ses N-2, un million d'euros à ses N-3 pour respecter une saine hiérarchie salariale, ce qui illustre bien la captation indue de revenus. La même mesure sera appliquée aux traders, avec un seuil inférieur.

Il conviendrait également, pour éviter les tentatives d'évitement, de prévoir que chaque entreprise cotée définisse **librement** dans ses statuts le **ratio maximal entre le salaire des dirigeants et celui des salariés.** Ce serait ainsi la loi dans l'entreprise, définie par les actionnaires.

De même, il serait de bonne gestion d'aller vers une forte limitation de **toute rémunération variable des hauts dirigeants** d'entreprises cotées (et des traders) – en augmentant évidemment en compensation les salaires fixes. La récompense de l'efficacité s'appelle le salaire (élevé), la sanction de l'inefficacité s'appelle le licenciement. L'envie de conserver de tels niveaux de rémunération est par ailleurs une motivation suffisamment puissante pour travailler avec acharnement. Cela éviterait de récompenser de folles prises de risque préjudiciables à long terme.

> Claude Bébéar : « L'une des explications essentielles des dérives des années récentes tient à **l'articulation de l'intérêt patrimonial du P.-D.G. et de celui de l'entreprise** qu'il dirige. [...] Un P.-D.G. qui travaille à la valorisation à court terme de la valeur de ses stock-options sera forcément amené à prendre des décisions qui **attentent à l'intérêt à long terme** de son entreprise.
> Pour peu qu'il ait, au surplus, une armature morale un peu faible, il n'hésitera pas à **tripatouiller les comptes**, du moins à les enjoliver au maximum. Le drame des stock-options, c'est qu'elles ont été inventées pour que les P.-D.G. soient davantage au service de l'entreprise, et

que, au final, elles ont poussé certains à la trahison de ses intérêts de long terme, voire à la **fraude**[1]... »

Enfin, comme l'a proposé Frédéric Lordon, il serait sain de prévoir pour les entreprises cotées un délit de manipulation de marché, dont la sanction pourrait aller jusqu'à la **nationalisation-sanction** (avant revente immédiate aux enchères, évidemment). Le cas des manipulations du Libor en est une excellente illustration. La menace de **saisie pure et simple** de leurs actions sera de nature à motiver les actionnaires de référence à contrôler sérieusement les agissements des dirigeants et à créer un audit efficace.

John Maynard Keynes : « La même **règle autodestructrice** du calcul financier régit tous les aspects de l'existence. [...] **Nous serions capables d'éteindre le soleil et les étoiles parce qu'ils ne rapportent aucun dividende**[2]. »

Traiter enfin le « lancinant problème des balances des paiements »

Il convient de traiter enfin la problématique des relations commerciales internationales. Nul besoin de propositions utopiques, il suffit d'en revenir aux principes de la charte de La Havane, acceptés par 53 pays en 1948, qu'on pourrait résumer en deux principes forts :

- Les balances commerciales entre pays doivent **tendre vers l'équilibre.**
- La responsabilité principale de l'ajustement repose sur le **pays excédentaire** qui doit réagir (hausses de salaires, quotas d'exportations, etc.).

1. Claude Bébéar, *Ils vont tuer le capitalisme,* 2003.
2. John Maynard Keynes, *De l'autosuffisance nationale*, 1933.

Il conviendrait d'obtenir dans l'idéal un large accord international. À tout le moins, ces principes doivent être appliqués aux relations entre l'Union européenne et l'Asie. Et de façon impérative et urgente, il faut les intégrer au niveau intraeuropéen pour aboutir, après le « pacte fiscal », à un « **pacte commercial** », indispensable pour préserver, peut-être, la monnaie unique, mais, surtout, le système bancaire européen, ainsi que des relations harmonieuses entre nos pays.

On retrouve ici les idées de Keynes, qui se rapprochent en partie de celles de Jacques Rueff et de Maurice Allais sur ce plan. Ce sont des idées de simple bon sens : étrange conception en effet que d'imaginer une relation (commerciale) durable où l'un gagnerait toujours et l'autre perdrait toujours... Cela nous ferait passer de décennies de dramatiques guerres économiques à un état de **paix économique**.

C'est bien entendu une énorme pierre jetée à l'Allemagne, mais le résultat serait à peu près le même que ce qui se passerait naturellement s'il n'y avait pas l'euro, car le mark s'enchérirait énormément.

> Maurice Allais : « Si les taux de change ne correspondent pas à **l'équilibre des balances commerciales**, le libre-échange ne peut être que nuisible et fondamentalement **désavantageux** pour tous les pays participants[1]. »

Cela passe également par **une forte limitation de la liberté de circulation des capitaux spéculatifs**. Il est proprement incroyable de ne même pas s'interroger

1. Maurice Allais, *Combats pour l'Europe,* 1994.

sur le fait qu'il soit possible d'acheter des monnaies simplement pour spéculer, sans besoin commercial réel. Les banques centrales pourraient bien refuser de fournir leur monnaie pour des opérations purement spéculatives !

L'acceptation du **principe** de l'équilibre des balances commerciales est de nature à rééquilibrer automatiquement la mondialisation et à stopper les « exportations d'emplois ». À défaut, il conviendrait d'introduire prudemment une dose de protection de notre économie en limitant le libre-échangisme absolu actuel face aux pays faussant la concurrence par du dumping, salarial, social ou environnemental.

Ce libre-échange « raisonné », défendant le principe de **réciprocité**, s'effectuerait préférentiellement à l'intérieur des grandes régions internationales (après harmonisation fiscale, et en veillant à l'équilibre global des échanges entre pays) et par la mise en place d'une politique de quotas régionaux, pour que, par exemple, dans la plupart des cas, 70 % des produits consommés dans une zone soient fabriqués dans cette zone. Il sera possible de préserver le libre-échange avec les pays présentant le même degré de développement que nous, après avoir défini les règles d'une concurrence juste (règles monétaires, harmonisations fiscales...).

Enfin, et c'est fondamental, cette protection devra être « **coopérative** », en affectant par exemple le produit de nouveaux droits de douane à l'aide internationale au pays concerné pour lui permettre de recentrer son économie sur le développement de son marché intérieur.

Sortir du néoféodalisme

Les discours pour lutter contre les inégalités abondent. Les actions, non.

Il existe plusieurs façons d'agir sur ces inégalités, la fiscalité ayant une part importante. **Nous proposons simplement ici de mesurer précisément les inégalités** – car comment les combattre si on ne les mesure pas ? Il faut que l'administration fiscale ait l'obligation de publier une synthèse annuelle des seuils et revenus moyens par fractiles fins de population – afin de savoir par exemple comment ont évolué les rémunérations du pour-mille le plus riche et du pour-mille le plus pauvre.

Une limitation des inégalités de niveau de vie passe également par le **dégonflement de la bulle immobilière,** qui pénalise fortement toute une génération de jeunes actifs au bénéfice indu d'une partie de la génération des baby-boomers.

> Condorcet : « Nos espérances sur l'état à venir de l'espèce humaine peuvent se réduire à ces trois points importants : la destruction de l'inégalité entre les nations; les progrès de l'égalité dans un même peuple; enfin, le perfectionnement réel de l'homme[1]. »

> John Kenneth Galbraith : « On peut assurément faire disparaître la pauvreté. Mais cela ne se fera pas davantage grâce à une simple augmentation du taux de croissance que grâce à des **incantations** ou à des **bains de pieds rituels**[2]. »

1. Condorcet, *Esquisse d'un tableau historique des progrès de l'esprit humain,* 1795.
2. John Kenneth Galbraith, *Une vie dans son siècle,* 1981.

Gérer la croissance nulle : « moins vite ! »

Pour des raisons longuement développées, il convient dans les secteurs confrontés à des croissances **très faibles** de **décourager ou d'annuler les gains de productivité**, sans quoi les ajustements se feront au détriment de l'emploi. Ce qui n'empêche évidemment pas de favoriser la croissance de secteurs d'avenir.

Pour cette raison, il nous faut également mettre en place de larges expérimentations concernant **la semaine de quatre jours** avec des incitations fiscales efficaces et autofinancées (par réduction des cotisations chômage en contrepartie d'embauches réelles). Bien entendu, cela doit se faire avec souplesse, intelligemment, par incitation et non pas par forte contrainte.

> Pierre Larrouturou : « Bien négociée et bien financée, la réduction du temps de travail est aujourd'hui **le levier le plus puissant** dont nous disposons pour sortir du chômage de masse et construire un meilleur partage des revenus. Le principe fort est que **le passage aux quatre jours doit être neutre sur le plan de la masse salariale**, et de l'équilibre des finances publiques (qui n'ont plus à verser les indemnités des chômeurs embauchés)[1]. »

Enfin, il serait bon d'encourager le **pluralisme de pensée en économie**, afin qu'aucun courant ne soit pénalisé et encore moins puni pour ses opinions raisonnables. Il conviendra d'encourager en particulier les recherches visant à **adapter une économie** à un environnement de croissance nulle pour lui conserver sa prospérité.

1. Pierre Larrouturou, *Le Monde*, 7 janvier 2011.

Gérer la problématique monétaire

L'avenir de l'euro se joue actuellement. Il est probable qu'il ne puisse demeurer en l'état, en raison des déséquilibres persistants entre pays, et, surtout, d'absence de la moindre volonté de solidarité financière importante entre pays.

Il est donc essentiel d'analyser posément les erreurs de la construction de l'euro, de peser ses avantages par rapport aux conditions très lourdes de son maintien, **d'étudier les conditions de plans B et C alternatifs** (comme avoir trois monnaies dans la zone par exemple), préservant certains acquis mais ne persévérant pas dans de lourdes erreurs par dogmatisme. Et d'y associer de près les peuples.

Par le biais d'accords internationaux, des règles comptables pourraient **imposer** des valeurs de parité monétaire (révisables régulièrement) aux entreprises, stabilisant les changes.

À moyen terme, il serait également opportun de créer une **monnaie commune mondiale** (mais bien entendu pas unique, et à usage principal des banques centrales, pas du public). Inspiré du projet de bancor de Keynes, cela pourrait par exemple passer par l'utilisation des droits de tirage spéciaux (DTS) du FMI comme unité de compte mondiale, à la place du dollar, condamné à perdre son statut. Cette proposition n'est pas utopique : elle a été avancée récemment par la Chine et reprise en partie par la France – mais uniquement en paroles sans lendemain.

Mesurer pour agir

À ce stade de l'ouvrage, le lecteur ne sera pas étonné d'une proposition visant à **créer un site Internet unique de la statistique**, regroupant les données publiques les plus pertinentes, **convivial** et très simple à utiliser, sur le modèle de celui de la Fed de Saint Louis. Il comprendrait des données sur une très longue période, reprenant les anciens annuaires statistiques des XIXe et XXe siècles, à l'exemple de l'incroyable *Annuaire statistique historique des États-Unis*[1]. Ce site comprendrait en particulier des suivis très détaillés des inégalités et des répartitions des revenus.

Adapter nos institutions démocratiques

En 1961, les derniers mots de Dwight Eisenhower en tant que président ont été, dans un discours remarquable[2], de nous prévenir contre le « complexe militaro-industriel » :

> « **Nous devons veiller à empêcher le complexe militaro-industriel d'acquérir une influence injustifiée dans les structures gouvernementales**, qu'il l'ait ou non consciemment cherchée. Nous nous trouvons devant un risque réel, qui se maintiendra à l'avenir : qu'une concentration désastreuse de pouvoirs en des mains dangereuses aille en s'affermissant. Nous devons veiller à ne jamais laisser le poids de cette association de pouvoirs mettre en danger nos libertés ou nos procédures démocratiques.

1. *Historical Statistics of the United States*, Cambridge University Press, 2006.
2. Dwight Eisenhower, discours de fin de mandat resté connu sous le nom du *Discours du complexe militaro-industriel*, 17 janvier 1961 {traduction de l'auteur}.

> Nous ne devons jamais rien considérer comme acquis. Seul un peuple informé et vigilant réussira à obtenir que l'immense machine industrielle et militaire qu'est notre secteur de la défense nationale s'ajuste sans grincement à nos méthodes et à nos objectifs pacifiques, pour que la sécurité et la liberté puissent prospérer ensemble. [...]
> C'est la tâche de l'homme d'État que de mouler, équilibrer, intégrer toutes ces forces, anciennes et nouvelles, dans les principes de notre système démocratique – en visant toujours à atteindre les buts suprêmes de notre société libre. »

Il suffit de remplacer « militaro-industriel » par « financiaro-industriel » pour comprendre que les craintes d'Eisenhower se sont matérialisées, mais avec cet autre secteur puissant aux États-Unis.

Veillons donc à ce que le politique puisse s'émanciper des forces financières, et, plus largement, que notre système démocratique évolue. Nos institutions sont en effet adaptées à un monde de croissance générant beaucoup de « grain à moudre » à distribuer, mais elles **ne sont absolument pas adaptées à un monde de crises**, où des décisions impopulaires pourraient devoir être prises pour préserver le bien commun. Le Pr Albert Bartlett a bien posé la problématique :

> Albert Bartlett : « Dans une interview en 1989, le journaliste Bill Moyers a demandé au scientifique Isaac Asimov : "Que va-t-il arriver à la notion de **dignité** de l'espèce humaine si sa croissance démographique se poursuit à son rythme actuel ?"
> Asimov a répondu : "Elle va être **totalement détruite**. J'aime utiliser ce que j'appelle ma métaphore de salle de bains : si deux personnes vivent dans un appartement et qu'il y a deux salles de bains, alors les deux ont le droit

> à la salle de bains. Vous pouvez aller à la salle de bains quand vous le souhaitez et y rester aussi longtemps que vous voulez pour y faire ce dont vous avez besoin.
> Et tout le monde croit au droit à la salle de bains – qui devrait même être inscrit dans la Constitution. Mais si vous avez une vingtaine de personnes dans l'appartement et deux salles de bains, peu importe la façon dont chaque personne croit au droit à la salle de bains, **il n'y en a pas.** Vous devez planifier le temps d'utilisation de chaque personne, vous devez frapper à la porte en disant 'Tu n'as pas encore fini ? et ainsi de suite." [1] »

La démocratie peut et doit bien évidemment être préservée. De nombreuses voies sont possibles et dépassent le cadre de ce livre. On ne peut toutefois qu'être frappé par le sentiment de fin de régime de notre Ve République ; bâtie dans les années 1950, elle a finalement été faite pour distribuer le pouvoir d'achat des Trente Glorieuses. Elle a échoué à gérer les Trente Piteuses, continuant à distribuer un pouvoir d'achat désormais fictif, assis sur de l'endettement. Elle a été incapable de s'adapter à l'évolution de son environnement, enchaînant les bourdes stratégiques, et accentuant de plus en plus ses défauts mortifères – hyperprésidentialisme, effacement du Parlement et donc du débat, sélection des médiocres de peu de morale (il n'est qu'à rappeler que cent cinquante députés PS n'ont même pas respecté leur engagement signé auprès de leur parti de démissionner en septembre 2012 en raison du cumul de leurs mandats). De plus, il semble que cette génération soit celle de **l'impuissance,** trouvant toujours mille raisons pour ne pas

1. Albert Bartlett, *Arithmetic, population and energy,* 2004.

prendre de décisions courageuses revenant sur trente ans d'erreurs.

Nous vivons les conséquences de ces choix, et les institutions sont donc *a fortiori* incapables de gérer une période de crises lancinantes, exigeant de prendre des décisions plus ou moins populaires visant à la défense de l'intérêt général au détriment des intérêts particuliers.

Nous lançons ainsi quelques propositions dans le débat public, pouvant accompagner une VIe République :

• Principe d'un **mandat politique national unique, dont la reconduction sera limitée** à une fois en tout et pour tout – sans interdire d'exercer d'autres mandats.

• Mise en place d'un scrutin électoral visant à permettre la **juste représentation** de toutes les sensibilités politiques à l'Assemblée nationale (âges, professions) – tout en facilitant l'organisation d'une majorité. Nous proposons un **scrutin « proportionnel à prime majoritaire »** fonctionnant ainsi : c'est un scrutin de liste national (de 577 noms) où, au premier tour, chacun vote pour le parti de son choix, sans avoir besoin de bâtir aucune stratégie de second tour ; au second tour, les listes du premier tour peuvent fusionner, et la liste arrivée en tête obtient une prime majoritaire de 52 % des sièges (si elle fait moins que ce score), les autres se partageant les 48 % restants à la proportionnelle. On concilie ainsi démocratie et efficacité. Il faut absolument couper les députés d'un ancrage local, qui se transforme en baronnie à « arroser ».

• Introduction d'un large **référendum d'initiative populaire.**

• Remplacement du Sénat par le **Conseil économique et social,** avec un quart des élus issus de partis politiques et un quart tiré au sort sur les listes électorales.

• Expérimentation du **vote de valeur**, permettant de classer les candidats (et listes), plutôt que d'en choisir un seul.

Enfin, la construction européenne doit impérativement prendre une tout autre direction. Il nous faudra probablement remplacer pour les décennies à venir l'utopie fédérale par un **idéal plus confédéral** ne brusquant pas les pays ni les peuples, bâti sur des bases plus démocratiques et plus sociales. L'idée d'une **Constitution** est à relancer, mais une Constitution cette fois apolitique, en restant à un niveau institutionnel et à la définition de valeurs communes, élaborée par les citoyens, collectivement, sur le modèle de la nouvelle Constitution islandaise – ce petit pays ayant donné au monde une incroyable leçon de respect démocratique de son peuple.

Bien entendu, aucune de ces propositions n'est miraculeuse ni parfaite, mais elles pourraient apporter un progrès certain.

> Franklin Delano Roosevelt : « Nous avons dû lutter contre les vieux ennemis de la paix – le monopole industriel et financier, la spéculation, la banque véreuse, l'antagonisme de classe, l'esprit de clan, le profiteur de guerre. **Ils avaient commencé à considérer le gouvernement des États-Unis comme un simple appendice à leurs affaires privées. Nous savons maintenant qu'il est tout aussi dangereux d'être gouverné par l'argent organisé que par le crime organisé.** Jamais dans toute notre histoire ces forces n'ont été aussi unies contre un candidat qu'elles ne le sont aujourd'hui. Elles sont unanimes dans leur haine pour moi – **et leur haine me fait plaisir**[1]. »

1. Franklin Delano Roosevelt au Madison Square Garden, 31 octobre 1936.

Charles de Gaulle : « **Mon seul adversaire, celui de la France, n'a aucunement cessé d'être l'argent**[1]. »

John Kenneth Galbraith : « Personne ne pourra imaginer qu'après des années d'une politique économique aberrante, **il existe un moyen parfaitement indolore de s'en sortir**. Que l'on n'exige pas de ceux qui ont mis en garde contre l'aberration passée qu'ils fournissent une solution sans faille aux conséquences néfastes du cours qui a été choisi. Et ceux qui ont encouragé l'aberration ne le feront pas davantage. **L'abus économique, comme l'abus d'alcool, a son lendemain, inévitable**[2]. »

Rapport Angelides : « Ce qui est frappant, c'est **combien les choses ont peu changé depuis 2008**. [...] La véritable tragédie serait d'accepter le refrain selon lequel personne ne pouvait prévoir ce qui s'est passé et qu'on ne pouvait donc rien y faire. Si l'on accepte cette idée, elle se reproduira. [...] C'est notre responsabilité collective. **C'est à nous de faire des choix différents si l'on veut obtenir des résultats différents**[3]. »

Albert Camus : « Chaque génération, sans doute, se croit vouée à refaire le monde. La mienne sait pourtant qu'elle ne le refera pas. Mais sa tâche est peut-être plus grande. **Elle consiste à empêcher que le monde ne se défasse**[4]. »

1. Charles de Gaulle, cité dans André Malraux, *Les chênes qu'on abat*, (discussion avec André Malraux, 11 décembre 1969).
2. John Kenneth Galbraith, préface de 1988 à *La Crise économique de 1929*.
3. Rapport Angelides du Congrès américain sur la crise financière, 2011.
4. Albert Camus, discours de remise du prix Nobel, 10 décembre 1957.

BIBLIOGRAPHIE SÉLECTIVE

ALBERT Michel, *Capitalisme contre capitalisme,* Paris, Seuil, 1991

ALLAIS Maurice, *La Crise mondiale d'aujourd'hui,* Paris, Clément Juglar, 1999

ALLAIS Maurice, *La Mondialisation – La destruction des emplois et de la croissance, l'évidence empirique,* Paris, Clément Juglar, 1999

ATTALI Jacques, *Tous ruinés dans dix ans ?,* Paris, Fayard, 2010

BÉBÉAR Claude, *Ils vont tuer le capitalisme,* Paris, Plon, 2003

CHAINEAU André, *Mécanismes et politique monétaires,* Paris, PUF, 2000

DELEVOYE Jean-Paul, *Reprenons-nous,* Paris, Tallandier, 2012

DIAMOND Jared, *Effondrement,* Paris, Gallimard, 2006

DRUCKER Peter, *Managing in the Next Society,* New York, Truman Talley Books, 2002

DUPUY Jean-Pierre, *Pour un catastrophisme éclairé,* Paris, Seuil, 2002

GALAND Gabriel et GRANDJEAN Alain, *La Monnaie dévoilée,* Paris, L'Harmattan, 1997

GALBRAITH James, *L'État prédateur,* Paris, Seuil, 2009

GALBRAITH John Kenneth, *La Crise économique de 1929,* Paris, Payot, 2008

GALBRAITH John Kenneth, *Les Mensonges de l'économie,* Paris, Grasset, 2004

GIRAUD Gaël et RENOUARD Cécile, *20 propositions pour réformer le capitalisme,* Paris, Flammarion, 2009

GRÉAU Jean-Luc, *La Trahison des économistes,* Paris, Gallimard, 2008

GUILLEBAUD Jean-Claude, *La Refondation du monde,* Paris, Seuil, 1999

GUILLEBAUD Jean-Claude, *La Force de conviction,* Paris, Seuil, 2005

HOLBECQ André-Jacques et DERUDDER Philippe, *La Dette publique, une affaire rentable,* Gap, Éditions Yves Michel, 2008

JACKSON Tim, *Prospérité sans croissance,* Bruxelles, De Boeck, 2010

JANCOVICI Jean-Marc et GRANDJEAN Alain, *C'est maintenant !,* Paris, Seuil, 2009

JORION Paul, *La Crise : des subprimes au séisme financier planétaire,* Paris, Fayard, 2008

JOULE Robert-Vincent et BEAUVOIS Jean-Léon, *Petit traité de manipulation à l'usage des honnêtes gens,* Grenoble, PUG, 1987

KEMPF Hervé, *L'oligarchie ça suffit, vive la démocratie,* Paris, Seuil, 2011

LARROUTUROU Pierre, *Crise, la solution interdite,* Paris, Desclée de Brouwer, 2009

LORDON Frédéric, *Jusqu'à quand ?*, Paris, Raisons d'agir, 2008

LORDON Frédéric, *La Crise de trop – Reconstruction d'un monde failli,* Paris, Fayard, 2008

NOIVILLE Florence, *J'ai fait HEC et je m'en excuse,* Paris, Stock, 2009

PEYREFITTE Alain, *C'était de Gaulle,* Paris, Fayard, 1997

REINHART Carmen et ROGOFF Kenneth, *Cette fois c'est différent,* Montreuil, Pearson, 2010

ROCARD Michel, *Mes points sur les i,* Paris, Odile Jacob, 2012

ROMANET (DE), Augustin, *Non aux 30 douloureuses,* Paris, Plon, 2012

RUEFF Jacques, *Le Péché monétaire de l'Occident,* Paris, Plon, 1971

RUSSEL Bernard, *Éloge de l'oisiveté,* Paris, Allia, 2002

STIGLITZ Joseph, *Le Triomphe de la cupidité,* Paris, Les liens qui libèrent, 2010

TODD Emmanuel, *La Diversité du monde,* Paris, Seuil, 1999

TODD Emmanuel, *L'Illusion économique,* Paris, Gallimard, 1998

VEBLEN Thorstein, *Théorie de la classe de loisir,* Paris, Gallimard, 1970

TABLE

La maquette a été réalisée par Daniel Collet (In Folio).
La révision a été assurée par Nicole Mison et Nathalie Sawmy.
La couverture a été créée par Quintin Leeds.

Achevé d'imprimer sur les presses de l'imprimerie Corlet,
à Condé-sur-Noireau en décembre 2012.
Dépôt légal : janvier 2013
ISBN : 978-2-35204-220-4
N° d'impression : 151138
Imprimé en France